昆山花桥

KUNSHAN HUAQIAO
XIANDAI FUWUYE （2013）
FAZHAN YANJIU BAOGAO

现代服务业发展研究报告

南京财经大学（昆山）花桥现代服务业研究院
江苏现代服务业研究院　著

中国金融出版社

责任编辑：王 君 张 超
责任校对：张志文
责任印制：陈晓川

图书在版编目（CIP）数据

昆山花桥现代服务业发展研究报告（2013）（Kunshan Huaqiao Xiandai Fuwuye Fazhan Yanjiu Baogao. 2013）/南京财经大学（昆山）花桥现代服务业研究院、江苏现代服务业研究院著. —北京：中国金融出版社，2014.3

ISBN 978 - 7 - 5049 - 7366 - 5

Ⅰ. ①昆…　Ⅱ. ①南…②江…　Ⅲ. ①服务业—经济发展—研究报告—昆山市—2013
Ⅳ. ①F719

中国版本图书馆 CIP 数据核字（2014）第 018316 号

出版
发行　**中国金融出版社**

社址　北京市丰台区益泽路 2 号
市场开发部　（010）63266347，63805472，63439533（传真）
网上书店 http：//www. chinafph. com　（010）63286832，63365686（传真）
读者服务部　（010）66070833，62568380
邮编　100071
经销　新华书店
印刷　北京松源印刷有限公司
尺寸　185 毫米×260 毫米
印张　14
字数　283 千
版次　2014 年 3 月第 1 版
印次　2014 年 3 月第 1 次印刷
定价　37.50 元
ISBN 978 - 7 - 5049 - 7366 - 5/F. 6926
如出现印装错误本社负责调换　联系电话（010）63263947
编辑部邮箱：jiaocaiyibu@ 126. com

　　本书为江苏省发展和改革委员会服务业重大课题、江苏高校优势学科建设工程（PAPD）、江苏现代服务业协同创新中心、江苏高校人文社会科学校外研究基地"江苏现代服务业研究院"和南京财经大学（昆山）花桥现代服务业研究院研究成果。

　　本书的出版得到江苏省服务业重大课题专项资金、江苏高校优势学科建设工程（PAPD）、江苏现代服务业协同创新中心、江苏高校人文社会科学校外研究基地"江苏现代服务业研究院"和南京财经大学（昆山）花桥现代服务业研究院的资助。

目　录

综合篇

企业篇

综合篇

第一章　花桥现代服务业发展基础与能力分析

自 2005 年江苏省委、省政府作出开发建设花桥经济开发区的战略决策以来，花桥经济开发区始终把发展服务业作为推动产业转型升级和转变经济发展方式的重要抓手，突出创新驱动、着力优化结构、强化政策落实、健全工作机制，全面启动服务业提速计划，全区服务业尤其是现代服务业取得了长足发展。

一、服务业发展规模

（一）产值规模不断扩大

经过几年的开发建设，到 2012 年花桥经济开发区已累计引进各类服务业项目 650 多个，总投资超过 600 亿元。已引进法国凯捷、美国简柏特、戴尔服务、柯莱特、中银商务、远洋数据等服务外包企业 100 多家，形成了较为完善的金融服务外包产业链。先后被授予"2009 中国最佳金融服务外包基地奖"和"中国 10 大最佳服务外包园区"称号。成功吸引日本 NSK、润华商业、哈森商贸、中铁建设、汉庭集团等 50 多家企业的中国总部或华东区总部落户，初步形成以研发销售为主的区域总部基地。2012 年总部销售规模超过 325 亿元。以股权投资、电子商务等为特色的新兴产业加快发展。高特佳基金等 120 多家基金和基金管理公司进驻，募集资金目标规模超 300 亿元；亚马逊等电子商务企业 2012 年销售额超过 11 亿元；三砥文化、海润影视等文化产业项目加快建设；云芯微电子、美博通讯等集成电路设计企业加快发展。

2012 年，花桥三次产业共实现生产产值 141.50 亿元，其中，农业实现生产产值 0.56 亿元，占地区生产总值的 0.40%；制造业实现生产产值约 44 亿元，占地区生产总值的 31%；第三产业实现产值 97 亿元左右，占总地区生产产值的 68.6%。

2010 年以来，花桥服务业产业规模呈加速增长态势。其中，2010 年，服务业实现增加值 52.55 亿元，比重为 57.60%，产值规模比 2009 年增长了 50.10%，比重提高了 6 个百分点；2011 年，服务业实现增加值 70.03 亿元，比重为 61.96%，产值规模比 2010 年增长了 33.28%，比重增加了 4 个百分点；2012 年，花桥服务业实现地区生产总值 97.04 亿元，产值较 2011 年增长了 38.60%，比重提高了 6 个百分点。

（二）花桥服务业在昆山地位日显重要

2012 年，花桥的地区生产总值占昆山地区生产总值的 5.19%。其中，农业占比为 2.27%，制造业占比比农业占比略高，为 2.69%，但都不到 3%，而服务业占比达到 9.07%，在昆山各区镇中，花桥的服务业比重最高。花桥占昆山比重高于服务业整体占比平均数的细分服务业行业，涉及五类现代服务业：科学研究、技术服务和地质勘查业，批发和零售业，房地产业，信息传输、计算机服务和软件业，租赁和商务服务业，占比分别达到了 54.06%、17.72%、10.78%、10.24% 和 9.42%。可见，花桥在昆山服务业中的高比重，主要是由花桥服务业发展中的生产性服务业和分销服务业的高速发展带来的。

（三）就业规模持续增长，就业结构向主导产业集中

2008 年到 2012 年，与服务业产值增长相对应，花桥现代服务业吸纳就业人员数也呈现出爆发式增长态势。花桥的现代服务业发展对促进地区就业、保证地区经济增长等发挥了举足轻重的作用。

花桥现代服务业从业人数由 2008 年的不足 2 000 人，经过四年的快速增长，到 2013 年 6 月底，已经增加到 33 645 人。四年间，花桥吸纳服务业就业增长了 16 倍。整个考察期，花桥三次产业就业结构的变化轨迹表现为：农业就业比重持续下降；制造业的就业占比先缓慢下降，然后再快速上升；服务业就业比重直线上升。其中，在 2011 年之前，花桥服务业就业增长速度明显快于制造业；2011 年以后，花桥服务业就业呈现与制造业就业同比例增长态势。这表明，在 2011 年之前花桥经济开发区就业的"去农业化"，转出的农业从业人员多数是被服务业吸纳了，但到 2011 年以后，花桥农业的就业转出也开始大量被制造业吸收。在 2012 年以前，花桥产业的就业结构，农业比重最高，直到 2012 年，花桥的制造业和服务业就业比重才同时首次超过农业。尽管如此，花桥服务业的就业比重从未超过制造业，直到 2012 年，服务业的就业比重也仅为 30.17%，不超过总就业的三分之一。从就业结构上看，花桥的就业结构仍然是以制造业为主。

伴随着服务业就业规模的扩大，服务业就业结构也不断高级化。截至 2013 年 6 月末，花桥现代服务业就业总人数近 34 000 人，具体包括：服务外包 16 061 人，总部经济 9 965 人，现代物流 946 人，商贸服务 447 人，新兴产业 3 464 人，这五大主导产业吸纳就业人数占总体的 91.97%，其中，总部经济和服务外包两个主导产业的就业总数占总就业数的 77.35%。

二、服务业发展速度

（一）服务业占 GDP 比重不断提高

2008 年到 2012 年间，花桥地区生产总值年均以 27% 的速度加速增长，同期，服务业增加值平均以年 53% 的高速飞快增长，速度超过了地区经济发展的速度。四年间，花

桥服务业增长的速度几乎达到地区 GDP 增长速度的 2 倍。因此，花桥的三次产业产值比重变化，按当年价格计算的各产业产值占 GDP 比重呈现如下变化：2008 年，花桥服务业比重为 36.70%，才刚刚超过总 GDP 的 1/3，制造业仍然是占比最大的产业部门，达到了 62.20% 的高比重；到 2009 年，花桥服务业在地区生产总值中的比重超过 50%，首次超过制造业，成为占花桥地区生产总值最多的产业部门；到 2012 年，花桥的服务业比重已经高达 68.6%，大大高于同年全国平均的 44.6% 的服务业比重，也高于世界中等收入国家服务业的平均比重，比高收入国家平均约 73.4% 的服务业比重仅低 5 个百分点左右。① 具体如图 1 - 1 所示。

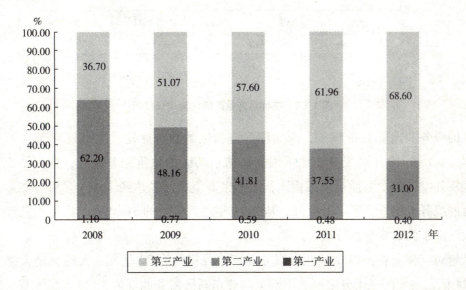

资料来源：花桥统计简编。

图 1 - 1 花桥三次产业产值比重变化

从地域的行政隶属关系上比较，昆山服务业比重呈现平稳增长，但直到 2012 年，绝对比重仍然不到 40%，这个比重不仅低于苏州，比全国 44.6% 的比重也低了 5 个多百分点，而花桥经济开发区的服务业比重，则呈直线增长态势。具体如图 1 - 2 所示。

与国内同类型服务业集聚区（比如上海浦东新区、天津滨海新区）相比，尽管在服务业产值规模上还大大落后于其他地区，比如，2010 年花桥服务业实现产值 52.55 亿元，而同期，天津滨海新区和上海浦东新区服务业分别实现生产产值 1 589.12 亿元和 2 639.47 亿元；2011 年花桥服务业实现产值 70.03 亿元，而同期，天津滨海新区和上海浦东新区服务业分别实现生产产值 1 924.15 亿元和 3 143.57 亿元。但是，花桥服务业已成为占花桥经济结构最重要的产业部门，其产业结构已经快速实现了产值的服务化，服务业在花桥的集聚度更高。譬如，2011 年花桥的服务业占 GDP 比重达 61.96%，上海浦

---

① 世界平均的服务业比重数据取自世界银行 WDI2008 年的数据。

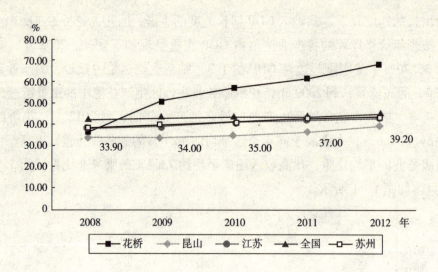

资料来源：花桥统计简编。

图 1-2 花桥服务业产值比重增长情况

东新区的服务业比重不到 58%，而天津滨海新区的服务业比重更是仅有 31%。从时序上观察，花桥 2010 年的服务业比重跟上海浦东新区的比重相差无几，但到了 2011 年，花桥经济开发区跟上海浦东新区相比，这个比重差距已经达到了 4 个多百分点。天津滨海新区的服务业比重甚至不升反降，从 2010 年还占经济的 31.59% 的比重到只有 31% 的比重，下降了约 0.6 个百分点。

从绝对产值上看，2011 年花桥服务业产值规模约为 70 亿元，大约只是天津滨海新区 1 924 亿元规模的三十分之一，不到上海浦东新区服务业产值 3 134.5 亿元规模的四十分之一。因此，相对于上海浦东新区和天津滨海新区，花桥从一个相对较低的起点出发，这也可能是花桥服务业增长更快的原因之一。另外，这也说明，虽然花桥的产业结构已经服务化，但服务业增长的空间仍然巨大，增长潜力无限。国内几个主要的服务业集聚区三次产业发展情况具体见表 1-1。

表 1-1　　　　　　　　　国内服务业集聚区三次产业发展情况　　　　　　　单位：亿元,%

	项目	昆山花桥		天津滨海		上海浦东	
		产值	比重	产值	比重	产值	比重
2010 年	农业	0.54	0.59	8.82	0.16	31.47	0.67
	制造业	38.15	41.81	3 432.81	68.25	2 036.58	43.26
	服务业	52.55	57.60	1 589.12	31.59	2 639.47	56.07
2011 年	农业	0.55	0.48	8.82	0.14	34.46	0.63
	制造业	42.45	37.55	4 273.89	68.86	2 306.32	42.05
	服务业	70.03	61.96	1 924.15	31.00	3143.57	57.32

资料来源：花桥统计简编、上海浦东新区统计年鉴（2012）、天津滨海新区统计年鉴（2012）。

（二）服务业投资快速增长

随着服务业占 GDP 比例的不断提高，花桥服务业的固定资产投资也在不断增加，其增幅明显高于全社会固定资产投资增幅，并且投资的行业结构也在不断优化。2012 年花桥在建项目 128 个，完成全社会固定资产投资 115.19 亿元，其中服务业项目完成 113.49 亿元，占全社会固定资产投资比重 98.5%。服务业产业项目投资增长迅速，完成固定资产投资 43.95 亿元，比 2011 年增加 14.47 亿元，增长了 49.1%。其中，信息传输、计算机服务和软件业完成投资 6.12 亿元，租赁和商务服务业完成投资 32.39 亿元，科学研究、技术服务和地质勘查业完成投资 4.78 亿元。服务业产业项目投资占全社会固定资产投资的比重比上年提高了 9.6 个百分点，达 38.2%。房地产项目投资占比进一步减少，2012 年完成固定资产投资 31.98 亿元，比上年下降 37.4%，占全社会固定资产投资比重 27.8%，比上年下降 21.8 个百分点，随着其他服务业投资比重的提高，服务业投资过度依赖房地产的局面有所缓解。

三、服务业发展结构

（一）三次产业的产值结构表现为加速的"去工业化"趋势

观察花桥三次产业产值比重变化，可以看到，花桥产业结构呈现明显的"去工业化"趋势。按当年价格计算，2008 年花桥服务业占 GDP 比重为 36.70%，不到 50%，随着各级政府对花桥服务业发展高度重视，市区政府各级部门协调努力，不断加大服务业发展的力度，到 2012 年，花桥服务业比重已经超过了 GDP 的 2/3，5 年间，比重上升了近 32 个百分点。而同一时期，花桥的农业产值比重几乎保持一条水平线，变化不大（实际上，花桥的农业比重是呈直线下降趋势的，只不过由于农业占花桥 GDP 的比重长期维持在 1% 左右，占 GDP 的比重几乎微不足道，所以，在图形上由于刻度的原因，表现出水平状），制造业比重则呈直线下降趋势，从 2008 年的 62.20%，一直降到 2012 年的 31%。具体数据见表 1-2。

表 1-2		花桥三次产业产值比重（当年价格）			单位：%
项目 \ 年份	2008	2009	2010	2011	2012
农业	1.10	0.77	0.59	0.48	0.40
制造业	62.20	48.16	41.81	37.55	31.00
服务业	36.70	51.07	57.60	61.96	68.60
总计	100.00	100.00	100.00	100.00	100.00

资料来源：花桥统计简编。

2009 年是花桥三次产业产值结构转型的一个分水岭，在此之前，花桥的制造业一家独大，在此之后，花桥的服务业逐渐从相对次要的地位发展成对地区经济发展贡献最大的一个产业部门，而且，与工业部门对 GDP 贡献的差距也在不断拉大。

另外，从图 1-2 可以看出，花桥的服务业发展与我国服务业发展所经历的增长路径并不相同，而且与国外其他国家服务业所经历的现代增长方式也不同。如我国三次产业的产值结构变化，表现为由农业到工业，再由农业到服务业的增长态势。日本的农业劳动力在转移到工业部门前已经率先转移到服务业部门。新加坡的服务业就业比重早在 1920 年就超过了 60%，到 1970 年，其产值的 70% 就已经由服务业创造，即使是经济不发达的国家孟加拉国，其在 1997 年的服务业产值比重也已经高达 62%。而 2008 年以来花桥的经济结构发展，无论是农业还是制造业都表现为加速向服务业转移的现象，我们认为，花桥的产业结构变化轨迹是过去政府优先发展服务业的结果。

（二）高端服务业快速发展，呈现出主要依赖市场驱动的增长局面

1. 服务业分类

由于服务业是异质性强的部门，不同的服务业细分部门生产率增长情况不同，对经济增长和就业增长的贡献不同，需求、供给的性质也各不相同。考察花桥服务业各细分服务行业的发展，必须先对服务业进行科学分类。为学术界确认服务部门多样性提供"第一推动"的人是辛格曼。辛格曼提出将服务业分成四类：生产性服务业、分销服务业、个人服务业与消费者服务业以及公共服务业与社会服务业。至今，辛格曼的分类思想仍然是关于服务业分类的基本参考。

2. 花桥分类服务业发展情况

从各分类服务业占总服务业的比重看，生产性服务业和分销服务业一直是占花桥服务业比重最大的两类服务业（如果将服务业只大致分成生产性服务业、消费者服务业和公共服务业三大类，分销服务业实际上应归入生产性服务业），两类服务业比重加总占总服务业比重的 90% 左右。以 2010 年为界，在此之前，花桥生产性服务业比重逐年增加，从 2008 年的 43.31%，逐年递增到 2010 年的 46.24%，而分销服务业比重逐年减少，到了 2009 年，花桥分销服务业比重已经从 2008 年的 44.03% 下降到 2009 年的 41.36%；在此之后，花桥分销服务业比重逐年增加，从 2010 年的 42.53%，逐年递增到 2012 年的 49.98%，而生产性服务业比重逐年减少，从 2010 年的 46.24% 下降到 2012 年的 42.26%，如图 1-3 所示。

3. 花桥服务业各细分行业的发展贡献

从 2012 年花桥各细分服务行业占总服务业比重来看，批发和零售业占比最高，达到总服务业比重的 48.6%；其次是房地产业的 19.20%；接下来依次是租赁和商务服务业的 8.51%，信息传输、计算机服务和软件业的 5.85%，科学研究、技术服务和地质勘查业的 4.47% 和金融业的 4.24%；其他涉及民生的公共服务业和消费者服务业，如公共管理和社会组织、教育都不到 3%。可见，在花桥，反映技术进步或对技术进步有较大影响的服务业，如信息传输、计算机服务和软件业，租赁和商务服务业以及科学研究、

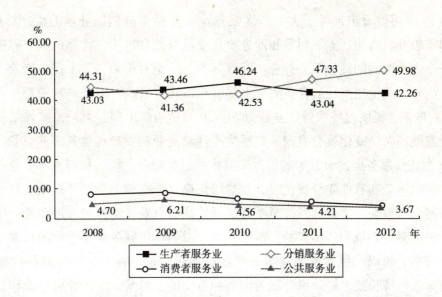

资料来源：花桥统计简编。

图1-3 花桥分类服务业比重变化情况

技术服务和地质勘查业，占比还比较小，都不足10%。其他占比更小的服务业细分行业主要是社会性服务业，譬如文化、体育和娱乐业，水利、环境和公共设施，卫生、社会保障和福利业。具体见表1-3。

表1-3 花桥2008—2012年各细分服务行业比重 单位：%

年份 项目	2008	2009	2010	2011	2012
批发和零售业	42.69	39.94	41.48	46.21	48.60
房地产业	34.92	34.62	32.93	25.05	19.20
租赁和商务服务业	5.91	6.44	6.62	8.88	8.51
信息传输、计算机服务和软件业	0.03	0.04	2.40	4.34	5.85
科学研究、技术服务和地质勘查业	0.13	0.43	1.87	2.42	4.47
金融业	2.32	1.92	2.43	2.34	4.24
住宿和餐饮业	5.02	6.70	4.39	3.52	2.60
居民服务和其他服务业	2.94	2.28	2.28	1.91	1.48
交通运输、仓储和邮政业	1.34	1.42	1.05	1.11	1.38
公共管理和社会组织	1.23	2.32	1.63	1.50	1.14
教育	2.19	2.75	1.72	1.45	1.09
文化、体育、娱乐业	0.39	0.30	0.52	0.50	0.83
卫生、社会保障和社会福利业	0.55	0.44	0.31	0.41	0.35
水利、环境和公共设施管理业	0.34	0.40	0.38	0.35	0.27

资料来源：花桥统计简编。

从表1-3可以看出，属于大生产性服务业（包括了分销服务业的生产性服务业）的批发和零售业、房地产业、租赁和商务服务业以及信息传输、计算机服务和软件业是花桥服务业占比前四的细分服务行业。观察其各自的绝对份额，除了房地产业、批发和零售业较高外，其他生产性服务业实际上尽管相对比重较高，但其绝对份额并不大，都在7%左右徘徊，说明这些服务产业还处在发展的早期或中期。但是，如果结合各细分服务行业发展的时序变化就会发现，花桥生产性服务业的发展速度其实非常快。2008—2012年，占花桥服务业比重最大的批发和零售业、金融业、租赁和商务服务业以及信息传输、计算机服务和软件业等现代服务业的增长速度，在整个考察期都呈现加速增长的趋势。而整个考察期，增长缓慢甚至不升反降的细分行业，恰恰是房地产业、住宿和餐饮业以及种类繁多、规模都不大的其他服务业。说明花桥服务业所经历的长期增长，主要依赖于资本、知识和技术密集型服务产业的增长，是一种可维持长期持续发展的增长，这对地区经济长期发展来说是极为宝贵和重要的。可见，生产性服务业和具有显著规模经济并主要服务于更大区域的分销服务业是花桥最有活力的服务行业。

另外，花桥消费者服务业和主要依赖政府主导提供的公共服务业不仅绝对比重较低，而且时序上表现为下降趋势。公共服务业比重的下降，一方面可能由于地方政府对花桥服务业发展的干预在减小，花桥服务业的经济增长依靠市场化驱动越来越强，另一方面也可能由于政府对公共服务的提供不足。譬如，因花桥经济开发区的教育机构不多，政府在花桥的教育投入并不多。消费者服务业占比较低而且不断下降，可能是由以下三个原因导致的。第一，花桥目前的商业氛围有待改善，因其毗邻昆山市区和上海，交通发达，可以快速实现在花桥生活、到昆山和上海消费，这种满足消费者服务生活上的便捷和快达，使得花桥的旅馆、餐饮等消费者服务业的发展滞后于地区经济增长。第二，随着经济的高速增长，一部分非常富裕的花桥人对消费者服务业的需求也会逐渐从主要依赖市场提供转移到主要依靠自我服务上来。第三，即使是消费者服务业，随着经济的快速发展，其对生产性服务业投入的需求也在增多。譬如，发达国家消费者服务业的各细分服务行业中，生产性服务业投入最高，并且不断增加。因此，花桥经济开发区的消费者服务业尽管发展空间较大，但地区的经济发展已经步入后工业化阶段，地区经济增长对专业化服务和高级生产性服务业的投入要求和依赖越来越高。

（三）服务业主导产业加速集聚，产业结构实现跨越

作为江苏省唯一一个以现代服务业为主导产业的省级开发区，花桥经济开发区自2006年启动建设以来，主导产业加速集聚，产业结构实现跨越。

1. 总体成绩

2009年，花桥全力推进服务外包、总部经济、物流展示和商贸服务四大主导产业发展，引进现代服务业项目300多个，其中较具规模的项目120个，总投资超过450亿元，服务外包尤其是金融服务外包形成了较为完备的产业链，服务业增加值占GDP比重超

过 50%，产业结构发生了根本性变化，实现了从制造业向现代服务业的转变。

2010 年，花桥继续加大宣传推介力度，成功举办北京、香港金融后台沙龙，项目联合开工开业暨重大产业项目、软环境建设发布会，海峡两岸（昆山）商贸合作区启动仪式，金秋经贸招商系列活动等。新引进现代服务业项目 275 家，新增注册外资 2.7 亿美元，新增注册民资 18.5 亿元。万国数据、柯莱特科技等一批知名服务外包企业，鼎正国际等一批规模型企业总部落户。主导产业产出增长迅速，远洋数据实现基地运营，颠峰软件等一批服务外包企业实现中转投运，完成服务外包合同执行额 10 亿元，其中离岸外包超过 1 000 万美元；恩斯克中国区总部及研发中心正式投运，企业总部、销售公司实现服务业增加值超 8 亿元；中国出口服装创新能力训练基地、迪卡侬物流配送中心等项目相继建成投运，天天国际成功举办了海峡两岸农产品展示展销会。

2011 年，花桥围绕打造一流产业的目标，主导产业发展又有新突破。（1）一批重量级服务外包企业相继入驻、签约。东南融通 BPO 中心在花桥投运，并承接华为、微软的业务，仅华为一单业务就达 1 600 万美元。2011 年东南融通服务外包合同执行额超过 4 亿元，成为花桥外包合同执行额最大的企业之一。凯捷咨询通过 CMMI3 级认证。颠峰软件成功并购日本纽康，完成江苏省首例海外并购。柯莱特科技、安博教育在美国纽交所成功上市。（2）台资服务业企业投资发展势头良好。台湾工业总会在花桥经济开发区注册成立"两岸商贸合作开发（昆山）有限公司"，并已运营。台湾电电公会在赛格广场设立电子交易平台。点线面在花桥发展顺利，注册资本增至 1 000 万美元，人员规模达到 1 677 人，实现销售额 7 100 万元。新世纪光电注册成立研发中心，华邦电子将在花桥经济开发区设立中国总部。哈森鞋业上海销售总部迁至花桥，成为全国销售总部，2011 年实现销售额超 8 亿元、税收 5 000 多万元。（3）新型业态成为新的增长点。电子商务加快发展，文化产业方兴未艾，游站、网尚电影博览园、中城创意产业园、天福·花桥等一批项目落户。基金产业取得实质性进展，海峡基金正式签署合作备忘录。

2012 年，花桥经济开发区新增注册外资 3.78 亿美元，实际利用外资 1.84 亿美元，新增注册民资 33.40 亿元，CDP 信息、汉庭总部等 74 个较具规模的服务业项目先后落户。主导产业加速产出，着力强化项目推进过程中的协调服务，新增天宏泰利、博智永达等一批产业项目投运，主导产业实现服务业增加值 63.95 亿元，增长 47.2%，占服务业比重达 67.29%。产业项目和产业载体加快建设，完成生产性投入 51.27 亿元，同比增长 36.6%，阿里巴巴大厦、苏豪国际广场、中城国际等 40 万平方米产业项目建成，积蓄了加快发展的后劲。

2. 主导产业规模

花桥服务业主导产业包括五大类：服务外包、现代物流、商贸服务、总部经济、新兴产业（电子商务、股权投资基金、文化创意、科技研发等）。总体规模四年间扩大了 3 倍多，从 2008 年的产值不足 16 亿元，发展到 2012 年的近 64 亿元。主导产业数量进一步丰富，在 2011 年及之前的服务业主导产业中，新兴产业占比极小，并缺少股权投资基金这项新兴的金融服务业。服务业主导产业占服务业比重也由 2009 年的 45.56% 稳步提升到 2012 年的 65.9%，2009 年到 2012 年，花桥服务业主导产业比重提升了 20 多个百分点。具体见图 1-4、表 1-4。

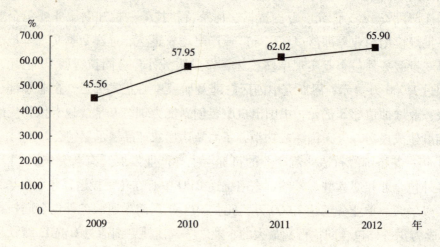

资料来源：花桥统计简编。

图 1-4　花桥服务业主导产业比重变化

表 1-4　　　　　　　　　　花桥服务业主导产业实现产值情况　　　　　　　　单位：万元

名称 ＼ 年份	2009	2010	2011	2012
地区生产总值	685 472	912 334	1 130 236	1 414 788
农业增加值	5 287	5 407	5 452	5 550
制造业增加值	330 114	381 465	424 459	438 826
服务业增加值	350 071	525 462	700 325	970 412
服务业主导产业	159 509	304 490	434 336	639 514
房地产业	121 197	170 181	115 874	138 122
物流、文化企业	1 512	3 797	18 552	30 112
销售公司	81 700	118 173	158 586	229 412
总部经济	—	—	164 824	234 665
服务外包	9 896	27 486	92 374	115 211
传统产业	135 766	180 425	120 035	172 776
基金	—	—	—	30 114

资料来源：花桥统计简编。

3. 主导产业结构和分类主导产业发展情况

2011 年之前，花桥服务业主导产业主要以商贸服务业和总部经济为主，两类产业实现增加值占整个花桥服务业主导产业增加值的比重超过 90%。2011 年及以后，花桥服务业主导产业主要以商贸服务业、总部经济和服务外包为主，这三类产业增加值占整个花桥服务业主导产业增加值的比重超过了95%。服务外包增加值占花桥服务业主导产业的比重由之前的不足10%，发展到2011年和2012年的20%左右，是花桥服务业各分类主导产业中发展最快的行业。基金服务业实现增加值从无到有，到2012年，已经有3.01亿元的规模，占花桥服务业主导产业的比重达到4.71%。商贸服务业和总部经济实现增加值继续增长，其中，商贸服务业实现增加值由2009年的8.17亿元扩大到2012年的22.94亿元；总部经济实现增加值由2011年的16.48亿元，扩大到2012年的23.47亿元，2012年比2011年增长了42.37%。但是，由于花桥其他服务业分类主导产业增长速度更快，花桥总部经济和商贸服务业实现增加值占花桥整个服务业主导产业增加值的比重持续下降。

四、服务业发展的能力与潜力分析

"十二五"时期，花桥服务业面临难得的发展机遇。随着工业化、信息化、城镇化、市场化、国际化深入发展，服务业的发展基础和发展条件将进一步改善。改革攻坚步伐加快、社会主义市场经济体制趋向完善，将为花桥服务业发展创造更加完善的体制环境，进一步激发服务业发展的活力和动力。转变经济发展方式、调整产业结构的加快推进，将对发展生产性服务业提出新的要求；保障和改善民生，不断满足广大人民群众日益增长的物质文化生活需要，将对发展生活性服务业提出更高的标准。在明确了花桥现代服务业的发展基础、存在的问题及问题背后的成因之后，有必要对花桥现代服务业的发展能力与潜力展开进一步剖析，进而为确立其进一步发展的方向和路径奠定基础。在此从供给能力、需求潜力和外部环境三个方面展开分析。

（一）供给能力分析

花桥服务业的供给能力，归根结底取决于其要素禀赋结构状况。在此从劳动力、资本、自然资源等几个方面展开分析。

1. 花桥劳动力状况

根据相关统计数据，可将花桥经济开发区2008—2012年各年末总人口规模整理为表1-5。

表1-5　　　　　　　　2008—2012年花桥年末总人口　　　　　　　　单位：人

年份	2008	2009	2010	2011	2012
年末总人口	36 617	35 705	34 601	34 366	34 652

资料来源：花桥统计简编。

从表1-5可以看出，整体而言，花桥总人口规模比较稳定。当然，年末总人口中，既有劳动力人口，也有儿童、老年人等非劳动力人口。值得注意的是，在花桥近些年稳定的人口总量中，悄然发生着结构性的变化。截至2012年底，花桥的高端人才加速集聚，累计引进国家"千人计划"人才 7 人，双创领军型人才 28 人，全年进入服务业的从业人员达到 1.97 万人、培训 1.44 万人。这为花桥日益成为服务业集聚区奠定了人才基础。

进一步地，本书以花桥期末从业人员数表示劳动力投入。这样，花桥现代服务业各细分行业的产出数据和劳动投入数据就可以直接从花桥镇统计站所提供的统计资料中得到，如表 1-6 所示。

表 1-6　　　　　　　　　2010—2012 年花桥服务业各细分行业就业人数　　　　　单位：人

年份＼行业	交通运输、仓储和邮政业	信息传输、计算机服务和软件业	批发和零售业	住宿和餐饮业	金融业	房地产业	租赁和商务服务业	科学研究、技术服务和地质勘查业	水利、环境和公共设施管理业	居民服务和其他服务业	教育	卫生、社会保障和社会福利业
2010	399	779	11 424	2 495	10	2 660	3 598	638	397	1 239	96	135
2011	435	5 620	15 778	2 713	10	2 211	4 701	826	453	1 346	105	132
2012	946	5 392	22 552	2 706	220	2 084	4 902	633	453	1 346	102	132

资料来源：花桥统计简编。

2. 花桥资本状况

目前没有关于各地资本规模的公开统计数据，有很多学者采取各种方法推算中国及某些地区的资本存量，我们对花桥经济开发区的资本存量也进行了估算。由于缺乏估计资本存量所需要的服务业可选择的相关基期统计数据，我们直接使用花桥统计站提供的服务业各细分行业年度固定资产净值期末余额来表示花桥服务业分行业的资本存量。结果如表 1-7 所示。

表 1-7　　　　　　　　　2010—2012 年花桥服务业各细分行业资本存量　　　　　单位：万元

年份＼行业	交通运输、仓储和邮政业	信息传输、计算机服务和软件业	批发和零售业	住宿和餐饮业	金融业	房地产业	租赁和商务服务业	科学研究、技术服务和地质勘查业	水利、环境和公共设施管理业	居民服务和其他服务业	教育	卫生、社会保障和社会福利业
2010	16 730	487	14 543	49 418	0	41 178	35 358	15 719	562	16	86	410
2011	34 147	4 765	14 813	47 122	0	48 326	43 170	17 901	562	33	104	410
2012	62 856	16 521	29 108	46 657	0	55 409	41 184	19 437	562	33	102	410

资料来源：花桥统计简编。

可以肯定的是，随着经济发展和人均 GDP 的增加，花桥的人均资本存量会日益增大，从而为产业升级奠定资本要素基础。

3. 花桥自然资源状况

花桥经济开发区占地面积 50.11 平方公里，其中年末耕地总面积见表 1-8。

表1-8 　　　　　　　　　　2008—2012年花桥年末耕地总资源 　　　　　　　　　单位：亩

年份	2008	2009	2010	2011	2012
年末耕地总资源	12 426	10 473	8 369	8 067	8 004

资料来源：花桥统计简编。

从表1-8不难看出，2008—2012年，花桥年末耕地总资源呈现明显的下降趋势。这表明花桥的产业结构中，农业所占比重日趋缩小，这是以服务业为代表的第三产业快速发展造成的。

特别值得一提的是，2012年9月，天福湿地公园成功获批江苏省级湿地公园。作为花桥经济开发区现存唯一的农业生产区，天福生态园内部生态环境优美自然，江南水乡历史人文风貌保存良好，具有创建国家级湿地公园的独特优势。为加快推动花桥经济开发区生态文明建设，天福国家级湿地公园将从生态保护、传承文脉、低碳发展、产业优化等多个角度开展专项规划。

纵观世界各国或地区的经济发展史，在经济发展进入工业化阶段之前，自然资源禀赋对区域经济发展水平有着极大的影响。然而，进入21世纪后，伴随着知识经济的兴起，物质资源对区域经济发展的影响力迅速减小。花桥作为服务业发展的重镇，其产业和经济发展主要不是依靠自然资源，而是依靠人力资源、资本等要素的积累和技术的进步。

（二）需求潜力分析

随着长三角作为制造业基地的地位在国际上确立，已吸引了大量国内外企业在此集聚，同时也产生了对服务业的大量需求。在这一背景之下，花桥凭借自身特有的优势，具备一定的发展现代服务业的潜力。在此，从昆山的服务业需求和上海的服务业需求两个方面展开对花桥服务业的需求潜力分析。

1. 昆山各类产业的快速发展将产生对服务业的大量需求

从20世纪80年代中期开始，经过20多年的发展，昆山已经成为全球电子信息产业的重要生产基地，形成了电子信息、精密机械、精细化工和民生用品四大支柱产业。从2005年起，昆山已经位列全国百强县之首。在此基础上，昆山已逐步形成传统产业与新兴战略型产业共同发展、逐渐占据价值链中上游的产业格局，高新技术产业比重不断提高，产业集聚效应凸显。目前，在昆山已形成1个千亿级产业集群和10个百亿级产业集群，其中IT产业（通信设备、计算机及其他电子设备）实现产值4 861.98亿元，占规模以上工业产值的比重为63.0%。物联网、新能源、新材料、新医药、新型平板显示、高端装备制造等新兴产业在昆山不断涌现，2012年，完成新兴产业产值2 800亿元，占规模以上工业产值的比重达36.5%。昆山制造业也逐步从国际产业链条的中下游向中上游攀升，本土价值链得到显著延伸，竞争优势从原来的区位优势和要素成本优势逐渐向集群竞争力等优势转化。围绕电子信息、精密机械等支柱产业，在昆山形成了一批专业化配套企业，逐渐兴起一批新兴产业群，配套产品类型逐步从外围加工向主导产品、核心技术转变，并在服务业领域全面推进，这使昆山承接国际产业转移的能力以及制造的能力得到进一步增强。截至2012年9月，全市共有配套内资企业2 583家，配套项目3 582个，实现销售额726.4亿元，其中服务业配套项目437个，销售额131.2亿元，配套销售额超5 000万元的服务业企业有54家，超亿元的有36家。

与此同时，昆山科技研发和创新能力取得明显进步，研发中心和创新载体规模大幅提高，专利数量大量增加。2012年，昆山拥有省级重大研发机构2家、省级工程技术研究中心38家、省级外资研发机构85家、企业院士工作站2家。万人发明专利拥有量达到12.5件，位居全国同类城市第一。AB集团技术中心跻身国家级企业技术中心，设立首个国际标准化工作组。昆山企业主导起草国家标准18项。

在昆山各产业快速发展和转型升级的进程中，将产生大量的服务需求，这为花桥现代服务业的发展提供了机遇，构成了花桥发展现代服务业的重要基础。

2. 上海制造业的快速发展将形成对服务业的大量需求

自1978年以来，上海制造业的发展大体经历了三个阶段：第一阶段（1978—1990年）主要是加强轻纺、增加产能、建设宝钢、发展汽车，开展恢复性调整和适应性调整，使轻重工业大体平衡；第二阶段（1990—2000年）主要是突出重点、培育支柱、优化布局、提升重化，从发展八大重点行业到形成六大支柱产业，工业从调整中发展转入发展中调整；第三阶段（2000年至今），主要是强化创新、提升能级、发展装备、建设基地，全面启动科教兴市战略，走新型工业化道路。

当前，上海在不断提升传统产业（钢铁、化工、造船、传统装备制造等）的同时，正在大力发展战略性新兴产业和先进制造业，不断提高产业的科技水平，引领"上海制造"转向"上海智造"，成为我国先进制造业产业基地和国内科技研发中心，并通过一系列的产业后向关联引领长三角以及全国的产业升级和科技进步。目前，上海已成为我国"综合性国家高技术产业基地"和国家微电子产业、软件产业（出口）、生物产业和民用航天产业基地，也是高端装备、民用航空等领域的国家级新型工业化示范基地。高技术产业自主知识产权拥有率近30%，自主创新能力不断提升。2012年上海战略性新兴产业规模超万亿元，根据上海市的规划，到2015年，战略性新兴产业增加值将占全市工业产值30%以上，形成1个三千亿级产业（新一代信息技术）、2个两千亿级产业（高端船舶与海工、新材料）、3个千亿级产业（新能源、生物医药、先进重大装备）、3个百亿级产业（新能源汽车、民用航空、节能环保）。

随着上海商务成本的攀升，花桥在地价、房价、劳动力等要素成本，基础设施、项目建设等硬成本，以及政府服务的软成本等方面的综合优势将更加凸显。而上海制造业（尤其是先进制造业）的快速发展增大了对现代服务业的需求，借助于靠近上海的区位优势，这一影响将迅速扩散到花桥。因此可以认为，上海制造业的迅速发展和转型升级构成了花桥发展现代服务业的又一重要基础。

（三）外部环境影响

从外围环境看，经济全球化深入发展，世界经济增长格局和市场需求形势发生新变化，尤其是昆山深化两岸产业合作试验区的国批、上海自贸区的建成及上海市轨道交通11号线花桥段通车，使得花桥与外界经济的相互联系和影响日益加深，有利于在更广领域、更高层次参与国际合作与竞争，但服务业发展的机遇和不确定因素也同时增加。

1. 昆山深化两岸产业合作试验区的影响

国务院已经正式批复同意设立昆山深化两岸产业合作试验区。昆山深化两岸产业合作试验区（以下简称昆山试验区）包括昆山现有国家级和省级开发区，目前正重点规划建设位于花桥的海峡两岸（昆山）商贸示范区。这给花桥服务业发展带来两大发展优势。

一是更加有效地利用昆山现有台资企业密集的优势。作为大陆台资最密集的地区之一，截至2012年底，江苏昆山累计批准台资企业4 234家，总投资额521.2亿美元。20年间，昆山台商投资领域从早期的纺织、制造业等传统产业发展至金融、医疗、职业教育、电子商务等现代服务业，形成了完整的配套网络，常住昆山台胞超过10万人。大量的台湾（台资）商品需要有一个集中的、具有现代化手段的交易展示平台来拓展海内外市场服务，而花桥的海峡两岸（昆山）商贸示范区正好满足这一需求。昆山试验区的国批，将为花桥提供金融开放、外汇管制放松和贸易便利化等优势，有效降低海峡两岸企业合作成本，增强合作力度，有效吸引国内外企业尤其是台资服务业企业落户花桥，与昆山的台资企业形成互动，并带动相关产业的进一步发展。

二是获取海峡两岸共同推动的政策扶持优势。国台办、商务部等中央有关部门都大力支持昆山试验区的建立。江苏省、苏州市和昆山市多次召开会议，大力推进海峡两岸（昆山）商贸示范区的建设，并积极支持花桥建立以台资金融机构为特色的服务业集聚区。各级部门的政策优势叠加效应也激发了台湾很多机构、企业的浓厚兴趣，多次组团前来考察。在多方的共同推动下，建立海峡两岸（昆山）商贸示范区的工作已经取得了实质性进展，以台资金融机构为特色的服务业集聚区也在论证和研究中，未来围绕昆山试验区的政策优势，花桥将实现商贸示范区和金融集聚区两翼齐飞的局面，带动整个花桥现代服务业进一步升级。

2. 上海自贸区的影响

上海自贸区于2013年9月29日挂牌，是打造中国经济升级版的主动开放措施。这一开放战略将倒逼我国改革开放的深化，从而为经济发展争取新一轮的改革红利。从区域经济竞争的角度看，上海自贸区的建立给花桥经济开发区开放型经济发展带来的影响将是深远的。它包括直接和间接两个方面。

（1）直接影响方面。上海自贸区的设立对花桥经济开发区最直接的不利影响主要体现在"虹吸效应"将冲击花桥某些服务产业的发展。这是因为，相对于花桥经济开发区，上海不仅具有金融优势，还具有一定的制造业优势，这使其具有规避外资因利积聚、利薄散去的系统性风险的优势。上海自贸区新政的施行，将强化上海的原有优势，花桥将面临更大的竞争压力。

首先，在服务业特别是现代服务业方面，上海自贸区的许多优惠政策诸如准入前国民待遇及税收优惠，主要是围绕六大现代服务业领域（金融服务、航运服务、商贸服务、专用服务、文化服务和社会服务）试点开展。现代金融是上海自贸区先行先试的重点，包括利率市场化、汇率自由汇兑、金融业的对外开放、产品创新及相关金融离岸业务等，在人民币可自由兑换方面，将先行推动境内资本的境外投资和境外融资，政策开放及制度创新将推动上海集聚更多的现代金融高级要素，上海与花桥经济开发区乃至江苏省的金融业发展差距将进一步拉大。

其次，上海自贸区的建立可能会弱化昆山深化两岸产业合作试验区的政策优势。通过比较上海自贸区与昆山试验区的政策，我们发现上海自贸区在贸易便利措施政策、货币清算政策、金融服务创新政策以及金融业及其他服务业市场准入政策上有一定的政策势差，有些政策是昆山试验区完全没有的，有些政策内容虽然相似，但上海自贸区的政策适用对象更广泛，如上海自贸区内试点人民币对所有货币可兑换，而昆山试验区只进行人民币对新台币的可兑换。上海自贸区更优惠的政策将对昆山试验区的政策优势产生侵蚀，使一些企业产生观望情绪甚至转投自贸区，从而对花桥服务业的招商引资工作及产业升级产生影响。

当然，上海自贸区的设立也将为花桥主导产业的发展带来直接的有利影响。金融方面，上海自贸区的建立导致更多金融机构包括外资银行进入自贸区，设置区域和职能总部，而航运保险业的开展以及人民币跨境再保险业务和再保险市场的发展，将促使保险公司进入自贸区。上海自贸区金融机构增加将对周边区域（包括昆山）产生大量的金融外包需求，而花桥已经具备了良好的金融服务外包产业基础，能够较好地承接金融服务外包产业的转移。物流方面，上海自贸区的建立将大幅提高上海贸易量及对腹地的采购量，花桥依托优越的区位优势和现有的物流业基础，将在上海自贸区贸易量和采购量的增长中获取生产和物流上的好处。总部经济方面，上海自贸区的贸易投资便利化、资本项目自由化、跨境融资便利化、低税收以及符合条件的外国投资者自由转移其投资收益等政策优惠，增加了自贸区企业国际市场进入的便利性，改善了企业融资环境，放松了企业资金流动限制，这对很多企业具有一定的吸引力，可能促使其将总部和物流、结算、投资等职能总部转移至上海自贸区内，对花桥吸引总部经济产生影响。

（2）间接影响方面。上海自贸区给花桥带来的间接影响，一是上海自贸区建立将使上海国际金融中心地位增强，大量金融机构集聚将导致上海要素成本上升，一方面促使现有金融外包的金融机构增加外包份额，另一方面，促使中小金融机构也加入到外包行列，增加金融外包需求，这都为花桥进一步壮大服务外包业提供了机会。二是上海要素成本的上升也可能促使一些跨国公司和大型企业将部分职能中心如物流中心、投资中心、研发中心、商贸总部等外迁，以及一些中型企业将运营及职能总部外迁。花桥利用良好的产业基础和优越的区位优势，成为承接这些总部外迁的绝佳地区。三是上海自贸区建设所带来的改革示范效应。自贸区的建立使上海成为新一轮中国经济体制改革试验区和风向标，南京大学商学院副院长刘志彪在探讨上海自贸区的建立对江苏的影响时曾说："其他地方政府会想方设法按照规范的自贸区要求推进体制改革和制度创新，改革的倒逼机制和竞争动力由内而生"。

3. 上海轨道交通 11 号线花桥延伸段开通的影响

上海市轨道交通 11 号线花桥延伸段（安亭站—花桥站）的建成通车，从花桥的角度来看，大量企业和项目出于商务成本和产业链延伸的考虑，有望因 11 号线的便捷而转投花桥。因此，"11 号线"既是上海与花桥产业发展的连接线，又是花桥经济转型升级的助推器。首先，"11 号线"是拉近两地心理的连接线：上海市轨道交通 11 号线花桥段的建成通车，大大强化了昆山"不是上海，就在上海"的"同城效应"。其次，"11 号线"是互通两地资源的连接线：自贸区的建设会大幅度提升上海国际贸易中心的地位，将促进周边区域货物贸易发展，带动商务、商贸、会展、物流业发展，并推动人才等资源要素的流动，"11 号线"将在其中更好地扮演一条互通资源的连接线的角度。再次，"11 号线"是深化两地合作的连接线：自贸区本身的空间毕竟有限，它的建设发展为昆山更好地承接制造业优质项目、加快转型升级带来机遇，为花桥更快地发展金融服务外包产业，带动昆山商务、商贸、会展、物流业发展带来利好。最后，它还是引发花桥新一轮产业转型升级的助推器。11 号线东起迪士尼，西至花桥。据预测，迪士尼建成后将形成每年 1 000 万人次的人流量，如果能吸引 30% 的人流来到花桥，将会是一个巨大的商机。

五、服务业发展存在的问题

尽管花桥经济开发区的服务业发展取得了显著成绩，但是，同时也要看到花桥服务业发展中存在一定的问题，这些问题的存在影响了花桥现代服务业的进一步发展，具体体现在以下六个方面。

一是服务业集群效应尚未充分显现，区域影响力有待提升。目前花桥重点发展的服务外包、总部经济、商贸服务、物流、股权投资基金、文化创意等主导产业中，除了服务外包形成明显的集群优势，在国内外形成较强的行业影响之外，其他几个产业还处于发展阶段，在国内包括华东地区的影响力还比较小，产业知名度还不高，与国内同类型的高水平产业集群相比，无论在产业规模还是产业层次上还有很大差距，如总部经济主要集中于中型企业总部，大型企业管理总部或重要的职能总部还比较少，物流业缺乏现代化的物流产业园，商贸服务业还没有形成明显的品牌效应，股权投资基金和文化创意等产业也处于产业发展早期，产业集聚程度还有待提高。即使是服务外包行业，也存在处于价值链中低端、科技水平不高等问题，如服务外包区 2012 年总产值只有 8.62 亿元，地均增加值仅有 2 亿元，与其他服务外包发达区域如苏州园区等还有较大差距，对周边地区的影响力和辐射力也相对较小。

二是龙头型、旗舰型企业相对较少，产业带动力和经济贡献度有待提高。通过几年的招商引资，花桥引进了一大批外包企业、销售公司、企业总部，其中也包括诸如哈森商贸、好孩子商贸、恩斯克等知名企业，但总体来看，具有较大产值、较强产业竞争力和较高知名度的龙头型、旗舰型企业数量还相对较少，在国内外市场的地位也有待提高。由于引领性的服务业企业相对较少，辐射能力和带动能力相对较弱，也使得花桥除了服务外包之外，其他重要服务业产业的集群优势还未明显显现，产业带动和示范效应仍需提高。

三是公共服务和生活便利化尚不完善，商业商务环境有待进一步优化。虽然花桥通过引入大量的商业商务企业，逐渐形成了大都市卫星城的雏形，但与国际上的大都市卫星城相比，城市化水平还存在很大差距。目前还比较缺乏律师事务所、会计师事务所、著名教育培训机构等商务服务业，即使和周边的安亭等地相比，也存在大型购物中心和城市综合体缺乏、日常交通不便、休闲娱乐设施较少等问题，这些都影响到花桥的城市繁荣程度及其对人才的吸引力，增加了其他服务业的运营成本，从而影响到花桥服务业整体的发展和升级。

四是产业和空间布局不尽合理，产业间联系有待强化。由于历史等原因，花桥服务业重点发展区域位于临近轨道交通 11 号线安亭站的区域以及绿地大道两边区域，这两个区域与老镇区之间有一定距离，而现有 11 号线花桥延伸段通车后，光明路和花桥两个站周边区域主要是工业区，这些导致了花桥目前缺乏明确的城市中心，大都市卫星城的氛围和功能受到很大影响。尤其是 11 号线花桥延伸段开通后，站点周边的工业企业占地面积大，价值创造能力低，一方面占用了大量土地资源，使地铁站周围无法形成重要商圈，进而阻碍商业氛围的培养，影响花桥城市形象，另一方面也无法为政府提供土地、商业租金等收入，对政府财政形成不良影响。另外，现有的服务外包基地和先导区、国际金融大厦以及两岸商贸合作示范区相距较远，产业协同作用不强，物流企业区域和工业园区也有较远距离，在一定程度上割裂了二三产业之间的天然联系，增加了企业成本。

五是服务业中高端人才外部依赖程度高，本地供应和培养体系有待完善。现代服务业尤其是高端服务业如科技研发、金融、总部经济以及文化创意等产业都是知识、人才密集型产业，中高端专业人才的数量和质量直接决定着现代服务业的发展水平。虽然近年来花桥通过各种人才政策和方法，如建立人才公寓、提供人才补贴等，致力于中高端现代服务业人才引进，但由于花桥缺乏高水平的高校、科研机构以及教育培训机构，人才后期培训体系不完善等各种原因，致使中高端服务业人才的本地存量明显不足，过于依赖外部引进和输入，制约了花桥现代服务业尤其是高端服务业的快速发展。

六是现有政策优势尚未充分发挥，相关细则有待进一步落实。随着高铁等交通设施更加便利，以及周边区域如上海的虹桥枢纽、江桥、白鹤镇等也将服务业作为重点发展产业，花桥传统的区位优势和产业政策优势逐渐削弱，外部竞争压力日渐增强，迫切需要拓展新的产业发展优势来源。昆山深化两岸产业合作试验区的国批，为花桥提供给了新的政策优势，而海峡两岸（昆山）商贸示范区的建立和发展则成为花桥产业发展的重要载体。尽管如此，昆山试验区的政策优势还没有充分发挥，一方面，相关的政策细则还没有完全出来，一些企业尤其是台资金融企业还处于观望态度；另一方面，缺乏为台资企业主要是台资金融企业集聚发展而设计的整体规划和配套政策，给招商引资工作带来不便。

［参考文献］

1. 周振华：《现代服务业发展：基础条件及其构建》，载《上海经济研究》，2005（9）。

2. 刘志彪：《现代服务业的发展：决定因素与政策》，载《江苏社会科学》，2005（6）。

3. 王先庆、武亮：《现代服务业集聚边界的形成机制及影响因素研究》，载《福建论坛（人文社会科学版）》，2013（1）。

4. 景跃军、杜鹏：《中国现代服务业现状及发展潜力分析》，载《吉林大学社会科学学报》，2012（2）。

5. 卢涛：《发展现代服务业的国内外经验借鉴及建议》，载《财政研究》，2012（5）。

6. Delaunay, J., C. and Gadrey, J.. 1992, Services in Economic Thought. Three Centuries of Debate, Kluwer: Dordrecht.

7. Singelmann, J.. 1974, The Sectoral Transformation of the Labor Force in Seven Industrialized Countries, 1920 – 1960. Ph. D. dissertation, University of Texas.

第二章　花桥现代服务业产业发展方向与政策建议

花桥经济开发区高度关注服务业的发展问题，出台了若干促进本区服务业发展的政策。2013 年，花桥经济开发区要在产业发展、城市建设、发展环境、社会管理、干部队伍建设等方面再上新台阶，确保地区生产总值和公共财政收入增长 20% 以上，服务业增加值增长 30% 以上，服务业增加值占比超过 70%，城乡居民人均收入保持两位数增长，在产业转型发展中继续走在全市前列。不仅如此，从现实情况看，加快服务业发展是转变花桥经济增长方式、调整优化区经济产业结构的迫切需要；是健全要素市场、完善社会主义市场经济体制的重要内容；当然，它也是提高对外开放水平、增强区域竞争力的必然选择；是增加群众福祉，构建和谐社会的有效途径。对于贯彻落实科学发展观，促进社会和谐，推动经济社会又好又快地发展，实现全面建成小康社会具有十分重要的现实意义。

一、产业选择的理论依据

有关主导产业选择的理论研究比较成熟（如比较优势理论、产业关联理论等），也有坚实的实证基础。主导产业这一概念，最初是由美国经济学家罗斯托在其重要著作《经济成长的阶段》一书中提出的。一般认为主导产业是指在一国经济发展的某阶段，对产业结构和经济发展起着导向性和带动性作用，并具有广阔的市场前景和技术进步能力的产业部门。所谓主导产业选择，就是根据地区经济发展的特定阶段，确定产业发展的优先级别，从而实现产业结构的合理化和高级化。

西方早期主导产业选择的理论核心是"扬长避短"理论，源于古典经济学中"国际分工和比较生产费用"理论，即各国在不同产业的生产费用上存在着差别，各国都优先发展本国在生产费用上拥有优势的产业，在多个产业部门都拥有优势时优先发展相对比较优势最大的产业，在多个产业部门都处于劣势时优先发展劣势最小的产业。Heckscher 和 Ohlin 进一步发展了主导产业选择理论，提出了要素禀赋论。他们认为，每个国家国际贸易的优势都来自该国利用了比其他国家相对丰裕的生产资源。按照这一原则，发达国家主导产业应选择资本密集型和技术密集型产业，而发展中国家则应以发展劳动密集型产业为重心。率先向李嘉图的"国际分工学说"发难的是德国经济学家李斯特，他根据"动态比较费用学说"提出了"扶植幼稚产业说",认为工业化处于后进序列的国家,有可能通过国家产业政策的保护和培养,发展新的优势产业,后起国家只有以这种优势产业参与国际分工,才能打破旧有的国际分工秩序。因此,他主张用保护贸易的政策来扶持幼小产业部门。也就是说,在选择主导产业时,不能只把眼睛放在幼小产业产品生产本身,而要从生产力的发展趋势中发现幼小产业的生命力。相对于静态比较优势理论,日本经济学者提出了"后发性优势说"。这一理论认为后起国家和地区由于可以直接吸收和引进先行国家的技术,技术成本要比最初开发的国家低得多。根据"后发性优势说",战后日本在规划赶超战略时,果断采取了扶植幼稚产业的行动,在实践中取得了良好的效果。有的学者综合了"动态比较费用说"和"后发性优势说",结合知识经济条件下产业发展的新机制——非线性的正反馈发展机制和"历史锁定"的路径依赖,提出主导产业选择的"扬长补短"战略,认为有些部门的"短线"难以回避,往往成为经济增长的"瓶颈"制约。在这种情况下,"补短"而非"避短"的产业政策成为必然。

（一）主导产业的选择基准

1. 国外学者的研究

主导产业的选择基准,即主导产业是基于怎样的标准进行选择的。国外学者的研究理论主要有以下四种。

（1）比较优势基准。主导产业的选择基准最早可以追溯到古典经济时代大卫·李嘉图的比较成本说,他提出的比较优势理论后来演变成选择主导产业的比较优势基准。从大卫·李嘉图的相对成本论到赫克歇尔、奥林的资源禀赋论,形成了比较优势理论的核心内容。从静态意义上看,比较优势理论的核心内容是生产要素的相对成本差异。由于生产要素分布的差异化,使得具有相同要素构成比例的同一种产品在不同地区具有不同的生产成本。一个地区生产并出口自己的比较优势产品,即区外生产成本高于区内生产成本的产品,便能用较小的区内成本换取更大的区际收益。比较优势理论很好地解释了主导产业的"优势"所在,为主导产业指标体系的构建提供了理论依据。

（2）产业关联度基准。美国经济学家罗斯托则基于产业扩散效应理论,认为应选择具有较强扩散效应的产业作为主导产业。经济学家赫希曼在产业关联理论基础上,提出了著名的赫希曼产业关联度基准。产业关联度基准是根据产业间产出的关联效应来选择主导产业的,关联效应是指某一产业的经济活动通过产业间互相关联（前波、后及、旁及）的效应来影响其他产业的经济活动。因此,利用产业关联度基准来选择主导产业,往往是指那些在资源分配上具有较高的前向关联和后向关联效应的产业。根据产业关联理论,政府在制定产业政策时,应该选择那些在资源禀赋方面具有一定优势,并且关联效应较高的产业作为主导产业,最终通过主导产业强有力的前向关联和后向关联作用,带动整个区域经济发展。

（3）筱原两基准。1950 年，日本经济学家筱原三代平在主导产业选择中提出了需求收入弹性基准与生产率上升基准，即学术界广为流传的筱原两基准。长期以来，"筱原基准"和"赫希曼基准"被奉为产业经济学的经典理论。尽管现在有很多学者对这两大基准的适用性提出了一些质疑，但是仍然有许多国家和地区把它们作为选择产业结构、规划主导产业的重要理论依据。①收入弹性基准。收入弹性是指在其他条件不变的前提下，某一产品的需求增长率与国民收入（或人均国民收入）增长率之比。收入弹性高的产业体现在该产业产出的需求增长对收入增长敏感程度高，如果把这些产业作为主导产业，将促进整个经济持续高增长。②生产率上升基准。这里所说的生产率是指各类综合要素的生产率，即产出对全部投入要素之比，而不是对某一种投入要素之比。造成生产率上升的原因是多方面的，其中最突出的因素是技术创新能力和技术进步速度。

（4）钱纳里—鲁宾逊—塞尔奎因基准。1986 年，钱纳里、鲁宾逊和塞尔奎因提出了基于工业化不同阶段来选择主导产业的观点，即钱纳里—鲁宾逊—塞尔奎因基准。钱纳里利用基于一般均衡性质建立的结构变化模型，描述了经济增长过程中产业部门之间的相互依存关系，揭示了产业结构变化在经济发展中的重要作用。他认为，对经济增长产生最直接、最重要影响的是产业结构的变化，产业结构变动的主要表现是三次产业结构的变动和三次产业的内部升级。因此，必须基于工业化的不同阶段来选择主导产业。

2. 国内学者的研究

国内学者对主导产业的选择基准也做了大量研究，他们在结合国情的基础上提出了一些新的选择基准，其中比较有代表性的是周振华（1989）提出的 3 条基准：增长后劲基准、短缺替代弹性基准、瓶颈效应基准；关爱萍等（2002）提出的适用于区域主导产业选择的 6 项基准：持续发展基准、市场基准或需求基准、效率基准、技术进步基准、产业关联基准、竞争优势基准。提出主导产业基准的目的是为选择主导产业提供理论指导。国内学者也对如何量化主导产业的选择基准，使主导产业的选择具有可操作性做了多方面的尝试和研究，如张根明和刘韬（2008）运用 DEA（数据包络分析法）方法分析了株洲高新区的产业情况，并选出相应的主导产业；王敏（2001）运用层次分析（Analytic Hierarchy Process，AHP）方法，将定量分析与定性分析的需求收入弹性原则、高产业增长率原则、产业关联度原则、高技术扩散与带动原则、动态比较优势原则相结合，评选出重庆的几个主导产业；李长明（1994）利用国家统计局编制的我国 1987 年投入产出表，采用产业关联分析方法评选出我国国民经济发展的几个主导产业。

总的来说，尽管国外和国内学者对主导产业选择基准及评价体系的研究从不同侧面反映了主导产业的基本特征，并为主导产业的选择提供了多种具有实用性的评价基准和方法，但这些评价基准和方法存在着至少三个缺陷。一是过度理想化。多数选择基准撇开具体因素进行理论抽象，规定严格的假设条件进行逻辑演绎，实践证明，这些经过理想化模型处理后的选择基准理论并不符合社会现实，也就很难产生令人满意的效果。譬如著名的筱原两基准虽然在理论上令人信服，但在实践中却乏善可陈，也没能反映出主导产业的全部特征，以致日本政府后来又加上其他标准，如"创造就业机会基准"、"防止过度密集基准"、"丰富劳动内容基准"，力求弥补原来两基准的不足。过于理想化的直接后果是多数基准在实践应用中存在失效。二是过于功利性。一些国家或地区按照其中一些基准选择主导产业，通过自身的持续高速增长的确带动了相关产业的发展，也促进了物质财富的增加，但这些经济增长往往是以"高耗费、高污染、高破坏"为代价的。在功利主义支配下，一些选择基准往往将经济利益摆在优先地位，资源的合理利用与环境保护未能成为主导产业选择的一个重要评价因素，按此规划产业结构，很容易导致资源短缺、环境污染和生态破坏，阻碍经济的可持续发展。三是可操作性不强。事实上，根据某些定性基准来鉴别主导产业时，要么由于存在主观判断上的差异而难以取得一致性意见，无从定夺；要么数据欠缺，计算繁杂，效率不高，譬如筱原两基准，虽然指标很明确，由于对未来数值的测算难度大，实际决策时无法进行精确计算，最终只能依据大致估计来决策，带有一定的随意性。

更重要的是，有关主导产业选择的这些基准和方法都是针对制造业提出的，而服务业与制造业有着明显不同的特点，数据的详略和跨度也不一样，不可能按照工业主导产业选择的方法和指标来选择服务业主导产业。服务业主导产业的指标选择和确定仍然是个全新的课题。本部分试图建立服务业主导产业选择的指标体系，并在对昆山花桥服务业各细分行业的资本存量进行估算的基础上，计算花桥现代服务业各细分行业的全要素生产率增长率，然后综合多个指标因素，运用层次分析法对花桥现代服务业主导产业进行选择。

二、花桥现代服务业主导产业选择的框架体系

（一）现代服务业主导产业选择基准

主导产业的选择和建立有其内在规律性可循，必须按照一定的基准即标准、准则或条件进行。在综合相关文献的基础上，充分考虑现代服务业的特征和数据的可获得性，以及主导产业特征和我国资源条件相容性，从需求、供给和比较优势三个角度出发，得出花桥现代服务业主导产业的选择应遵循如下基准[①]。

1. 产业发展潜力基准

产业的发展潜力，从根本上说取决于产业的需求收入弹性。需求收入弹性高的产业，随着人均收入水平的提高，需求扩张幅度较大，产业的增长具有广阔的市场前景，

---

① 根据赫希曼产业关联度基准，主导产业应该具备后向拉动效应和前向推动效应俱强的特征，但产业的前向关联和后向关联强度的计算要依赖于服务业投入产出表提供的数据。由于目前花桥还未有服务业投入产出表，所以基于投入产出表计算的产业关联基准不得不被放弃，基于此造成的无法预期的影响可能比较重要，其替代研究方法有待后续研究和更多学者的进一步探索。

或者说迅速扩张的市场需求会拉动该产业较快增长。把现代服务业主要大类产品的需求收入弹性较高的产业作为主导产业，才能推动花桥现代服务业发展，促进区域居民收入水平的提高和消费结构的变化，使地区经济增长具有广阔的市场前景。这个选择基准主要是基于需求视角，使用的指标是需求收入弹性。

2. 技术进步基准

现代服务业是以信息技术、现代管理理念、现代经营方式和现代组织形式为支撑的服务业形式，发展现代服务业的本质是实现服务业的现代化。现代服务业主导产业高于其他产业的经济增长速度必须借助于产业的高效率来实现，也就是要有较高的全要素生产率，因而其技术应具有领先地位和较强的创新能力。技术进步速度是促进生产率上升的最突出因素，生产率上升率最能反映技术进步状况，其实质是指产业产出与全部投入要素之比的增长率，即全要素生产率的增长率，反映产业技术进步的速度和程度。选择技术进步速度快、技术水平高、技术要素密集的产业作为主导产业，可以保证产业结构不断保持技术领先，同时保证在分工中不断占据比较利益最大的领域。产业的生产率上升率越快，越能更好地反映当代世界科技发展的趋势。因而劳动生产率上升或技术进步速度较快是主导产业所必须具备的特征。技术进步最终必须体现在技术进步对产值增长的贡献上。技术不能转换成产值，说明产业经济系统中存在阻碍技术实现的障碍，不仅产业本身不能很好地发展，而且对其他产业的推动和带动作用也自然有限，所以本书认为主导产业的选择需要考虑技术进步速度及其对产值增长速度的贡献。这个基准是基于供给视角，使用的指标包括技术水平、技术进步速度和技术进步对产值增长速度的贡献。

3. 比较优势基准

这个基准基于主导产业的发展需要具有一定的规模的考虑，因为具有规模的主导产业才能充分发挥带头和促进作用，包括静态比较优势基准和动态比较优势基准。静态比较优势基准是指根据现行生产要素或资源的相对优势来选择区域主导产业，要求重点发展那些可以充分利用相对优势的产业部门，然后以此为中心，按照产业部门之间的经济技术联系，逐步推动相关产业部门的发展，进而形成一个能充分利用本地区优势的产业结构。动态比较优势基准则是指将那些目前比较成本还处于劣势，但未来具有比较成本优势，有可能成为带动本地区产业结构高级化演进的幼小产业扶植为主导产业。这个基准所使用的指标包括产值规模、固定资产规模和就业规模。

（二）现代服务业主导产业选择方法

根据上述的主导产业选择基准，构建主导产业选择的指标体系，并进行定量分析。

1. 构建指标体系

主导产业选择需要通过一定的指标体系进行测度，评价指标的选择和量化直接决定着评价结果的优劣。根据主导产业的选择基准，设计花桥现代服务业主导产业选择的定量评价体系如表2-1所示。

表2-1 花桥服务业主导产业选择的定量测度体系

评价基准	指标设计	计算方法	指标说明
产业发展潜力基准	需求收入弹性	$E_i = \dfrac{\Delta Q_i / Q_i}{\Delta U / U}$	E_i 为产业 i 的需求弹性系数，$\Delta Q_i / Q_i$ 为产业 i 的需求增长率，$\Delta U / U$ 为花桥劳动者报酬增长率
技术进步基准	全要素生产率	$A_{i(t)} = \dfrac{Y_{i(t)}}{K_{i(t)}^{\alpha} L_{(t)}^{\beta}}$	$A_{i(t)}$ 为 i 产业在 t 年的技术水平，$Y_{i(t)}$ 为 i 产业在 t 年的产值，K 表示资本，L 表示劳动力，α 表示资本的产出弹性，β 表示劳动的产出弹性
	技术进步速度	$\dfrac{\ln A_{i(t)} - \ln A_{i(t_0)}}{t - t_{(0)}}$	t_0 表示基期，其他指标解释同上
	技术进步对产值增长的贡献	$\dfrac{\ln A_{i(t)} - \ln A_{i(t_0)}}{\ln Y_{i(t)} - \ln Y_{i(t_0)}}$	指标解释同上
比较优势基准	产值规模	$R_{Y_{i(t)}} = \dfrac{Y_{i(t)}}{\sum\limits_{i=1}^{n} Y_{i(t)}}$	$R_{Y_{i(t)}}$ 表示 i 产业 t 期产值比重
	固定资产规模	$R_{K_{i(t)}} = \dfrac{K_{i(t)}}{\sum\limits_{i=1}^{n} K_{i(t)}}$	$R_{K_{i(t)}}$ 表示 i 产业 t 期新增固定资产比重
	就业规模	$R_{L_{i(t)}} = \dfrac{L_{i(t)}}{\sum\limits_{i=1}^{n} L_{i(t)}}$	$R_{L_{i(t)}}$ 表示 i 产业 t 期劳动就业比重

资料来源：作者整理。

2. 模型运算

构建指标体系后进行模型运算。模型运算一般包括三个步骤：（1）指标值和标准化值计算。首先利用花桥经济开发区提供的相关统计资料查找或计算各指标数值。为了消除量纲和量级的影响，需要对各指标值进行标准化处理。（2）确定指标权重。目前确定指标权重的常用方法有德尔菲法、层次分析法、因子分析法、相关系数法、熵值法等，其中前两种为主观赋权法，后三种为客观赋权法，各有利弊，应根据评价内容的特点选择相应的方法。由于使用中更简单方便，在主观赋权法中使用最多的是层次分析法，而在客观赋权法中使用最多的是因子分析法。本部分在尝试因子分析法时发现各指标间相关性低，故使用层次分析法。（3）多指标合成。通过一定的算式将多个指标的评价值综合，以得到一个整体性的评价值。本部分采用多指标加法合成法，然后对得分较高的产业部门再作定性分析，最终确定主导产业。

三、花桥现代服务业各细分行业全要素生产率的计算

前文提到的现代服务业各细分行业的技术进步基准中的全要素生产率、技术进步速

度和技术进步对产值增长的贡献三个指标的计算，涉及索罗剩余的估计，需要对服务业各细分行业的资本存量进行估算，并选择全要素生产率的计算方法。

（一）计算方法

柯布·道格拉斯（C－D）生产函数很好地描述了中国的经济增长。因此，采用柯布·道格拉斯（C－D）函数 $Y = AK^\alpha L^\beta$ 计算花桥服务业分行业全要素生产率，其中 Y 是产出，K 是资本存量，L 是劳动投入，α 和 β 分别是资本的产出弹性和劳动的产出弹性。为了回归估计方便，对 C－D 生产函数等式两边取对数，并令 $\alpha + \beta = 1$，即假设规模报酬不变，则生产函数变为 $\ln(Y/L) = \ln A + \alpha \ln(K/L)$，两边对时间求一阶导数并移项，令 y 和 k 分别表示人均产出和人均资本，则有 $\dfrac{\dot{A}}{A} = \dfrac{\dot{y}}{y} - \alpha \dfrac{\dot{k}}{k}$。根据以上两式即可计算花桥现代服务业各分行业全要素生产率，或者计算花桥服务业各行业全要素生产率的增长率。

（二）确定研究对象

由于对花桥的服务业开展统计工作较晚，只能获得本研究所需要的 2010—2012 年共三年的花桥服务业相关数据，因此，本部分所涉及的花桥服务业细分行业类别，遵循的是 2003 年以后我国服务业的分类标准。研究对象为 2003 年以后，根据中国新的服务业分类标准分类，扣除了文化、体育和娱乐业，公共管理和社会组织的 12 个服务业细分行业。

（三）花桥服务业细分行业相关数据和指标估算

1. 花桥服务业各细分行业产出数据、劳动投入数据和资本存量数据

服务业主导产业选择所考虑的技术进步基准中包含的三个指标的值，都依赖于全要素生产率的数据。而按照 C－D 函数，在计算花桥现代服务业各分行业全要素生产率时，需要有花桥现代服务业各分行业的产出数据（见表 2－2）、劳动投入数据（见第一章表 1－6）和资本存量数据（见第一章表 1－7）。

表 2－2　　　　　　　2010—2012 年花桥服务业各细分行业产出数据　　　　单位：万元

行业 ＼ 年份	2010	2011	2012
交通运输、仓储和邮政业	10 411	36 095	47 230
信息传输、计算机服务和软件业	11 482	74 066	83 348
批发和零售业	33 2701	45 4897	87 6071
住宿和餐饮业	42 399	47 962	49 497
金融业	3 055	3 512	35 645
房地产业	241 410	220 625	314 509
租赁和商务服务业	94 472	129 207	192 442
科学研究、技术服务和地质勘查业	73 838	32 173	126 627

续表

年份 行业	2010	2011	2012
水利、环境和公共设施管理业	3 872	4 683	5 005
居民服务和其他服务业	21 228	23 702	23 702
教育	3 446	2 484	2 321
卫生、社会保障和社会福利业	2 191	2 845	2 393

资料来源：花桥统计简编。

鉴于花桥服务业相关数据缺乏和个数不足，我们无法根据现有数据直接测算花桥服务业各细分行业全要素生产率和平均的技术进步速度。另外，由于国内研究资本产出弹性/劳动产出弹性的相关文献，主要是对工业行业和全国层面的资本产出弹性的估计，对服务业的资本产出弹性/劳动产出弹性的估计非常罕见，而本书的研究对象是服务业细分行业类别，因而，无法找到成熟的计算结果可资利用。鉴于此，我们考虑通过估算全国服务业各细分行业的全要素生产率和平均的技术进步速度作为昆山花桥服务业各细分行业全要素生产率和平均的技术进步速度的替代指标。因此，下文估计的中国服务业各细分行业的全要素生产率和平均的技术进步速度即为昆山花桥服务业各细分行业全要素生产率和平均的技术进步速度。对于与中国服务业细分行业类别不相符的昆山花桥服务业细分行业全要素生产率和平均的技术进步速度的估算通过以下两个步骤得到：第一，使用赵志耘等（2006）估算的经正则化处理后的东部要素产出弹性数值（资本产出弹性为0.76，劳动产出弹性为0.24）表示花桥服务业个别细分行业产出弹性值；第二，根据前文花桥的产出、劳动投入和资本存量数据计算相应行业全要素生产率和平均的技术进步速度。对于全国和花桥服务业的差别，没有特别注明，后文将不再另做区分。

2. 花桥服务业各细分行业全要素生产率和平均的技术进步速度

为了适应国民经济社会发展变化的需要，以2003年为分界线，我国服务业分类做了重大调整和变化。2003年以前（含2003年），我国服务业包括农、林、牧、渔服务业，地质勘查业、水利管理业，交通运输、仓储及邮电通信业，批发和零售贸易餐饮业，金融、保险业，房地产业，社会服务业，卫生体育和社会福利业，教育、文化艺术及广播电影电视业，科学研究和综合技术服务业，国家机关、党政机关和社会团体，其他行业共计12个细分行业。2003年后包括交通运输、仓储和邮政业，信息传输、计算机服务和软件业，批发和零售业，住宿和餐饮业，金融业，房地产业，租赁和商务服务业，科学研究、技术服务和地质勘查业，水利、环境和公共设施管理业，居民服务和其他服务业，教育，卫生、社会保障和社会福利业，文化、体育和娱乐业，公共管理和社会组织共计14个细分行业。

本书注意到2003年前各年国家统计年鉴上没有对服务业各细分行业（以下简称为

旧细分行业）进一步进行再细分，而 2003 年后的各年国家统计年鉴上对服务业各细分行业（以下简称为新细分行业）进行了进一步再细分，从而启发本书在以服务业各细分行业作为研究对象时，可以将新细分行业合并归类成旧细分行业进行分析，并且不失数据的准确性，处理的办法是对其进行细分和分割，然后加总到之前的行业数据里去，对于个别行业个别年份缺少的数据进行 5 年加权平均处理。此外，还注意到旧细分行业中的农、林、牧、渔服务业在 2004 年以后已经被归类为农业的细分行业，并且没有了"其他"这类既包罗万象数额却又小的行业，基于此，在分析时仍保留旧细分行业中的农、林、牧、渔服务业和其他行业显然没有现实意义，因此，以旧细分行业目录为考察对象时，将农、林、牧、渔服务业不予考虑，对其他行业也不予考虑。

按照 C–D 函数，在计算我国现代服务业各分行业全要素生产率时，需要有我国现代服务业各分行业的产出数据、资本存量数据和劳动投入数据。在我国，由于服务业的数据本来就少，服务业分行业的数据就更难获得，为了保持数据的一致性和可获得性，本书以年底就业人员数表示劳动投入。对 2003 年前的年底就业人员数数据可以直接从《中国统计年鉴》上获取，2003 年后的数据《中国统计年鉴》以及其他资料都没有给出，本书以年底就业人员数代替。这样，我国现代服务业各分行业的产出数据和劳动投入数据就可以直接从统计年鉴得到。但服务业分行业的资本存量数据，在国内各种年鉴和统计资料中都没有，必须对其进行估计。已有一些研究估算中国的总量资本存量，但没有估算服务业内部各细分行业的资本存量，更没有计算服务业内部各细分行业的全要素生产率。

已经有一些研究试图对中国的总量资本存量进行估算，在这方面比较有代表性的研究按时间顺序依次包括：王小鲁（2000），杨格（Young，2000），张军（2002），黄永峰等（2002），张军和章元（2003），龚六堂和谢丹阳（2004），邱晓华等（2006）；还有一些研究试图对中国某一类或某一些行业的资本存量进行估算，在这方面比较有代表性的研究按时间顺序有：Chow（2003）估计了 1952—1985 年农业、工业、建筑、运输以及商业 5 个产业的资本存量，吴方卫（1999）估计了我国 1980—1997 年的农业资本存量，黄永峰等（2002）估计了 1978—1995 年中国制造业及其 14 个主要工业的资本存量，干春晖和郑若谷（2009）估计了农业、工业和服务业的资本存量，但对服务业内部各细分行业资本存量估算的文献还未见，对服务业内部各细分行业全要素生产率的计算更是没有。

目前已被普遍采用的测算资本存量的方法是戈登·史密斯在 1951 年开创的永续盘存法，但这种方法需要较多的指标，估计较困难。本书借鉴干春晖和郑若谷（2009）的方法对我国服务业各细分行业的资本存量进行估算。考虑到本书需要估计我国服务业各细分行业的资本存量，这就需要一个我国服务业基年（1990 年）的指标存量数据，因为《中国统计年鉴》对服务业细分行业产值的统计最早有记录的是 1990 年，根据需要，本书估算 1990 年后服务业的资本存量。已有研究又缺乏一个相对统一的估计值，以及将这一值分配到各个细分行业的合理方法，故本书采用干春晖和郑若谷（2009）服务业1990年的以1978年为不变价格计算的并经调整的可比价格数据。对这一服务业资本存量，需要将其分割为服务业各细分行业的资本存量数据。方法是先计算1990年服务业各细分行业各自在全社会新增固定资产累计总额中的比重，将1990年服务业资本存量乘以这个比重即可得到1990年各细分行业的资本存量估计值。服务业各细分行业各自在全社会新增固定资产累计总额中的比重，对2002年前的数据可以直接从《中国统计年鉴》上获取，2003年后的数据，《中国统计年鉴》以及其他资料都没有给出，本书以城镇新增固定资产替代。① 对于1990年后服务业各细分行业的资本存量计算，以各年服务业资本形成总额作为当年的资本增量，各年服务业资本形成总额的数据可以直接从《中国统计年鉴》上先获得资本形成总额，然后乘以各年服务业新增固定资产占全部新增固定资产的比重获得。再对这个数据采用同样的计算方法在服务业各细分行业中进行分割。将各细分行业分割后得到的资本增量与上一年的资本存量相加作为各年服务业各细分行业资本存量的估计值。对缺乏数据的个别年份，采用5年简单平均处理获得数据。利用固定资产价格指数②，对服务业各细分行业资本存量进行平减得到不变价格计算的资本存量数据。再结合产值和劳动力数据，按照C－D函数方程进行回归，经过简单计算就可以得到我国服务业各细分行业的资本产出弹性、劳动产出弹性、全要素生产率和全要素生产率增长率。表2－3是花桥服务业各细分行业的平均全要素生产率和平均技术进步速度按全要素生产率降序排序。

表2－3　　　花桥服务业各细分行业的平均全要素生产率和平均技术进步速度

项目	平均全要素生产率	平均技术进步速度
居民服务和其他服务业	352.3422356	－0.2299098
信息传输、计算机服务和软件业	14.2012651	0.5802041
租赁和商务服务业	5.8358440	0.2606742
住宿和餐饮业	1.9590679	0.0894985
房地产业	1.0233510	－0.0130860
科学研究、技术服务和地质勘查业	1.0192013	0.0143546
批发和零售业	1.0161701	0.0003430
金融业	1.0072744	0.0084093
交通运输、仓储和邮政业	1.0004384	－0.0015769
水利、环境和公共设施管理业	0.9998781	－0.0009749
教育	0.9812618	0.0164882
卫生、社会保障和社会福利业	0.9780371	0.0158950

资料来源：作者计算整理。

① 由于我们计算的是服务业各细分行业资本存量和增量的比重，在我国农村，服务业发展依旧有限，农村服务业资本增量比较小，以城镇新增固定资产替代全社会新增固定资产也算合理，对计算结果影响不大。
② 1990年为1，各年数据可以根据历年《中国统计年鉴》上的固定资产价格指数简单计算得到。

按平均全要素生产率降序排序，根据表2-3，花桥服务业各细分行业按索罗剩余值计算出的平均全要素生产率排名前5位的是居民服务和其他服务业，信息传输、计算机服务和软件业，租赁和商务服务业，住宿和餐饮业，房地产业；而按平均技术进步速度排序，花桥服务业各细分行业排在前5位的分别是信息传输、计算机服务和软件业，租赁和商务服务业，住宿和餐饮业，教育，卫生、社会保障和社会福利业。这里需要注意的是由于索罗剩余值反映产值中除劳动和资本贡献外无法解释的部分，这部分不仅包括技术，而且包括对产值有重大影响的制度，以及包括了土地等自然资源的贡献部分。选择花桥现代服务业主导产业，我们还需要结合其他指标综合考虑。

四、花桥现代服务业主导产业选择

（一）指标计算

使用昆山花桥服务业的基础数据和本书以上部分计算的数据，对花桥现代服务业各细分行业的7项指标进行计算，并进行无量纲标准化处理（由于花桥只有2012年唯一一年的金融业相关数据，其需求收入弹性和固定资产规模用国家层面的需求收入弹性和固定资产规模数据替代），具体见表2-4。

表2-4　　　　　　　　　　花桥现代服务业各细分行业指标值

项目	需求收入弹性	全要素生产率	技术进步速度	技术进步对产值增长的贡献	产值规模	固定资产规模	就业规模
交通运输、仓储和邮政业	0.1152	0.0026	-0.0013	-0.0003	0.0258	0.1728	0.0179
信息传输、计算机服务和软件业	0.0537	0.0371	0.4712	-0.0806	0.0465	0.0331	0.1183
批发和零售业	0.0827	0.0027	0.0003	0.0001	0.4581	0.0888	0.4992
住宿和餐饮业	0.1183	0.0051	0.0727	0.1593	0.0385	0.2176	0.0794
金融业	0.0611	0.0026	0.0068	0.0009	0.0116	0.0010	0.0024
房地产业	0.0921	0.0027	-0.0106	-0.0136	0.2138	0.2202	0.0698
租赁和商务服务业	0.0369	0.0153	0.2117	0.1009	0.1146	0.1819	0.1324
科学研究、技术服务和地质勘查业	0.0330	0.0027	0.0117	0.0073	0.0641	0.0806	0.0210
水利、环境和公共设施管理业	0.0507	0.0026	-0.0008	-0.0010	0.0037	0.0026	0.0131
居民服务和其他服务业	0.0500	0.9215	-0.1867	-0.5746	0.0189	0.0001	0.0394
教育	0.2619	0.0026	0.0134	-0.0115	0.0023	0.0004	0.0030
卫生、社会保障和社会福利业	0.0443	0.0026	0.0129	0.0497	0.0020	0.0019	0.0040

资料来源：作者计算整理。

（二）建立定量评价模型

基于以上数据，首先利用SPSS软件进行相关性分析和以相关系数矩阵Bartlett球形检定值的显著性和样本适切性KMO值为依据，检验样本数据是否适合因子分析，结果发现指标值之间相关性非常低，因而使用主成分分析并不妥当。其次，主导产业选择实际上是一个多目标决策问题，考虑到花桥现代服务业发展的特点、数据结构、指标赋权各方法的使用频度和优劣，采用层次分析法（AHP）对花桥现代服务业各细分产业进行多目标综合排序较为合适。

层次分析方法的基本思路是：首先将所要分析的问题层次化，然后根据问题的性质和所要达到的总目标，将问题分解为不同的组成因素，并按照因素间的相互关联影响以及隶属关系将因素按不同层次组合，形成一个多层次分析结构模型。最终系统归结为最低层（方案、措施、指标等）相对重要程度的权值或相对优劣次序排序问题。花桥现代服务业主导产业选择的 AHP 递阶层次结构模型构建如图 2-1 所示。

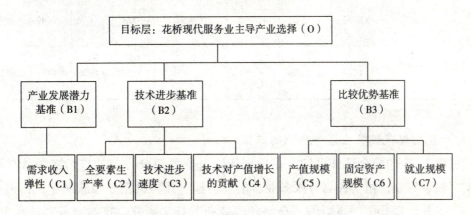

图 2-1 我国现代服务业主导产业选择的 AHP 递阶层

（三）确定指标权重并综合评分

根据以上 AHP 层次结构模型，征询服务业相关专家、实践工作的技术人员和政府决策者的判断意见，对各指标赋权重后计算出花桥现代服务业各细分行业的标准化得分。最后，以加权求和的方法计算出各行业的综合评价值并排序（见表 2-5）。各指标的赋权情况为：产业发展潜力基准 0.25；技术进步基准 0.35（0.1、0.15、0.1）；比较优势基准 0.4（0.2、0.1、0.1）。

表 2-5　　　　花桥现代服务业各行业的综合评价计算表（降序排序）

项目	需求收入弹性	全要素生产率	技术进步速度	技术进步对产值增长的贡献	产值规模	固定资产规模	就业规模	综合得分	排名
批发和零售业	0.0827	0.0027	0.0003	0.0001	0.4581	0.0888	0.4992	0.1714	1
租赁和商务服务业	0.0369	0.0153	0.2117	0.1009	0.1146	0.1819	0.1324	0.1069	2
信息传输、计算机服务和软件业	0.0537	0.0371	0.4712	-0.0806	0.0465	0.0331	0.1183	0.1042	3
住宿和餐饮业	0.1183	0.0051	0.0727	0.1593	0.0385	0.2176	0.0794	0.0943	4
房地产业	0.0921	0.0027	-0.0106	-0.0136	0.2138	0.2202	0.0698	0.0921	5
教育	0.2619	0.0026	0.0134	-0.0115	0.0023	0.0004	0.0030	0.0674	6

续表

项目	需求收入弹性	全要素生产率	技术进步速度	技术进步对产值增长的贡献	产值规模	固定资产规模	就业规模	综合得分	排名
交通运输、仓储和邮政业	0.1152	0.0026	-0.0013	-0.0003	0.0258	0.1728	0.0179	0.0531	7
科学研究、技术服务和地质勘查业	0.0330	0.0027	0.0117	0.0073	0.0641	0.0806	0.0210	0.0340	8
居民服务和其他服务业	0.0500	0.9215	-0.1867	-0.5746	0.0189	0.0001	0.0394	0.0269	9
金融业	0.0611	0.0026	0.0068	0.0009	0.0116	0.0010	0.0024	0.0193	10
卫生、社会保障和社会福利业	0.0443	0.0026	0.0129	0.0497	0.0020	0.0019	0.0040	0.0192	11
水利、环境和公共设施管理业	0.0507	0.0026	-0.0008	-0.0010	0.0037	0.0026	0.0131	0.0150	12

资料来源：作者计算整理。

(四) 花桥现代服务业主导产业的选择

通过表2-5的综合评分可知，花桥现代服务业各细分行业的排名次序从高到低依次是批发和零售业，租赁和商务服务业，信息传输、计算机服务和软件业；住宿和餐饮业，房地产业，教育，交通运输、仓储和邮政业，科学研究、技术服务和地质勘查业，居民服务和其他服务业，金融业，卫生、社会保障和社会福利业，水利、环境和公共设施管理业。其中优势较为明显的有批发和零售业，租赁和商务服务业，信息传输、计算机服务和软件业，住宿和餐饮业，房地产业。

进一步，对批发和零售业，租赁和商务服务业，信息传输、计算机服务和软件业，住宿和餐饮业，房地产业进行分析。着重考察规模基准所包括的2012年花桥服务业各细分行业就业规模、产值规模、固定资产规模和花桥服务业各行业对劳动者收入分配的贡献共四个指标。

首先，在产值规模上，2012年花桥服务业细分行业对地区产值贡献排名最前的六个行业分别是批发和零售业，房地产业，租赁和商务服务业，科学研究、技术服务和地质勘查业，信息传输、计算机服务和软件业，住宿和餐饮业。其中，按综合评分得分最前的批发和零售业，租赁和商务服务业，信息传输、计算机服务和软件业，住宿和餐饮业，房地产业五个行业对地区产出贡献占了整个服务业产出的83.76%。说明，这五个细分服务业的发展规模决定了当前花桥服务业的发展规模和产业结构。尤其是其中的批发和零售业，租赁和商务服务业，信息传输、计算机服务和软件业，三者对产出的贡献达到服务业总产出的63.65%。

其次，从就业规模看，2012年花桥服务业细分行业解决地区就业贡献排名最前的五个行业分别是批发和零售业，信息传输、计算机服务和软件业，租赁和商务服务业，住宿和餐饮业，房地产业，居民服务和其他服务业。其中，按综合评分得分最前的批发和零售业，租赁和商务服务业，信息传输、计算机服务和软件业，住宿和餐饮业，房地产业五个行业解决地区就业的贡献占了整个服务业就业的 87.78%。说明，这五个细分服务业的发展规模同样决定了当前花桥服务业的就业规模。就目前严峻的就业形势来看，大力发展这五个吸纳就业能力特别强的服务业细分行业，显然具有重大的社会意义。尤其是其中的批发和零售业，租赁和商务服务业，信息传输、计算机服务和软件业，三者吸纳就业的比重占当年花桥服务业就业的 76.61%。

再次，从固定资产规模看，2012 年花桥服务业细分行业解决地区就业贡献排名最前的五个行业分别是交通运输、仓储和邮政业，房地产业，住宿和餐饮业，租赁和商务服务业，批发和零售业。其中，按综合评分，得分最前的批发和零售业，租赁和商务服务业，信息传输、计算机服务和软件业，住宿和餐饮业，房地产业五个行业解决地区就业的贡献占了整个服务业就业的 67.43%。另外一个固定资产规模比重较大的细分服务业行业是交通运输、仓储和邮政业，占了 2012 年服务业固定资产总额的 22%。可见，这五个行业对资本拉动并不太敏感，但相对而言，资本依赖较为严重，属于资本密集型的服务行业。如果结合前文对这五大行业的产出贡献分析可以看出，目前花桥经济开发区对这五大服务行业的固定资产投入不够。应该说，这既反映了近年来国家对房地产行业进行的宏观调控效果，也表明这五大服务行业在花桥是非常有潜力的行业。因此，在未来，除了房地产业外，其他四个潜力较大的服务业行业都需要大力发展。

最后，从对劳动报酬的贡献看，2012 年花桥服务业细分行业解决地区就业贡献最前的五个行业分别是批发和零售业，信息传输、计算机服务和软件业，租赁和商务服务业，房地产业，科学研究、技术服务和地质勘查业。其中，按综合评分得分最前的批发和零售业，租赁和商务服务业，信息传输、计算机服务和软件业，住宿和餐饮业，房地产业五个行业对劳动者收入水平的影响占了整个服务业劳动报酬的 77.73%。尤其是其中的批发和零售业，租赁和商务服务业，信息传输、计算机服务和软件业，三者对劳动者报酬的贡献达到服务业总体劳动报酬的 65%。说明，这三大服务业细分行业对提高当地劳动者的收入水平和生活的幸福指数意义重大。

五、主要结论

发展花桥服务业，在现阶段，应遵循有先有后、有主有次的步骤，优先将服务业中具有广阔市场前景和技术进步能力强的细分服务业行业作为主导产业加快发展。

根据本节建立的指标体系综合评分并结合定性分析，可以将花桥服务业的主导产业确定为批发和零售业，租赁和商务服务业，信息传输、计算机服务和软件业。按照刘志彪、郑江淮（2008）对服务业的分类标准①，本书所选的三个主导产业都属于服务产业中的生产性服务业，可见，发展好生产性服务业在花桥服务业和地区经济社会的发展中占有举足轻重的地位和作用。另外，参照当前花桥经济开发区政府重点发展的五大服务业主导产业：商贸服务、现代物流、总部经济、服务外包、新兴产业（电子商务、股权投资基金、文化创意、科技研发），不难发现，除了现代物流，本书结论与花桥主导产业的实际安排以及近年来诸多服务业专家对花桥服务业发展的选择判断具有基本意义上的一致性。

本节研究中，花桥的交通运输、仓储和邮政业在综合得分上排序第七位，在 7 个指标的表现中，固定资产规模表现位列第一，需求收入弹性表现位列第三。说明花桥的政府和各级企事业单位对现代物流的固定资产投资较大，这与当地和江苏地区乃至长三角地区巨大的制造业生产规模相符。当然，这也是本地制造业相对发达的一种现实发展需要。当地政府将现代物流定位为花桥现代服务业主导产业，可能正是基于为当地庞大的制造业发展提供支持的考虑，也是一种因地制宜的产业发展选择战略。

六、政策建议

一是创新政府服务理念，提高政府服务效率。积极借鉴其他地区尤其是上海自贸区的服务和管理经验，进一步发扬"昆山服务"精神，打造"美丽昆山、花桥服务"品牌。一方面积极配合国家简政放权政策，减少行政审批环节，降低政府服务成本，另一方面有效提高政府机构服务效率，为企业提供高质量的服务，加强对服务业产业和企业的调查研究，及时了解产业和企业发展动态，及时制定和更新相关政策，如根据产业发展结构变化，及时调整财税优惠政策的对象、程度和方式，积极推动产学研合作，搭建企业共性技术平台，降低企业运营成本，加强与行业协会的合作，为企业提供更为科学、高效和完备的服务。

二是进一步发挥产业集群效应，培育龙头型、旗舰型企业。一方面，加大招商引资力度，围绕总部经济、高端服务外包、金融、商贸、科技研发、物流、电子商务等主导产业和新兴产业，重点引进具有较大规模和较好知名度的现代服务业企业，通过大型企业引进，进一步提升现有服务业水平、层次和影响力。另一方面，通过各种方式促进现有服务业企业不断壮大和升级，沿产业价值链不断攀升。积极引导现有服务外包企业向高附加值的 KPO 业务转变，并力争使凯捷等大型服务外包公司将花桥作为企业总部或

---

① 刘文将服务业进行如下划分。首先，服务业包括两大类：服务产业和服务事业。其次，服务产业分为生产性服务业和消费性服务业两类，服务事业分为公共物品服务业和准公共物品服务业两类。最后，生产性服务业包括信息传输、计算机服务和软件业，批发和零售业，金融业，房地产业，租赁和商务服务业共 5 类；消费性服务业又包括交通运输、仓储和邮政业，住宿和餐饮业，居民服务和其他服务业共 3 类；公共物品服务业包括公共管理和社会组织，卫生、社会保障和社会福利业共 2 类；准公共物品性服务业包括科学研究、技术服务和地质勘查业，水利、环境和公共设施管理业，教育，文化、体育和娱乐业共 4 类。

中华区的研发、运营总部，全面提升服务外包行业的附加值创造能力。加大对重点发展行业的中型企业管理总部以及大型企业的研发、销售、物流、投资等为主的职能型或复合型职能总部的扶持力度，积极推进总部经济企业上市，扩大花桥知名度。实施品牌战略，支持商贸服务业扩大辐射范围，面向全国，走向世界。支持和引导大型物流企业建立现代化物流园区，作为花桥综合物流基地，实现物流业集群发展。进一步加大对科技研发、文化创意和电子商务等新兴产业的支持，支持企业培育自身品牌，实现这些产业的集聚发展。

三是提升招商项目质量，强化政策分类指导和国资管理。在服务业具有一定规模之后，花桥需要改变原来招商过程中存在的"捡在篮中都是菜"的做法和倾向，在项目引进时要关注经济效益和社会效益的最优化，重点吸引既具有较高知名度和较强产业影响力，同时具有高附加值和高税收的高端服务业项目，对占有资源较多但经济贡献率较低的项目审慎引进或拒绝引进。建立合理的项目评估体系，对高产业带动力、高附加值和高税收的高端服务业项目加大政策扶持力度，而对中低端、产出较低、税收较少的企业适当降低扶持政策，以至不给政策优惠，强化对企业扶持政策的分类指导。同时，加强国有资产管理，严格执行国有资产管理制度，坚持"有偿使用，先付后补"的原则，适度增加企业的成本压力，促使企业节约使用国有资源，加快体制机制转变，强化法人制度和治理结构建设，实行专业化运营，探索商业化运营模式，逐步建立国有资产较为明晰的产权管理体系，切实提高资产使用率和回报率。

四是完善生活服务与公共设施，优化商业商务环境。进一步完善专业化服务体系，大力引入和发展金融服务、信息技术服务、中介服务，以及教育培训、会议展览等专业配套服务体系，重点吸引具有一定知名度的会计师事务所、律师事务所、培训机构、地产管理公司、会展公司、贷款担保公司等企业，优化花桥现有的商务环境，降低企业的商务成本。进一步完善城市基础设施，以轨道交通11号线花桥段通车为契机，建立与大都市卫星城相配套的交通体系。完善商业配套设施和教育培训、休闲娱乐设施，培育2~3个特色明显、错位发展的商圈，聚集人气，为服务业企业提供便捷、全方位的生活服务，减少企业及员工的生活成本，增强花桥的城市吸引力。

五是引导产业布局适度调整，促进产业间良性互动。首先是进一步实施工业企业搬迁计划，利用花桥与陆家"区镇联动"的契机，可通过土地置换、企业兼并收购等多种方式，重点将轨道交通11号线的光明路和花桥两站点周边的工业企业实行总体搬迁，一部分企业迁入现有工业园区内，一部分迁出花桥，在搬迁后区域上，进行整体重新规划，打造集商业综合体、大型品牌专卖店、餐饮娱乐等于一体的综合性商圈，并配套发展大型写字楼、商务服务业、金融服务业等产业，力图将花桥站周边形成能够和安亭站相媲美的综合商贸生活场所，充分发挥轨道交通优势，快速聚集人气，全面提升花桥的城市化水平和形象。其次是优化现有工业园区企业与生产性服务业企业之间的联系，一方面，鼓励工业企业通过二三产分离的形式，分离出生产性服务业，另一方面，允许服务业企业在工业园区设立小型物流企业等，帮助工业企业降低成本，提高专业化程度。

六是落实相关政策细则，充分发挥昆山试验区政策优势。虽然昆山试验区获得了国批，但针对获批条款的细化政策迟迟没有得到明确，大部分条款还没有获得相应的细化实施措施，加上上海自贸区设立的冲击，使得昆山试验区的政策优势并没有充分发挥。虽然花桥正在全力打造海峡两岸（昆山）商贸示范区，但商贸试验区功能决定了其无法充分利用昆山试验区的国批政策优势，尤其是金融方面的政策优势。建议花桥在继续推进海峡两岸（昆山）商贸示范区的同时，积极寻求江苏省委省政府、苏州市委市政府和昆山市委市政府的支持，申请建立以台资为特色的金融服务业集聚区，重点吸引台资金融控股集团来花桥设立分支机构和子行，鼓励国内金融机构包括银行、证券公司、保险公司、股权投资基金、融资租赁、小额贷款公司等落户集聚区，配套发展会计师事务所、律师事务所、餐饮娱乐设施等商业服务业，力争成为国内具有一定影响力的金融服务业聚集区和台资金融机构总部聚集地。通过商贸示范区和金融集聚区的互动发展和两翼齐飞，充分发挥昆山试验区的政策优势，成为花桥服务业发展新的动力来源。

七是强化中高端人才的培育能力，提升人才的本地化比例。目前，花桥已经实施了一些人才政策，并取得了良好效果，如人才公寓住宿优惠，给予服务业高管人员在个人所得税、住房等方面的奖励补贴等，但服务业的快速发展，对人才政策提出了更高的要求，也迫使花桥需要对现有政策进行进一步的完善，进一步强化对中高端人才的吸引和培育能力，降低对外部人才的过度依赖性。具体措施可包括：首先，不断拓宽人才引进途径，对于花桥服务业重点需要的人才，如金融、科技研发、文化创意等产业人才，可与企业联合，在上海、南京、苏州等地各大高校实行人才定制，并积极引导企业加强实习培训力度；其次，完善各层次人才培训机制，鼓励和协助服务业企业与境内外高水平大学和培训机构建立人才培训机制，在重点领域引进高质量的培训机构和项目，支持有条件的企业与高校合作设立研究院、研究中心，提升从业人员的研究能力；再次，提升本地学校培养能力，依托硅湖学院，不断扩大办学层次，增设与花桥主导产业相适应的专业，通过与国内高水平大学合作办学的形式，增强人才培养能力；最后，进一步为服务业专业人才尤其是高层次人才提供政策优惠，如加大政策力度吸引总部管理人员、金融、科技研发等人才，帮助引进人才解决落户、居住、融资、创业、社会保险、子女教育等实际困难，解决好高层次人才的后顾之忧，以保证人才能引得进、留得住。

［参考文献］

1. 周振华：《产业结构政策的选择基准：一个新的假说》，载《经济研究》，1989（3）。

2. 关爱萍、王瑜：《区域主导产业的选择基准研究》，载《统计研究》，2002（12）。

3. 张根明、刘韬：《基于 DEA 模型的高新区主导产业选择分析》，载《技术经济与管理研究》，2008（2）。

4. 王敏：《地区主导产业选择的 AHP 模型及其应用》，载《重庆师范学院学报（自然科学版）》，2001（4）。

5. 赵志耘、刘晓路、吕冰洋：《中国要素产出弹性估计》，载《经济理论与经济管理》，2006（6）。

6. 郭克莎：《工业化新时期新兴主导产业的选择》，载《中国工业经济》，2003（2）。

7. 干春晖、郑若谷：《改革开放以来产业结构演进与生产率增长研究——对中国1978～2007 年"结构红利假说"的检验》，载《中国工业经济》，2009（2）。

8. 胡鞍钢、周绍杰：《新的全球贫富差距：日益扩大的"数字鸿沟"》，载《中国社会科学》，2002（3）。

9. 刘志彪、郑江淮等：《服务业驱动长三角》，北京，中国人民大学出版社，2008。

10. 石磊、刘霞：《从全要素生产率（TFP）考察我国金融风险发生的可能》，载《复旦学报（社会科学版）》，2006（1）。

11. 王国生、安同良、刘志彪：《现代产业经济分析》，南京，南京大学出版社，2001。

12. 原毅军、孙晓华、柏丹：《我国软件企业智力资本价值创造潜力的评估》，载《中国工业经济》，2005（3）。

13. 杨永恒、胡鞍钢、张宁：《基于主成分分析法的人类发展指数替代技术》，载《经济研究》，2005（7）。

14. 张军、吴桂英、张吉鹏：《中国省际物质资本存量估算：1952—2000》，载《经济研究》，2004（10）。

15. 郑若谷、干春晖、余典范：《转型期中国经济增长的产业结构和制度效应——基于一个随机前沿模型的研究》，载《中国工业经济》，2010（2）。

16. 钱纳里、鲁宾逊、塞尔奎因：《工业化和经济增长的比较研究》，上海，上海三联书店，1996。

17. Engelbrecht H. J. . 1990, Are Purchased Information Services Underused in Manufacturing? Evidence from Japan, Korea and Taiwan, Applied Economics, 22：201 – 209.

18. Jun Z. . 2003, Investment, Investment Efficiency, and Economic Growth in China, *Journal of Asian Economics*, 14：713 – 734.

行业篇

第三章 服务外包业

自 20 世纪 90 年代以来,外包已经成为现代国际经济学理论界一个热门研究领域。其中,服务外包又是一个吸引很多经济学家浓厚兴趣的研究方向,它代表了对发包国和接包国之间贸易效应进行理论和实证研究的新的重要方向。

一、服务外包的内涵与理论基础

(一)服务外包的内涵

世界贸易组织的《服务贸易总协定》将服务分为 12 个部门,即商务服务、通信服务、建筑和相关工程服务、分销服务、教育服务、环境服务、金融服务、健康服务、旅游服务、娱乐文化和体育服务、运输服务、其他服务。服务外包是指企业将其非核心的业务外包出去,利用外部最优秀的专业化团队来承接其业务,从而使其专注核心业务,达到降低成本、提高效率、增强企业核心竞争力和对环境应变能力的一种管理模式。花桥服务外包业务范围包括信息技术服务外包(ITO)、业务流程外包(BPO)和知识流程外包(KPO)。

1. 信息技术服务外包,是指企业向外部寻求并获得全部或部分信息技术类的服务,包括软件研发及外包、信息技术研发服务外包、信息系统运营维护外包等。

2. 业务流程外包,是指企业将自身基于信息技术的业务流程委托给专业化服务提供商,由其按照服务协议要求进行管理、运营和维护服务等,包括企业内部管理、业务运作、供应链管理等服务。

3. 知识流程外包,是指利用书籍、数据库、专家、新闻、电话等多种途径来获取信息,并对信息进行即时、综合的分析研究,最终将报告呈现给客户作为决策的借鉴,包括知识产权研究、医药和生物技术研发和测试、产品技术研发、工业设计、检验检测、分析学和数据挖掘、动漫及网游设计研发、教育课件研发、工程设计等领域。

从地理分布状况看,服务外包主要分为在岸外包和离岸外包。在岸外包是指外包商与其外包供应商来自同一个国家,因而外包工作在国内完成。离岸外包则指外包商与其供应商来自不同国家,生产服务活动跨国完成。由于劳动力成本的差异,外包商通常来自成本高的国家,如美国、欧洲和日本等发达国家,外包供应商则来自劳动力成本较低的国家，如印度、中国等发展中国家。

关于离岸外包的概念，许多国外学者有过阐述。Loh 和 Venkatraman（1992）通过对 IT 业外包的研究对"Outsourcing"进行了定义，他们分析认为"Outsourcing"是由外部供应商所分担的实物或人力资源以及与两者相关的，或 IT 基础结构在消费者组织中的特定组成部分。从这一定义可以看出，外包可以是货物或服务，但它一定发生在企业外部。Atkinson（2004）通过研究美国 IT 服务外包认为，"Outsourcing"就是由一家公司与另一家公司签订合同去经营指定商业任务的过程，公司可以外包工作给美国本土公司，也可以外包给其他国家公司。他还认为，人们真正抱怨的"Outsourcing"其实是"Offshoring"，"当美国公司将分支机构设在海外时，将有关的工作由此而转移到这些国家，其中包括货物和服务两类"。Levy（2005）认为，"Offshoring"通常是指将特定的生产商业活动转包给外国公司或供应商，尽管不需要是独立企业，也就是说，它包括跨国公司与国外子公司之间的企业内部贸易；"Outsourcing"则是指转包给独立公司，其中包括国内公司或国外公司。Robinson 和 Kalakota（2004）认为，"Offshoring"是企业将价值链的部分或全部转移到低成本地区，它取决于通过劳动力或技术套汇的成本管理。因此，"Offshore Outsourcing"是一种行政管理的授权，也就是将工程、研发或技术支持工序给低成本地区的第三方供应商。Sen 和 Islam（2005）认为：外包现象就是企业战略地运用外部资源来进行过去用本地人力物力进行的经济活动。

近年来，随着离岸外包在中国迅速发展，中国学者也逐渐开始关注这一经济现象。浦美和章嘉林（2004）认为，外包是指企业将自己的一部分生产和劳务分包出去，利用外界的劳动力（通常较低廉）来完成，从而减少公司的雇员，达到节省劳工成本、提高竞争力的目的。詹晓宁、邢厚媛（2005）认为，服务外包是指作为生产经营者的业主将服务流程以商业形式发包给本企业以外的服务提供者的经济活动。服务外包的本质，是企业以价值链管理为基础，将其非核心业务通过合同方式发包、分包或转包给本企业之外的服务提供者，以提高生产要素和资源配置效率的跨国生产组织模式。

通过上述分析，可以得出如下结论。第一，离岸外包是指企业充分利用国外资源和企业外部资源，为了降低生产成本，提高效率，将生产、服务转移到海外其他企业的一种经营行为。也就是说，它首先是一种跨国交易行为，其交易活动一定发生在企业外部。因此，它是企业外部性的表现，也是经济全球化不断发展的结果。第二，离岸外包是基于发达国家跨国公司利用发展中国家的成本优势所进行的产业转移活动，这也是离岸外包发生的基础条件。第三，离岸外包转移的业务属于非核心业务，这是由企业强化核心业务的目标所决定的。但是，随着全球离岸外包迅速发展，企业离岸外包的性质、目的、模式也在发生深刻的变化。进入 21 世纪以来，越来越多的离岸外包发生并不是基于降低成本的目的，而是提高核心竞争力的考虑；离岸外包的模式不仅是发展中国家承接发达国家的外包业务，而且还有大量跨国公司在承接发展中国家的外包业务；离岸外包的业务链条也不仅仅是非核心业务，企业在核心竞争力战略下，一些核心业务也采取外包方式，尤其是在发展中国家缺乏技术优势的条件下，一些核心业务往往采取外包形式。因此，随着全球化的深入，离岸外包的内涵也在不断拓展。

（二）服务外包的理论基础

在服务外包的理论研究方面，最典型的是 Grossman 和 Helpman（2003）建立的产业结构均衡模型。在该模型中公司的组织结构是内生的，它考虑了成本差异的大小、契约不完全的程度、产业的规模以及相对的工资率等均衡组织结构的影响因素，解释企业的外包行为、中间品市场的交易成本以及接包国的禀赋状况。Feenstra 和 Hanson（1999）则另辟蹊径来研究跨国公司是怎样在全球供应链中确立企业边界的，不仅重新构造了国际外包的模型，还把这个模型应用到发展中国家进行实证分析。通过在发展中国家的背景下评估契约成本来拓展他们的研究，而发展中国家也正是被人们认为契约不完全性很严重但却少有实证研究的地方。Gao（2004）提出的经济学理论则主要从成本角度解释外包的发展。Feenstra 和 Hanson（1999）精确研究了外包对工作的效应，但他们只关注原材料外包及其对技能工资的影响，没考虑服务外包对就业的影响。

1. 国际产业分工是服务业离岸外包发生的基础条件

国际分工指世界各国不同的产业分工，它是产生国际贸易和世界市场的前提条件，而国际分工的前提主要源自于比较优势，即各国比较优势的不同而导致在全球价值链中的不同分工地位。新一轮服务业离岸外包大量发生的根本原因仍然是基于各国比较优势的差别。从整体上看，离岸外包的分工仍然是发达国家与发展中国家的垂直分工所导致。但是，与上一轮的制造业离岸外包相比，目前，国际分工的比较优势具有两个重要特征。

一是发展中国家与发达国家技术优势的差别在缩小。由于经济全球化的影响，发达国家和发展中国家的相互渗透加深，科技水平都得到普遍提高，尤其是发展中国家通过上一轮国际制造业转移获得了大量的技术积累，各国都存在着不同的技术领先优势。例如，在手机设计制造领域，北欧国家具有相对技术优势；在信息安全领域，以色列具有相对技术优势；在光电、机器人和半导体领域，日本具有技术领先优势；在航空航天领域，中国也已经获得了技术领先优势。这些技术上比较优势的不同导致了各国之间技术的相互依存度提高，这是目前全球大量高新技术产业外包的重要根源。

二是发展中国家与发达国家人力资源优势的差别在缩小。例如，在高级知识人才上，美国的比较优势有所下降，而中国、印度等发展中国家的比较优势相对上升。据 Brookings Institution 的调查表明，1995—1999 年中国和欧盟颁发的工科学位分别增长 37% 和 22%，而同期美国这一数字下降了 4%。这一重要特征是导致新一轮服务业离岸外包的主要原因。实践也证明，中国、印度等发展中国家经济、社会、科技、教育、文化的发展是跨国公司服务业外包转移不可忽视的因素。由于这些国家拥有大量优质的高端技术人才，使得跨国公司高端服务业通过向发展中国家的外包，既获得了高质量的商品，又大幅度降低了人力成本。

从新一轮服务业外包的国际分工来看，发达国家仍然具备高端优势，而发展中国家的优势仍在低端。例如，当前设计外包的动因主要有两种，一种是由于企业缺乏设计能力而导致的设计外包，这类情况通常发生在发展中国家向发达国家发包，即发达国家承接发展中国家的设计外包业务，如汽车、飞机以及电子产品等核心关键设计以及大型建筑项目设计等，发展中国家通常不具备相应的设计能力和水平，大多采取向国外购买设计的方式；另一种则是由于企业为了专注核心业务，而将非核心的设计部分外包给专业设计公司，这类情况往往是发达国家向发展中国家发包，即发展中国家承接发达国家的设计外包业务。

2. 成本优势是服务业离岸外包发生的主要驱动因素

大量的理论和实际案例研究表明，发展中国家的成本优势仍然是跨国公司新一轮服务业离岸外包的主要驱动因素。李威松、王淑云（2004）研究认为，无论是从交易的全过程还是从交易费用的决定因素来看，企业与外部企业建立起较长期的合作性外包关系，都有助于降低交易费用。从交易的全过程来看，基于较长时间的伙伴关系，双方时常保持沟通，可以使搜寻交易对象的信息成本降低，互惠互利的伙伴关系可以降低履约风险。Bursky（2004）通过研究芯片行业外包得出结论，高成本导致许多芯片制造商不仅将制造部分外包，而且大多数都购买设计、测试等服务，它们通过外包，一部分生产能力可以去做更优秀的产品，这其中设计服务同样也有转移的趋势，通过由不同组织提供设计、测试、包装等服务，公司可以从事新的业务计划。一些国际调查咨询机构的研究也得出同样的结论。纽约业务外包研究所通过对企业外包动机的调查发现，节约经费是企业外包的重要原因，有64%的企业由于经费问题而实施外包。德勤会计师事务所 TMT 服务小组曾经对全球固定通信、移动通信领域的42家通信网络运营商调查的结果显示，53%的受访者认为，外包的主要动力是能够削减成本——其中主要包括人员工资、场地费用等。印度 O2I 公司的研究证明，在世界建筑和机械设计行业中，电脑系统、软件、办公场所和绘图设备都需要公司大量投资。为了减少费用开支，需要各种资源集中运用到能产生较高利润额的工作中去。因此，降低建筑设计成本最好的选择就是把那些重复性的劳动密集型过程外包出去，以便集中精力于设计创作等高利润额的工作。

3. 降低人力成本是服务业离岸外包的核心内容

由于新一轮离岸外包是以高新技术现代服务业为主体，而人力成本是服务业需要支付的主要成本，尤其以设计、研发、信息技术服务、软件服务为主的高新技术产业和创意产业，是人力资本投入最高的行业。因此，与制造业相比，人力成本的节约对于推动服务业离岸外包具有更加重要的意义。美国 *Manufacturing and Technology News* 的一份研究报告表明，IC 设计一直是芯片制造领域最为昂贵的部分，设计工程师成本与制造成本相比要高10倍，中国、印度设计工程师的薪酬比美国工程师要少80%。因此，降低劳动力成本是主要驱动力。以设计为例，设计服务所支付的人力成本通常包括设计人才的搜寻成本、培训成本、流失成本、维持成本等。对于一个具有自主设计能力的通信厂商来说，自己需要拥有不同专业的设计团队，其人才获得成本无疑是很高的；由于技术日新月异的发展，公司为了保持设计人员的能力水平，必须动态地支付学习、培训费用，随着市场竞争的不断加剧，公司必须不断地投入和追加这种培训成本，以保持设计领先地位，这就是高昂的人才培训成本；与此同时，由于设计人员"跳槽"现象经常发生，意味着公司的相当一部分培训成本转化为沉没成本；由于企业设计人才不断流失，公司要不断选拔、招聘充实新的设计人员，这是企业所要支付的人才流失成本；为了维持设计团队长期稳定，企业必须不断提高设计人员薪酬待遇，至少支付不低于行业平均水平的工资报酬，这就是人才维持成本。因此，要保持一个稳定的设计团队，企业就必须支付上述昂贵的人力成本，这对一般企业而言是一个不小的负担。

　　4. 提高核心竞争力成为服务业离岸外包全球化发展的重要动因

　　Loh 和 Venkatraman（1992）分析了 IT 业外包因素来自的主要层面：在经济层面，产品趋势的时间和周期可以激励公司通过分配外包使 IT 基础结构的管理合理化；在产业层面，竞争压力可以导致企业与 IT 供应商建立基础的伙伴关系（Partnership - based）；在企业层面，寻求竞争优势对于 IT 外包具有关键促进作用。从这一分析可以看出，随着国际市场竞争的日趋激烈，提高企业竞争力已经成为企业外包的重要动因。许多研究表明，企业为了提高竞争力，专注核心业务，而将非核心业务外包。Quinn 和 Himer（1994）认为，企业应该持续地在具有核心能力的业务上进行投资，外包非核心活动可使企业更加提高管理注意力，加大对绩效显著工作的资源分配。企业通过专注于具有核心能力的产品生产或服务，将非核心业务或职能交给外部组织承担，不仅可以降低成本，而且可以提高质量。因此，外包可使企业专注于核心竞争力。与上一轮制造业离岸外包相比，这一轮服务业离岸外包最为显著的变化就是，企业设计、研发、营销等核心关键业务开始外包。从产品价值链来看，关键核心业务只存在于服务环节之中，这些环节通常作为企业核心能力的最关键部分被自身控制，以支持企业获取垄断利润。但是，随着全球技术创新和管理模式创新速度加快，企业独立完成核心业务的成本不断提高，尤其是独立获取新技术的难度越来越大。因此，越来越多的核心业务和关键技术开始通过外包形式借助外部资源完成，这是企业基于提高核心竞争力发生离岸外包的重要动因，也是全球服务业离岸外包大规模迅速发展的主要原因，这一解释不仅适用于发达国家向发展中国家的外包，也同样适用于发展中国家向发达国家的外包。美国 EIU（Economic Intelligence Unit）1993 年对 50 多家世界级大企业的调查报告显示：大多数企业承认，在 20 世纪 90 年代，接近或超过 1/2 的技术竞争力来源于企业外部。外包的技术也从企业的非核心技术、容易购买的成熟技术、标准化技术转变为决定企业未来技术竞争优势的研发、设计项目外包。

5. 技术外溢效应是发展中国家在服务业离岸外包中获得的主要收益

FDI 技术外溢主要是指跨国公司在跨国直接投资中，由于在东道国设立子公司或成立合资公司等形式的国际化生产，使技术自愿地或非自愿地向东道国扩散，从而带动东道国企业技术水平、管理水平和人才素质的提高，促进东道国创新能力的提高和生产力的进步。技术外溢是经济外部性的一种表现，也是发展中国家利用外国直接投资获得的最重要收益，它是跨国公司产业转移效应的综合反映，不仅包括机器设备、中间品等硬件技术的转移，更主要地体现在技术服务咨询、人才培训、组织管理技能和企业家精神培养等软技术的渗透和扩散。因此，技术外溢效应是衡量一个国家利用外资效率高低、成功与失败的重要标准。理论研究和实践表明，发展中国家承接新一轮离岸服务业外包，对于创造就业、优化产业结构、技术创新与管理模式创新、提高人才素质等方面都存在正相关关系。

二、服务外包业的发展现状

作为一个以现代服务业为主导产业的园区，花桥以金融 BPO 为主要特色的服务外包产业发展迅猛。2012 年，花桥新引进 74 个颇具规模的服务业项目，累计引进各类服务业项目 300 多个，总投资超过 450 亿元，其中服务外包项目 109 个。法国凯捷、华道数据、中金数据等金融 BPO 巨头纷至沓来，其中法国凯捷是在全球都具有巨大影响力的服务外包企业，而花桥将是其在亚太区重点发展的区域。截至 2012 年底，服务外包企业累计达到 115 家，产业集群优势凸显。

与此同时，相关产业项目和产业载体加快建设，2012 年完成生产性投入 51.27 亿元，同比增长 36.6%，台湾商品交易中心、中信花桥产业园、捷美医疗等 60 万平方米产业项目加快建设，阿里巴巴大厦、苏豪国际广场、中城总部等 40 万平方米产业项目建成，积蓄了加快花桥服务外包发展的后劲。服务外包特别是金融 BPO 产业已成为商务城最具成长性和集聚优势的产业。花桥将以打造"商务新城、金融硅谷"为目标，不断形成领先的以知识和技术密集型为代表的金融服务外包产业基地。

（一）服务外包交易规模日益增加，产业迅速扩大

截至 2013 年 1—2 月，花桥服务外包实现增加值 115 211 万元，占地区生产总值的比重为 8.14%；解决就业 9 590 人，占当年花桥从业人数的 9.27%；年营业收入 175 021 万元；资产总计高达 2 405 994 万元（见表 3-1）。

表 3-1　　　　　　　　2012 年花桥服务外包市场规模　　　　　　　　单位：万元

项目	就业人数	增加值	年营业收入	资产总计
服务外包	9 590	115 211	175 021	2 405 994

资料来源：花桥统计简编。

2009 年到 2012 年，花桥离岸服务外包的总额越来越大。相关数据显示，2009 年花

桥服务外包实现增加值 9 896 万元，往后，每年以近 127% 的速度在增长，到 2012 年，花桥服务外包实现增加值达到 11.52 亿元（见图 3-1）。

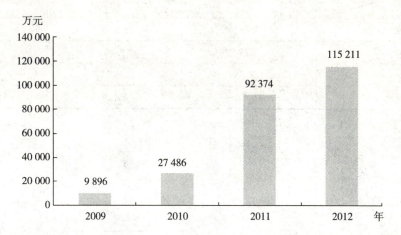

资料来源：花桥统计简编。

图 3-1　花桥服务外包增加值

2010 年花桥服务外包企业实现营业收入 7.74 亿元，往后，每年以近 150.4% 的速度在增长，到 2012 年，花桥服务外包企业共实现营业收入总额达到 17.50 亿元（见图 3-2）。

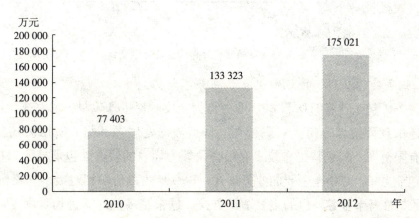

资料来源：花桥统计简编。

图 3-2　花桥服务外包企业实现营业收入

花桥服务外包实现增加值占花桥服务业增加值的比重由 2009 年的不足 3%，增大到 2011 年和 2012 年的超过 10%；与此类似，服务外包实现增加值占花桥地区生产总值的比重也由 2009 年的不足 2%，增大到 2011 年和 2012 年的 8% 以上。花桥服务外包企业实现增加值占年营业收入的比重逐年增长。这个比值，在 2010 年仅为 35.51%，到 2011 年和 2012 年都增长到 65% 以上。具体如表 3-2 和图 3-3 所示。

表 3 – 2　　　　　　　　　　　2010—2012 年花桥服务外包市场规模

指标名称　　　　　　年份	2010	2011	2012
营业收入（亿元）	7.74	13.33	17.50
增加值（亿元）	2.75	9.24	11.52
同比增长（%）	177.75	236.07	24.72
增加值占销售比率（%）	35.51	69.29	65.83

资料来源：花桥统计简编。

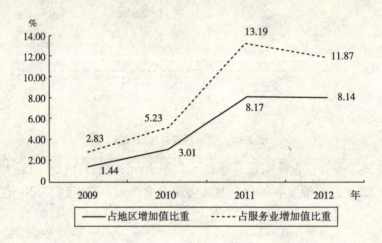

资料来源：根据花桥统计简编整理。

图 3 – 3　花桥服务外包增加值比重变化

（二）服务外包以 ITO 和 BPO 为主，业务不断拓宽

花桥服务外包企业将 ITO 和 BPO 业务作为主要的提供外包服务的方式，相继出现了以东南融通信息科技（苏州）有限公司、华道数据处理（苏州）有限公司、昆山柯索信息咨询有限公司、柯莱特信息技术有限公司等为代表的软件外包承接商。在当今的离岸服务外包业务中，ITO 是主要的业务形式，BPO 所占的份额相对较小（见图 3 – 4）。

ITO 是花桥离岸服务外包的主要增长方式。越来越多的跨国公司看中了花桥廉价的劳动力成本和完善的信息技术基础设施，在制定其全球外包战略时，纷纷将花桥纳入其经营版图。同时，我国的信息技术外包（ITO）起步较早，相对 BPO 而言，发展已比较成熟。这些都为 ITO 在花桥的发展提供了广阔前景。目前，花桥在营业和筹建待投入运营的服务外包企业 109 家，其中 102 家处在营业状态。这 109 家服务外包企业中，主要从事 ITO 业务的 71 家，解决社会就业 13 561 人，实现营业收入 159.90 亿元，资产总额共计 327.33 亿元，其中有 14 家为花桥重点服务业企业；剩下的 38 家主要从事 BPO 业务，其中 11 家为花桥重点服务业企业。虽然花桥目前的离岸承接业务主要集中于 ITO，但 BPO 每年以更高的增长率在快速发展。目前，花桥 BPO 企业解决社会就业 3 570 人，

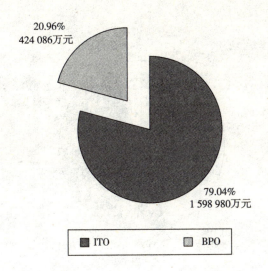

20.96%
424 086万元

79.04%
1 598 980万元

■ ITO　　□ BPO

资料来源：花桥统计简编。

图 3 - 4　花桥服务外包市场构成

实现营业收入 42.41 亿元，资产总额共计 66.71 亿元。

由于文化、语言、地理位置等原因，花桥离岸服务外包的市场份额主要集中于港澳台、日本等东亚发达国家和美国，欧洲的市场份额较小。按有登记的 102 家花桥服务外包企业的注册类型分，属于外资企业、中外合资经营企业、港澳台独资经营公司和港澳台合资经营企业的共 19 家。内资企业主要以私营有限责任公司为主，共计 71 家。来自港澳台和美国的服务外包企业占花桥离岸服务外包外资企业数的 65% 以上。直接进入欧洲行业市场的企业极为有限。而且多数企业在为跨国服务提供商做下游开发和测试工作，处于价值链的低端。由此可见，花桥多数服务外包企业，还没形成行业咨询和解决方案提供能力，在海外行业市场上竞争力较弱。具体见表 3 - 3 和图 3 - 5 所示。

表 3 - 3　　　　　　按注册类型分类的花桥服务外包企业分布　　　　　　单位：个

注册类型	私营股份有限公司	其他有限责任公司	私营有限责任公司	外资企业	港澳台独资经营公司	港澳台合资经营企业	中外合资经营企业
数量	2	10	71	14	3	1	1

资料来源：花桥统计简编。

三、服务外包业优劣势分析

(一) 服务外包业的优势

花桥不仅具有区位优势，且基础设施完善，中高级人才充足，其雄厚的金融业基础和服务外包经验更成为其发展服务外包的助推器。

第一，金融业基础雄厚。初步形成了以国有银行为主体、多层次金融机构并存的竞

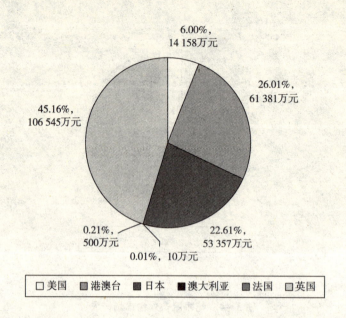

资料来源：花桥统计简编。

图 3 - 5　花桥服务外包外资企业注册国籍分布

争性金融组织体系，货币市场、证券市场、保险市场相互促进的金融市场体系，众多的金融机构给金融服务外包的发展提供了巨大的市场需求。

第二，服务外包业基础优势。遵循基地化发展战略，经过几年的努力，花桥国际商务城已具备发展金融服务外包产业的承载能力，昆山已形成了一套完善的为现代产业服务的体制机制，形成了"建设成本减半、服务成本减半、人才成本减半、生态环境更优"的比较优势。

（二）服务外包业的劣势

第一，外包业务范围狭窄，以 IT 外包为主。花桥金融服务外包业务到目前为止还主要限于 IT 业务外包，这固然是国内外包市场不成熟的表现，也是因为 IT 技术方面成本高，出于降低成本考虑而易于首先选择外包的缘故。

第二，金融服务外包企业竞争力不高，缺乏优质服务商。金融业务外包行业刚起步不久，花桥专业的外包服务商为数不多、缺乏经验，在技术实力、经营状况、社会信誉等方面都难以满足金融机构的要求，质量参差不齐，而即使是国外相关外包服务商在花桥的分支机构，在短时间内也难以和本土文化相适应。

第三，法律不健全，缺乏纠纷处理机制。服务外包存在不少风险，如外包服务商服务质量低劣，存在欺诈行为；对客户不能提供与发包机构同一标准的服务；外包服务商不能严守客户的隐私等。一旦出现纠纷，发包方和外包服务商相互协商仍不能达成一致意见而诉诸法律时，却缺少外包纠纷处理的法律及有规可循的处理程序和制度。

第四，监管制度不成熟，风险防范不完善。目前国内的监管机构还没有建立起有效的风险防范措施和监管制度来应对这一迅速发展起来的新型业务操作方式。

四、服务外包业面临的机遇和挑战

(一) 服务外包业面临的机遇

一是国际金融服务外包发展态势迅猛。以金融 ITO 和金融 BPO 为主要内容的金融服务外包在近十年呈现出迅猛发展的态势。以软件及信息服务为代表的现代服务业正以空前的速度实现跨国界转移，专业化服务出现全球化的发展趋势，尤其是金融后台服务行业正进入高速成长期。金融机构在全球 IT 技术的发展、成本压力以及自身安全要求和转移风险等因素的驱动下，通过将前、后台业务分离，将金融后台服务包括金融数据处理、金融服务软件及系统研发、金融灾难备份、清算中心、银行卡业务等外包来提高效率，更专注于核心业务，增强其在全球金融领域中的竞争力。

二是依托上海的发展机遇。结合当前上海建设国际金融、航运中心上升为国家战略的机遇，昆山市委书记、昆山花桥经济开发区党工委书记管爱国表示，花桥国际商务城将充分发挥紧靠上海的区位优势，着力构建适合金融服务外包产业发展的"牧场"，重点吸引金融企业的后台业务、物流企业的解决方案提供和供应链管理体系，以及跨国企业的区域性总部，以企业为主体，辅助政府推动，努力承接上海的溢出效应。

(二) 服务外包业面临的挑战

一是国际金融危机对金融业的冲击。由美国次贷危机引发的国际金融危机直接冲击了各国金融机构，导致众多国际银行的倒闭，并已蔓延至中国的实体经济。宏观经济形势的不景气令金融机构纷纷为减少开支，取消相关金融外包业务，甚至舍弃其非核心的业务，使金融外包服务商业务量大幅锐减。

二是与国内城市的同质化竞争。与同为国家服务外包基地的北京、上海比较，昆山花桥在金融后台服务能力、基础设施竞争力、信用环境支撑力和地方政府公共服务等方面都与北京和上海有一定差距，面临着激烈的竞争。

五、服务外包的典型案例和经验借鉴

(一) 印度 BPO 产业发展综述

20 世纪 80 年代以来，印度坚持国际化导向，以世界眼光谋划发展，在全球范围配置资源，使软件与服务外包迅速崛起。20 多年前，印度还是国际软件行业的无名小卒。如今，它已成为世界最大的软件接包国和仅次于美国的第二大软件出口国，与全球经济体系的联系日益紧密。

一份自下而上的分析表明①，截至 2012 年，印度 BPO（商业流程委外，Bussiness

---

① 转引自中国外包网，2012 年 2 月 21 日，http：//www.chnsourcing.com.cn/outsourcing－news/article/25643.html。

Prccess Outsourcing) 市场出口总额达到 2 200 亿~2 800 亿美元的规模, 而本地 BPO 市场为该产业贡献额外的 150 亿~200 亿美元的市场机遇。其中, 银行业和资本市场以及保险和制造业在未来 5 年内将联手为印度 BPO 市场贡献 1 600 亿~1900 亿美元, 约占出口总额的 70% 左右。同时, 新兴的垂直产业比如科技、电信、旅游和运输等的贡献大大增加。相比水平 BPO 服务, 垂直 BPO 服务在未来五年将提供更多的市场机遇 (60%, 约 1450 亿~1750 亿美元)。而目前外包到印度且占更大份额的水平 BPO 服务业也将提供重要的市场机遇——总计 750 亿~1 050 亿美元将遍布在众多传统成熟领域, 比如 CIS 和 F&A, 以及新型的细分行业, 如人力资源、知识服务、采购服务等。此外, 预计北美国家将为印度 BPO 产业贡献大约总市场机遇的 70% 的同时, 供应商及买家们越来越多地利用来自英国、欧洲大陆以及亚太地区的商机。来自这些地域的外包业务每年将达到 450 亿~750 亿美元的巨大的市场机遇。而且, 本地 BPO 市场 (垂直产业, 如银行业、零售、保险、媒体、电信、政府等) 将为该产业贡献每年 150 亿~200 亿美元的额外商机。然而, 印度 BPO 产业的增长也会给接包方带来极大的限制。从大众的角度来看, 获得产业五倍增长给各个层面上的人才储备带来了巨大的压力。若想获得满足产业增长需要的人才数量, 除非彻底扭转目前的"速食"人才问题。考虑到印度的各个行业如零售业、保险业、电信业、银行业以及支持本地 BPO 业务增长的需求等对资源的激烈竞争, 这种人才短缺的问题可能会变得更加突出, 大量来源于本国产业且具备该领域经验的中层管理人员同样也将供不应求, 特定垂直行业的专业技术人才的短缺 (如保险 BPO 行业的精算师) 也同样可能出现。此外, 由于可雇用人才的地域分布的原因, 大量的初级人才的获得也同样困难重重。印度二三线城市将必须满足额外约 50% 的人才需求, 这就使得这些城市的各利益相关者不得不携手合作, 创造更多的物质和社会基础设施以满足人才的需求。尽管印度仍然是当今全球的最大接包国, 但是纷纷崛起的离岸或近岸 BPO 目的地 (如菲律宾、东欧、拉丁美洲、中国等) 对印度在该领域的霸主地位构成了很大的威胁。这些国家同样可以提供更低的成本、庞大的人才储备以及增值服务。除此以外, 这些地区也在不断改善他们的政策和管理机制, 以此来吸引发包商和 BPO 服务商。印度 BPO 产业背后的经济模式一直在变化。从历史的角度看, 供应商已经认识到跨地域的薪资差别为离岸外包提供了市场机会。尽管目前成本套利仍然是全球大多数买家发包的重要驱动因素, 但是随着时间的推移, 相关利益正随着一些潜在因素变化而逐渐减少。在印度, 货币变动和薪资通胀等不利因素正在挤占接包商的利润空间。相比美元, 印度货币自 2002 年以来升值显著, 这一趋势在短期甚至中长期内将持续存在。由于资源紧缺以及整体的经济增长等原因, 通货膨胀对经营成本的压力并没有减轻的趋势。这些潜在的势头预示着成本套利可能在未来一段时间内不断减少。因此, 单纯依赖成本压缩的发展模式难以支持印度 BPO 产业的长期发展。

（二）经验借鉴

以上案例表明，印度 BPO 产业的飞速增长主要原因有：一是能够迅速被不同垂直行业以及地区的大大小小的买家所采纳；二是能够迅速推动服务商在服务领域成熟。以上两点原因主要反映在扩大服务组合、扩大服务范围、不断地跨垂直行业和地域市场加强渗透、业务模式与参与模式进化演变以及印度 BPO 产业全球交付能力的发展。但在未来，印度 BPO 产业的利益相关者如果能作出正确的选择，那将为该产业带来强劲的产业增长。然而，这需要各利益相关者相互协调与合作，为行业未来的增长创造一个有力的"生态系统"。

为了抓住机遇，各利益相关者需要对 BPO 业务相关的内外部因素进行有效管理：对接包方的限制，比如人才、基础设施等；来自其他离岸外包目的地的竞争；印度 BPO 产业成本优势及经济价值取向的潜在不稳定因子；不断变化的发包方的需求，需要接包商能够与时俱进。而且满足这些需求还要求接包商根据自身实力与资金力量作出有针对性的选择与取舍。

六、服务外包业发展方向和政策建议

（一）服务外包发展方向

1. 借鉴制造外包成功经验，积极吸引服务业外包 FDI

借鉴我国发展加工贸易的经验，积极引进服务外包直接投资，鼓励外资服务业企业来华设立离岸控制中心，承接离岸服务外包。与制造业外包（加工贸易）发展轨迹类似，必然会出现外资服务企业在离岸服务外包领域中独占鳌头的局面。通过外资服务企业的技术外溢和经验示范效应，带动本地企业提高服务能力。

就当前而言，花桥采用 FDI 拉动模式发展离岸服务外包，一是要积极承接国际服务离岸外包，这是扩大服务业对外开放的重要抓手。要充分发挥人力资源丰富的优势，培育一大批具备国际化水平的服务供应商，提高接单能力，继续发挥在 ITO 业务领域的优势，特别注重培育承接 BPO 业务的能力，积极承接计算中心、呼叫中心、数据处理、技术研发、财会核算、售后服务等国际服务业转移，特别是逐步拓展一些具备优势和条件的高端业务；二是要继续开放现代服务业市场，大力发展服务贸易，不断提高吸引 FDI 的质量和层次，更多地吸引跨国公司来华设立研发中心、运营中心和地区总部，积极引进国际现代服务业的新理念、先进技术和管理经验，促进国内服务业提高水平。同时，要积极进口我国国民经济发展急需的生产性服务产品，为区域乃至全国制造业的转型升级提供服务支持。

2. 依托强大的制造业优势，大力发展生产性服务外包

充分利用现有制造业基础发展生产性服务业外包，鼓励在岸外包，限制其离岸外包，通过向我国投资的制造业跨国公司提供商务服务，如研究开发、产品设计、物流、

公共关系、金融服务等，延长制造业产业链条，发展生产性服务外包，让制造业外资落地生根。

我国已成为名副其实的世界制造业大国，而江苏省更是中国乡镇制造业企业发展的龙头重地。目前，我国制造业企业共130多万个，就业人员8 300多万人，占工业劳动力的90%，制造业出口占全国外贸出口的91.2%，实际外商直接投资额约占全部外商投资额的70%。我国已成为全球制造中心，被称为"世界工厂"。事实上，唯有制造业的发展到一定水平，制造企业才有可能将服务外包出去，才能产生对服务外包的需求。我国制造业基础雄厚，门类齐全，在大力吸引国际服务外包的同时，可以利用自身的制造业优势积极承接本土制造企业的服务外包，即内需型服务外包。我国自身经济的迅速发展，对于服务外包的需求是"域内外包"的内需和"离岸外包"的外需双重叠加，此优势是任何其他国家和地区都无法比拟的。

成为世界制造业基地为我国的生产性服务外包发展创造了巨大的空间。此外，要留住跨国公司在华设立的制造企业，进而吸引其将更高端的制造环节转移到国内，必须为制造业的发展提供发达的生产性服务外包。实际上，随着我国经济发展而扩大的投资空间，早已跳出了制造业领域，生产性服务外包已经开始吸引越来越多的投资。因为制造业，特别是先进制造业的繁荣本身就会扩大现代服务业的投资空间。我国部分制造业企业率先建立了创意产业中心和创意设计中心，建立了包括模具设计、软件设计、工程设计、服装设计、动漫设计、玩具设计、印刷包装设计、广告设计等设计平台。这些制造业企业将研发、设计外置，取别人所长，补自己所短，取得了巨大成果。生产性服务外包的业务还包括供应链与物流、装备制造业融资性租赁、第三方品质检验、第三方产品测试、ODM（委托设计）等。随着越来越多的制造业企业将上述类似的非核心生产环节外包给生产性服务企业，将极大地促进花桥生产性服务外包的发展。

3. 发挥区域的特色和功能，实现与其他集聚区错位竞争的格局

尽管离岸服务外包的发展是以市场为基础，但其产业特色的形成则取决于所在区域的特定功能。离岸服务外包的发展依托于资源禀赋、区位、经济和文化等因素所构成的功能，突出其区域优势和特色，建立起与区域功能相吻合的服务业产业体系，从而与周边地区错位竞争，增强服务业的辐射效应。基于产业关联效应和社会网络效应而形成的集聚区，具有资源共享、服务网络效应和品牌效应的特征，客观上为服务外包的发展构筑起一个良好的产业生态环境。而通过品牌效应，服务企业获得更高的市场认同度和占有率，进一步提高该区域服务产品的市场需求。集聚区内企业之间的竞合机制，又提高了服务产品的有效供给水平，为服务外包的发展拓宽了市场空间。花桥应立足于本地优势，积极承接具有地区优势的离岸服务外包业务，从而实现与其他集聚区错位竞争的格局。

4. 在承接服务外包的同时，鼓励有实力的企业"走出去"

推动地域内企业积极承接离岸服务外包业务，不仅能够在将来有效弥补外资流入的不足，而且在与海外企业合作的过程中，也可以提高企业的管理和技术水平，促进企业进一步国际化，从而树立企业的服务品牌，增强企业国际竞争力，为企业"走出去"打好基础。以印度离岸服务外包企业为例，TSC、Infosys、Wipro 等国际大型服务外包企业，通过承接美国离岸服务外包业务，逐渐掌握了外包领域的行业标准和技能，企业实力逐步增强，为扩大业务承接规模，开始在美国本土设立办事处或分公司，从而解决了由于外包合同的不完备属性所带来的供需双方的信息不对称问题，使企业的服务产品更加贴近发包方的需求，从而树立起企业的品牌，增强了国际竞争力。

针对花桥离岸服务外包的承接企业，在通过积极承接服务外包并做大做强的基础之上，鼓励有实力的外包企业实施"走出去"战略，参与国际市场竞争。企业"走出去"战略可以通过两种途径实现：一是鼓励企业与国外外包企业建立战略合作关系，引导与欧美一些大型跨国公司进行分包合作，帮助企业在欧美建立自己的营销队伍，促进服务外包企业在欧美市场的竞争力；二是鼓励有条件的外包企业选择适当时机到欧美市场开设办事处或分公司，直接去建立自己的市场能力，通过海外市场直接承接业务外包，充当一级承包商，不但有效提高了业务盈利水平，更为重要的是获取了整体项目开发的技术和管理经验，从而提升了企业整体技术实力和承担大型项目开发的管理能力。我国著名外包企业东软集团和浙大网新公司，就是通过在发包方国内建立联络点，与发包方建立起长期有效的沟通和联系机制，从而承接了大量日美大型企业的外包业务，迅速成长为国内前沿的服务外包企业，形成了较强的品牌服务形象和国际竞争力。

（二）加快花桥服务外包发展的对策措施

1. 加大对服务外包产业的金融支持

服务外包企业遇到的困扰之一就是资金压力。由于提供服务外包一般要半年以上的时间才能回笼资金，所以资金压力始终困扰着服务外包企业的快速发展。对此，为适应国际产业转移新趋势，重点支持服务外包发展，鼓励地区内金融机构在自身业务范围内积极支持服务外包发展；鼓励出口信用保险机构积极开发新型险种支持服务外包产业发展，为大型服务外包项目提供项目信贷保险服务；对服务外包企业办理外汇收支提供便利，大力支持服务企业对外承揽离岸服务外包业务；调整优化扶持专项资金支出结构，逐年提高支持服务外包企业发展的资金比例，并对服务外包企业购买大型设备、自主创新、建设自主品牌等方面给予资金支持或奖励。此外，对入驻的中外著名服务业企业总部、研发中心，在购地、建设、买房租房等方面给予资金支持。

2. 完善以网络和通信为重点的基础设施建设

加大互联网、通信等信息基础设施建设力度，构建高带宽骨干网络，扩展高速路由交换设备容量，增设国际专用数据通道，提升跨地区企业间大容量数据传输能力，为具有数字特性的服务外包产品提供强有力的技术支撑。降低电信业管制，放宽市场准入，引入竞争机制，通过合理的降低电信资费减少承接离岸服务外包企业的经营成本。加大机场、轨道交通等基础设施建设投入，增开直达日本、美国、欧洲等重要离岸外包发包城市的直航航线，降低发包方和接包方实地交流的成本，使双方面对面的沟通更便捷，成本更低。

3. 加大 ITO 和 KPO 领域的科研和技术投入

在离岸服务外包领域，特别是信息技术外包（ITO）和知识流程外包（KPO）领域，由于知识和技术密集度较高，一般需要接包方企业具有较强的技术实力。从企业发展角度看，应加大自身科研和技术资金投入，开发核心技术，从传统的嵌入式软件开发、系统周边小型应用软件开发等劳动密集型领域向系统开发、工业设计等高端服务拓展，提升企业技术能力。

4. 培养语言和技能双强的服务外包专业人才

转变人才培养模式，加强基础教育，借鉴德国校企合作的职业教育模式，有目标地培养应用型、技术型人才。同时兼顾人才引进，着力引进高端服务外包人才，在承接发达国家服务业转移的基础上，努力向产品价值链高端延伸。帮助提高服务外包企业从业人员外语水平，突破交流障碍。鼓励和引导社会力量建立大规模、多形式、针对性强的培训体系。设立专项资金为开展服务外包的人才培养提供支持，拓宽人才培养途径，积极吸引和聘用海外高级人才，鼓励海外留学人员回国创业。

[参考文献]

1. 李威松、王淑云：《基于交易费用与核心能力相融合的外包研究》，载《北京航空航天大学学报（社会科学版）》，2004（1）。

2. 卢锋：《当代服务外包的经济学观察：产品内分工的分析视角》，载《世界经济》，2007（8）。

3. 浦美、章嘉林：《美国关于外包的争论及对中国的影响》，载《社会观察》，2004（9）。

4. 田晓军：《银行业务外包对我国商业银行经营的启示》，载《城市金融论坛》，1999（6）。

5. 杨圣明：《关于服务外包问题》，载《中国社会科学院研究生院学报》，2006（6）。

6. 詹晓宁、邢厚媛：《服务外包：发展趋势与承接战略》，载《国际经济合作》，2005（4）。

7. 竺彩华：《外商直接投资与中国经济发展》，北京，经济科学出版社，2009。

8. Atkinson, R. D.. 2004, Understanding the Offshoring Challenge. Progressive Policy Institute, Washington, DC.

9. Gao, T.. 2004, The Contingency Framework of Foreign Entry Mode Decisions: Locating and Reinforcing the Weakest Link, Multinational Business Review, 12 (1), 37 – 68.

10. Ahn, S., Fukao, K., and Ito, K. 2008, Outsourcing in East Asia and its impact on the Japanese and Korean Labour Markets (No. 65), OECD Publishing.

11. Jain, A. N.. 2003, Surflex: Fully Automatic Flexible Molecular Docking Using a Molecular Similarity –

based Search Engine, *Journal of Medicinal Chemistry*, 46 (4), 499 – 511.

12. Levy, D.. 2005, Offshoring in the New Global Political Economy, *Journal of Management Studies*, 42, 3, 685 – 693.

13. Quinn, JB, and Hilmer. F. G.. 1994, Strategic Outsourcing, *Sloan Management Review*, 35. 4: 43 – 55.

14. Bursky, D.. 2004, TECHVIEW – DIGITAL – Strained Silicon – On – Insulator Combats Leakage To Boost Circuit Performance – Power – Aware DSPs, Development Tools Bolster Portable – System Efficiency, *Electronic Design*, 52 (15), 32 – 33.

15. Feenstra R., C. and Hanson G H.. 1999, The Impact of Outsourcing and High – technology Capital on Wages: Estimates for the United States, 1979 – 1990, *The Quarterly Journal of Economics*, 114 (3): 907 – 940.

16. Gary Hamel and Prahaoad C. K.. 1990, The Core Competence of the Corporation, *Harvard Business Review*, May – June.

17. Grossman, G., M. and Helpman, E.. 2003, Outsourcing Versus FDI in Industry Equilibrium, *Journal of the European Economic Association*, 1 (2 – 3), 317 – 327.

18. Sen, Rahul, and M. Shahidul Islam.. 2005, Southeast Asia in the Global Wave of Outsourcing: Trends, Opportunities, and Challenges, *Regional Outlook: Southeast Asia*. 75 – 79.

19. Loh L., Venkatraman N.. 1992, Determinants of Information Technology Outsourcing: a Cross – sectional Analysis, International Financial Services Research Center, Sloan School of Management, Massachusetts Institute of Technology.

20. Robinson M., and Kalakota, R.. 2004, Offshore Outsourcing: Business Models, ROI and Best Practices (p. 200). Alpharetta: Mivar Press.

第四章　总部经济

一、总部经济的内涵与理论

（一）总部经济的概念和特征

总部经济指某区域由于其特有的资源优势，吸引企业将总部在该区域集群布局，将生产制造业基地布局在具有比较优势的其他地区，而使企业价值链与区域资源实现最优的空间耦合，并由此对该区域经济发展产生重要影响的一种经济形态。总部经济是经济全球化和区域经济一体化发展到一定阶段的产物，不仅促进了企业的加速发展，更促进了所在城市的发展。

作为一种新经济形态，总部经济的显著特征主要表现为：

其一，知识密集性。总部经济集中了企业价值链中知识含量最高的区段，企业的研发、营销、资本运作、战略管理等都属于知识密集性劳动。

其二，经济集约性。按照总部经济模式发展区域经济，最大限度地利用了中心城市服务业发达、智力资源密集的优势，最大限度地利用了生产基地土地、劳动力、能源等要素优势，最大限度地提高资源的配置效率，具有集约经济的特点。

其三，产业延展性。总部经济形成了第二产业与第三产业之间的经济链条，不但能够实现第二产业向第三产业的延展，而且能够实现知识密集型服务业向一般服务业的延展和扩散。

其四，发展辐射性。在总部经济模式下，可以通过"总部—加工基地"链条实现中心城市的经济发展向欠发达地区的强力辐射。

其五，合作共赢性。总部经济模式改变了区域之间对同一产业在企业、项目上"非此即彼"的无序争夺，避免了简单重复，不同资源优势的区域之间通过价值链不同功能的再分工合作，实现共同发展，达到共赢。

（二）总部经济的分类和各自特点

总部经济本质上是一种总部集聚，总部经济区域自然也就是总部经济集聚区。因此，总部经济的分类，从区域的角度来说，类似于总部经济集聚区的分类。根据现有理论和实践，依据产业结构的不同，总部经济集聚区可以划分为混合产业总部经济集聚区和特色产业总部经济集聚区两种。

1. 混合产业总部经济集聚区

混合产业总部经济集聚区的业态一般较为复杂，集聚区内普遍存在几个甚至更多的支柱行业，同时还拥有众多的配套行业，形成一个产业关联度较高的产业群簇。这类总部经济集聚区在产业上具有多元性，地域上具有多核性，功能上具有综合性，是大城市中金融、贸易、信息等商务办公活动高度集中，并附有高档商业、文娱、服务等配套设施的综合经济活动的核心区域，其总部的类型较为齐全，包括战略决策、研发、营销等多种职能的企业总部，它是城市的核心和超景观区域。其现代服务业的发展在多元化产业的巨大需求下，也呈现出多样化和集群化发展的趋势。具体来说，混合产业总部经济集聚区一般具有以下三大特点：

一是多种产业的企业总部的高端环节形成集聚发展。混合产业总部经济集聚区内的企业总部，不仅涉及金融、科技信息、商务服务、现代物流等现代服务业，而且还集聚了一批大型制造业的企业总部、地区总部以及研发中心、营销中心等高端环节。在混合产业总部经济集聚区的萌芽阶段、产生阶段和增长趋同阶段，其产业结构的主要业态仍然是传统的制造业企业总部。当该类总部经济集聚区由于结构锁定和路径依赖进入成熟和调整阶段后，在产业融合与分化的趋势下，其产业结构开始发生重大的转变，以金融等为代表的现代服务业开始逐步替代制造业，成为这类总部经济集聚区的主导产业。

二是企业总部之间能够形成较好的合作与服务关系。混合产业总部经济集聚区内的多种产业之间，彼此存在较高的产业关联，互补性较强，相互间能够形成产业链的上下游关系。不同产业的企业总部间的业务往来也较为频繁，在发展中更容易形成合作和服务关系，产生并增强区域集聚效应，从而实现不同产业、不同企业的互动发展，进而推动整个总部经济集聚区的共赢发展。

三是集聚区内多个支柱产业发展壮大的同时，还对其他各种服务业产生巨大的需求，从而推动区域内会计、法律、咨询、物流等现代服务业，以及批发零售、餐饮、娱乐等一般性服务业的发展。同时，由于产业的多元性和区域内的多核性，也促使总部经济集聚区内部及周边现代服务业的发展呈现出多样化的特征。如东京的新宿，金融保险、不动产、批发零售等服务业是新宿的主要行业，同时附近的秋叶原、银座等地还拥有娱乐、休闲、文化等各类配套服务业，逐步形成了围绕总部经济集聚区内各种企业总部需求的现代服务业集群化发展的独特业态。

但是，在混合产业总部经济集聚区的发展过程中，也需要关注以下一些问题：

首先，要注重产业间的关联性。混合产业总部经济集聚区的不同产业间相互融合、相互关联，在这类集聚区内选择主导产业要注重它和其他产业间的关联度，要选取具有较强产业带动性、关联性和产业链较长的一些产业作为混合产业总部经济集聚区的主导产业。同时，随着集聚区的发展，主导产业的更替也要注意与其他产业的内在联系，注重与集聚区内基础产业的耦合，防止盲目追求高端产业。

其次，要注重配套服务的完整性。混合产业总部经济区由于产业的多样性需求，决定了其配套服务和配套功能的多元化、完整性和综合性。因此，除了具备法律、会计、咨询等生产性服务业外，生活性服务、娱乐休闲、居住等其他服务功能也需要有所兼顾，以适应混合产业总部经济集聚区发展中多样化的需求。

最后，混合产业总部经济集聚区是总部功能组团式发展的结果，要体现总部经济的多核性特征。在建设和发展过程中，要注意完善每个组团的配套功能，重点建设组团内的基础设施、配套功能和搭建组团间的交通、信息纽带等配套设施，使其对周边区域的辐射模式由同心圆式向多核的扇形模式转变。

2. 特色产业总部经济集聚区

特色产业总部经济集聚区是指以知识经济为基础衍生的某种业态的空间集聚和产业群簇。集聚区内一般只有一种占有绝对优势地位的主导产业，如金融业、研发设计产业、物流业等，并围绕该主导产业形成特色较为鲜明的现代服务业的产业集群。这种类型的总部经济集聚区内的总部类型可以是单一的研发、营销等，也可以是综合性总部。特色产业总部经济集聚区一般具有以下几个特点：

一是以某一特色产业为主导的企业总部高度集聚。特色产业总部经济集聚区的主导产业较为单一且优势显著，如金融业总部经济集聚区、高技术产业总部经济集聚区、临空产业总部经济集聚区等。

二是围绕特色产业企业总部形成较为完善的产业链。在特色产业总部经济集聚区内，几乎可以找到该特色产业除了生产制造环节之外产业链内的绝大部分重要环节，尤其是价值链高端部分。以伦敦金融城为例，金融城不仅拥有大量商业银行、投资银行等金融前台机构，还拥有全球最大的金融交易所和期货市场等完善的资本交易市场，除此之外，全球知名的大型保险企业、基金等机构也遍布伦敦金融城。在金融机构的背后是大量的数据中心、灾备中心、银行卡中心等后台服务机构，从而形成了一条完整的金融产业链。

三是特色产业总部的集聚效应有利于形成产业集群创新。特色产业总部经济集聚区形成以后，由于区内各个企业总部分属产业链的不同环节，其业务往来频繁，从而形成了一个广泛的、高质量的、松散联结的网络，大量企业总部在空间上的相互接近，在业务上合作的不断深入，将有利于各种思想、技术、信息甚至缄默知识传播的加快，能够大大促进该特色产业的创新活动，营造良好的集聚区创新氛围，并由此使区内企业总部的经营、管理活动出现一定的模仿和同构化，使集聚区的发展走向成熟和稳定。

当然，特色产业总部经济集聚区的发展也有需要注意的问题：

其一，特色产业总部经济聚集区往往对区域资源有较高要求，如以研发设计业为主的聚集区，需要丰富的科技、人才等高端资源作为支撑，以金融业为主的聚集区则需要大量的专业金融人才和管理人员。另外，承担某一特色功能的总部经济聚集区的配套服务业，需要围绕该功能构建专业化较强的服务体系。一般来说，与该总部经济聚集区的核心功能关联度较高的行业发展较快，例如咨询、信息及研发服务在研发设计业总部经济聚集区的发展就非常迅速，而其他与研发业需求较远的现代服务业的发展则相对较为缓慢，甚至有些业态在特色产业总部经济聚集区内是缺失的。同时，这类总部经济聚集区的区位选择，往往根据该特色产业及其对高端资源的需求不同而有所取舍，研发设计业聚集区往往布局在专业技术人才较集中的区域，金融业聚集区一般布局在市场、信息等发达的区域，物流业的聚集区则会选择在交通枢纽如机场、港口等重要交通节点布局。

其二，由于产业的相对单一性，其主导产业的转型升级与更替，需要关注旧有产业的路径依赖与新产业培育之间的关系。旧有产业由于技术工艺陈旧、产品附加值低、技术水平落后等原因，需要进行转型升级甚至对其若干环节进行淘汰和转换。特色产业总部经济聚集区的旧有产业环节在进行淘汰和置换过程中，往往会损失大量的财政税收。而新的产业环节的接续，一方面风险较大，另一方面也难以在短期内形成税源，从而使聚集区在转型期内的经济效益和财政收入出现较大下滑。因此，如何保证特色产业总部经济聚集区较为平稳地度过转型期，平抑它的发展波动，是关系到特色产业总部经济聚集区发展壮大的重要问题。

3. 两类总部经济集聚区的关系

虽然这两种总部经济集聚区之间有所差异，但两者之间并不是对立的，存在着一些关联，在一定条件下甚至会互相转化。

其一，一些混合型总部经济集聚区具有明显的产业特色。虽然混合型总部经济集聚区内具有多种产业类型的总部，但是绝大部分仍然具有明显的产业特色。例如北京虽然总体上总部经济产业类型多样，但是具体区域内各自产业特色明显，如既有中关村的科技、IT 企业总部，又有金融街的金融机构总部；上海不仅有陆家嘴地区的金融和商务企业总部，还有美兰湖的新能源、环保、生态等循环经济企业总部等。

其二，很多特色产业总部经济内部同样需要很多产业区域或职能总部的配合。比较典型的是南京、杭州等长三角地区副中心城市，其很多科技创新型、商贸型总部经济集聚区在聚集了很多企业的研发、运营总部的同时，也聚集了一批金融机构的区域总部和商贸、物流等企业的总部，在以科技、制造业、商贸业为特色形成产业总部的同时，又配以金融服务、商务服务等产业发展，产业间相互促进融合，呈现多样化特征。

（三）总部经济的发展效应

对企业而言，实施总部与生产基地的空间分离，使总部向中心城市集聚，客观上是利用区域比较优势、寻求经营成本最小化的必然结果。对迁入城市而言，企业总部的入驻能增加政府的财政收入，促进就业和消费，推动城市转型升级，最终提高城市对全国乃至全球经济的影响力和竞争力。因此，吸引更多企业总部入驻已经成为我国许多城市发展地区经济的一个重要手段。具体来说，总部经济可以为所在城市或区域带来以下四种效应：

一是税收贡献效应。包括企业税收贡献和总部高级白领个人所得税贡献，还有新增的产业链企业的税收贡献。总部经济的出现，使得政府从传统追求企业百分之百的税收在当地上缴，转变为追求城区范围内单位面积的税收产出。因为总部与基地的分离，税收分流一部分是必然的，但城区同样的面积通过建造商务写字楼，可以容纳几十倍原有数量的企业，这样就大大增加了单位面积的税收产出。

二是产业乘数和就业乘数效应。制造业总部的聚集会带动现代服务业的发展，包括信息采集加工、企业咨询、金融保险、会计、审计、评估、法律、教育培训、会议展览、国际商务、现代物流等。产业乘数效应又必然带来就业的乘数效应，总部经济不但会提供高知识群体就业岗位，同时也会带动一般性服务业岗位增加。

三是消费带动效应。包括总部商务活动、研发活动消费和总部高级白领的个人生活消费，如住宅、交通、子女教育、健身、购物、文化设施和娱乐等。

四是社会效应。大批国内外企业总部入驻，提高了城市的知名度、美誉度，促进城市政府提高服务质量，改善商务环境，完善城市基础设施和人居环境，推进多元文化融合与互动，各种条件更趋完善，进一步加快城市国际化进程。这对城市的发展和提升具有非常积极的作用。

二、总部经济发展现状

花桥的总部经济总体来说起步比较晚，但是发展速度很快，产业结构和总部层次都在不断提高，表现出良好的发展势头。

（一）总部经济规模和速度

中国的总部经济总体上起步都比较晚，从 21 世纪初开始，总部经济在国内才逐渐被大家接受和使用。一开始，理论和实务界所谈的总部经济主要探讨北京、上海等中心城市的跨国公司地区总部和国内企业的集团总部。随着对总部经济认识的不断深入和总部经济实践的快速发展，一些大型企业加快在非中心城市设立功能性总部，如营销、技术、后方支援等，以减少中心城市不断上升的要素成本（包括土地、租金、人力资本等），一些新崛起的中型企业也将自己的总部放在非中心城市，传统意义上的总部经济开始从京沪穗等中心城市向周边不断扩散，形成层次分明、特色明显、相互配套、共同发展的总部经济体系。花桥作为苏南地区距离上海最近的经济重镇，其总部经济也是在上述的大环境背景下发展起来的。

花桥的企业总部最早可以追溯到 1998 年江苏哥伦投资有限公司、江苏坤华投资有限公司、苏州华奥光电技术有限公司和昆山广捷置业有限公司，但实际上，当时这几家都属于新创业公司，注册资本和企业规模还比较小，不能称之为总部，其真正意义上的总部有的直到 2012 年仍在筹建。从 2007 年开始，一些大中型企业开始真正在花桥设立企业总部，2009 年以后出现企业总部设立潮，总部数量和规模不断扩大。据不完全统计，到 2012 年，花桥共设立企业总部 42 家，其中 30 家以上都是在 2010 年以后设立的，图 4－1 反映了花桥企业总部的增加趋势。可以看到，2009 年之后，花桥的企业总部数量大幅增长，平均每年成立的企业总部数量都在 5 家以上，其中，2011 年更是达到 9 家之多。

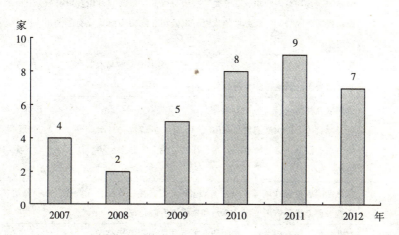

资料来源：根据花桥统计简编编制。

图 4－1 花桥企业总部各年建立数量

伴随企业总部的不断进驻，花桥的总部经济集聚特征正在显现，并成为昆山重要的总部经济集中区，给花桥带来的经济效益和社会效益也日渐明显。从 2011 年开始，花桥开始对总部经济产值进行统计，当年总部经济营业收入为 97.15 亿元，增加值为 16.48 亿元。到 2012 年，总部经济实现营业收入达到 145.97 亿元，其中增加值为 23.46 亿元，占全区主导产业增加值的 36.7%，纳税收入占全区服务业纳税收入比例达 34.06%。同 2011 年相比，2012 年花桥总部经济的营业收入和增加值分别增加了 50.3% 和 42.4%。2013 年又新增软科惠力、天宝机械、东方雨虹等多家重量级企业总部落户发展，累计引进较具规模的总部项目达到 50 多家。[1]

（二）总部经济结构

花桥的总部经济在数量增加的同时，其结构也在发生相应的变化和调整，具体体现在以下两个方面。

---

[1] 需要指出的是，有些企业一个总部会建立两个以上项目，如哈森商贸，有些数据花桥统计简编未及时更新，所以总部经济数量和总部项目之间略有差异，如东方雨虹的数据在编制报告时未及时获取，下文的分析主要基于 2012 年可获取数据，因此难免存在一些遗漏。

表 4-1 花桥总部经济企业构成

行业	企业名称	数量
服装、纺织	哈森商贸（中国）股份有限公司、哈森商贸（中国）股份有限公司昆山分公司、集大成（昆山）服装科技有限公司、江苏研祥智能科技有限公司	4
机电	恩斯克投资有限公司	1
建材	博富科技股份有限公司	1
建筑、工程	中铁建设集团华东工程有限公司、江苏昆山通用电气有限公司	2
房地产经营与开发（包括商业和工业地产）	华住酒店管理有限公司、江苏爱知投资有限公司、江苏哥伦投资有限公司、江苏格林德斯投资有限公司、江苏坤华投资有限公司、昆山广捷置业有限公司、昆山苏豪投资有限公司	7
综合商贸	好孩子（中国）商贸有限公司、昆山泛亚太平国际贸易有限公司、昆山易买得购物中心有限公司、联达国际贸易有限公司	4
特定产品商贸	戴铂复合材料科技（昆山）有限公司、江苏华东天工投资有限公司、江苏天宏泰利投资有限公司、昆山展滔贸易有限公司、昆山展耀贸易有限公司、江苏吉恒国际贸易有限公司、江苏华诺塑胶有限公司、江苏威美能源有限公司、江苏亚辉轻合金科技有限公司	9
金融投资	布洛斯酒店投资管理（昆山）有限公司、江苏昆山高特佳创业投资有限公司、江苏中联智盈创业投资有限公司、苏州和卓投资有限公司	4
信息技术	江苏和传电气有限公司、捷能希斯光电（昆山）有限公司	2
文化创意	江苏海润新媒体技术开发有限公司、江苏海润影视制作有限公司、苏州春秋鼎盛文化传播有限公司	3
科技研发	苏州华奥光电技术有限公司	1
物流	摩卡储运（昆山）有限公司	1
综合	江苏富海美林能源有限公司、昆山城基中控技术有限公司、苏州小阿华百爱投资管理有限公司	3

注：根据花桥统计简编提供数据整理，由于统计有遗漏，未能将花桥总部经济项目完全包含在内。

一是产业分布上传统产业居多，新兴行业较少。从表 4-1 中可以看到，目前花桥企业总部中，数量最多的是商贸类企业，包括综合商贸、特定产品商贸；其次是房地产开发和经营企业，紧接着是综合类、纺织服装类和制造业相关产业类企业；虽然金融投资类企业总部有 4 家，但是文化创意、科技研发和现代物流等新兴产业总部数量较少。按总部数量比例来看，花桥重点发展的新兴产业（金融投资、电子商务、文化创意、科技研发和现代物流等）总共 10 家，占总量的 23%，仅和房地产企业数量及比例差不多。从花桥最具特色的产业——服务外包产业来说，所有的 42 家企业总部中，真正从事服务外包的企业几乎是凤毛麟角，这和花桥产业发展导向并不一致，凸显了花桥的总部经济尚处于发展初期。产业特色主要由传统的产业决定，如传统的纺织服装、商贸以及房地产业等，其形成更多的是依赖市场的自发演化，产业导向和特色产业特征不明显，对未来花桥重点发展产业的引导力不强。

　　二是规模结构上中型企业居多，跨国企业和大型企业不足。花桥总部经济在数量不断提高的同时，企业类型逐渐多样化，而且，以国内私人控股为主。在目前的 42 家企业总部中，国内私人控股为 31 家，占比 74%，居于绝对主导地位；外资控股 6 家，占比 14%；港澳台控股 2 家，占比 5%；其他类 3 家，占比 7%；缺少国有控股企业总部（见图 4-2）。可见，目前花桥总部经济的多元化程度并不突出。

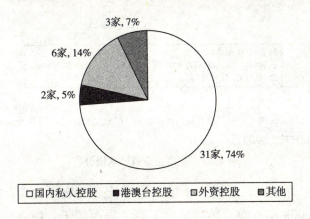

资料来源：根据花桥统计简编编制。

图 4-2　花桥企业总部控股情况

　　从花桥企业总部的资产规模结构来看，我们发现，大部分的企业都是中型企业，大型企业总部较少。据统计，资产规模在 1 000 万元及以下的有 8 家，1 000 万至 1 亿元的有 7 家，1 亿元至 10 亿元的有 11 家，10 亿元至 100 亿元的有 11 家，100 亿元以上的有 1 家（见图 4-3）。资产规模最大的企业总部为恩斯克投资有限公司，其次为昆山展耀贸易有限公司的 84 亿元，规模最小的为昆山城基中控技术有限公司，资产规模只有 100 万元。

　　国内大型企业（包括大型国企）和国际跨国公司的总部或区域及职能总部很少，除了恩斯克投资等属于跨国公司区域总部，中铁建设集团华东工程有限公司属于国内大型企业的区域总部。金融投资类企业总部规模较小，在四家企业中，资产规模最大的江苏昆山高特佳创业投资有限公司资产为 8.2 亿元，最小的布洛斯酒店投资管理（昆山）有限公司资产只有 500 万元，没有一家是国际或全国大型金融机构（包括银行、证券投资、保险等）的区域或职能总部，也没有大型金融机构的金融外包运营中心，这和花桥的金融外包基地称号不太相称。科技研发企业总部数量比较少，只有一家，而且其资产规模也比较小，无论是国际还是国内大型科技企业，都还没有在花桥设置区域研发总部，研发的科技层次有待提高。这和上海漕河泾总部经济以及南京、杭州的一些区域的总部经济形成明显差距，如上海漕河泾开发区聚集了 1 200 多家国内外高技术企业，通过跨国公司地区总部和国内大企业研发中心的技术创新活动，不仅实现了由高技术制造

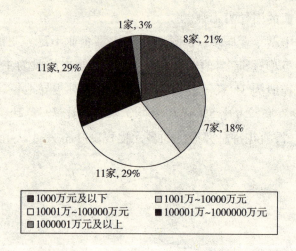

注：根据花桥统计资料，一些企业总部没有提供规模数据，因此此处仅包括39家企业总部。

资料来源：根据花桥统计简编编制。

图4-3 花桥企业资产规模分布

向高技术研发的转型升级，而且进一步增强了对长三角地区制造业基地的创新辐射效应。又如，仅截至2008年，南京鼓楼区已汇集了以西门子、朗讯、松下等为代表的世界500强企业代表处及知名企业分支机构40余家，博西电器江苏销售公司、江苏省电力、中石油江苏分公司、苏宁电器、金浦集团等企业，构成了鼓楼总部经济的主力军。而玄武区则拥有先声药业、中科集团等总部型企业72家，西门子、ABB公司等世界500强地区总部和分支机构21家。

总之，现在花桥的总部经济仍是以中型规模企业、传统行业企业为主，虽然行业结构和控股结构类型比较多元化，但是大型企业总部、新兴产业总部的数量比较少，企业总部的国际影响力和融合性还比较弱。这一方面说明，新兴产业尚未真正成为花桥产业的主体，花桥现有总部经济对传统产业具有高度依赖性；另一方面，花桥总部经济发展中还存在着诸多制约因素，限制了总部经济在规模、结构和层次上的发展。未来，需要细致分析这些背后的制约因素，有针对性地提高和改进，才能不断升级现有总部经济水平，达到引领花桥产业升级和发展的良好效果。

三、总部经济优劣势分析

正如上文分析所言，花桥的总部经济取得了很大成就，但也存在一些问题，这些成绩和问题实际上反映了花桥发展总部经济所具有的资源禀赋和相应的优劣势。

（一）优势

1. 产业基础优势

发达的产业经济是总部经济形成的基础，花桥自身以及昆山发达的产业经济成为花桥发展总部经济的"活水源头"。目前，昆山已经形成了1个千亿级产业集群和10个百亿级产业集群，其中千亿级集群 IT 产业（通信设备、计算机及其他电子设备）实现产值 4 861.98 亿元，占规模以上工业产值的比重为 63.0%，昆山已经成为全球电子信息产业重要的生产中心。通用设备制造、专用设备制造、交通运输设备制造等六大装备制造产业发展平稳，精细化工和民生用品也运行良好，共同构成了昆山制造业的四大支柱产业，产业集聚度持续增强。与此同时，昆山的新兴产业规模也在不断壮大。物联网、新能源、新材料、新医药、新型平板显示、高端装备制造等战略性新兴产业不断涌现，成为昆山制造业的重要动力，2011 年战略性新兴产业实现总产值 2 860.61 亿元，占规模以上工业产值的比重为 37%，比 2010 年提高了 7.3 个百分点。信息服务业也在不断发展，现代物流、服务外包、商贸服务、文化产业、科技研发等产业不断发展。产业经济的快速发展，使得本土企业积累了必要的资本和技术基础，企业规模不断扩大，逐步形成了自己的技术和研发水平，开始注重研发，形成自主创新能力，注重自有品牌的塑造。而实现技术进步、培养创新能力和塑造自有品牌，这些都离不开企业总部的运作，当企业规模更大时，需要企业总部职能的进一步细分，如研发总部、物流总部、结算总部等。昆山以及花桥大批外资企业和本土企业聚集，雄厚的产业经济保证了花桥发展总部经济具有坚实的产业基础。

2. 区位优势

雄厚的产业经济为花桥发展总部经济提供了产业基础和可能性，而花桥优越的区位优势则提供了空间基础和必然性。花桥紧邻上海，介于昆山市区与上海市区之间，和嘉兴安亭接壤，高速公路直接连接上海绕城公路，从花桥驾车到上海虹桥枢纽只需半小时，并且上海地铁 11 号线延长至花桥境内，已于 2013 年 10 月 16 日正式开通，花桥到上海中心城区只需要 40 分钟。便利的交通设施和良好的地理位置，使得花桥成为江苏与上海的重要贸易、物流节点，成为江苏省进一步开放的窗口。

融入上海使花桥可以分享上海作为国际贸易中心、国际金融中心和国际航运中心三大中心的外溢效应，在先天条件不足的情况下，花桥可以"借用"上海的信息、人力资本、融资等优势，有利于在花桥的企业总部与上海其他企业总部、政府部门、合作伙伴、客户、供应商等的联系和接触，有利于快速、便捷的信息获取，有利于吸引上海的高端人才，提高企业对外界环境的反应速度和能力。在上海要素成本不断上升、企业总部职能细化和外移的情况下，花桥的区位优势使其成为上海总部经济外溢的优先选择地，如大型企业总部的研发、物流、商贸等职能总部或中心。

3. 政策优势

作为江苏省唯一以现代服务业为主导产业的省级开发区，花桥被视为江苏省进一步开放的窗口，除享受省级开发区和江苏省发展现代服务业的优惠政策外，江苏省政府已同意在资金、土地、税收等方面给予商务城最大的支持。2012 年，花桥出台《花桥经济开发区关于促进总部经济发展的若干政策》，通过各种优惠政策促进总部经济业的发展，其中很多优惠政策力度很大。对于总部经济的发展：（1）给予一次性资金奖励；（2）对其在经营过程中实现的增值税、营业税、所得税等形成的商务城留成部分，给予奖励；（3）给企业总部在商务城建造的办公用房予以奖励和补贴；（4）参照商务城人才政策，对总部高级管理人员在个人所得税、住房等方面给予奖励补贴。一些具体的优惠政策力度要超过昆山以及周边很多地区，如和昆山总部经济政策相比，花桥在税收优惠、办公用房补贴以及人才政策上都有所加强。

（二）劣势

1. 商务环境、生活配套等有待完善

花桥虽然紧邻上海，但是在商务环境上还是有差距，具体包括：生活设施不完备，商业氛围不浓厚，如出租车数量少、大型消费和娱乐场所少，生活方面还有很多不便利；相关商务服务业如会计服务、法律服务、商旅服务、信息咨询、广告服务、品牌推广、公关服务、教育培训等比较缺乏；中高档写字楼入住率不高，还没形成白领文化等。商务环境和生活配套上的不足，使得企业总部运营上存在诸多不便，增加了总部的运营成本，并降低了对总部所需的高端人才的吸引力，加大了吸引高层次企业总部的难度。如花桥资产规模最大的总部企业——恩斯克投资公司，其高管主要居住在上海，需要耗费大量精力和大量资金用于交通，无形中增加了企业总部的运营成本。

2. 人力资本不足

总部经济作为高端服务业，需要大量诸如职业经理人、高级财务人员、金融从业人员、创意设计人员和科技研发人员等高端服务业人才。由于花桥缺少高校，社会和教育培训比较缺乏，高端人才先天不足，再加上生活配套设施不完善，使得花桥对一些高端服务业人才的吸引力不能得到有效提高，金融从业人员、研发人员、职业经理人等服务业专业人士数量有限，这些都对花桥总部经济的提升和发展提出了挑战。

四、总部经济面临的机遇和挑战

（一）机遇

1. 上海总部经济发展产生的溢出效应

总部经济带来的各种收益使得各个地区都十分重视总部经济的发展，作为我国经济发展水平最高的上海也不例外，目前上海正在积极成为全球总部经济的重要集中地。在上海"十二五"发展规划中提出，通过"十二五"建设，确立上海在全球的人民币资产交易、定价和清算中心地位，集聚国内外金融机构总部和功能性金融机构，支持国内大型商业银行在沪设立功能性总部；培育一批大宗商品交易市场，努力成为大宗商品信息中心、定价中心、交易中心和结算中心；集聚国内外大企业总部和地区总部，积极引入国内外企业的营运中心、物流中心、分拨中心、销售中心、采购中心、结算中心等。根据规划，上海将自身定位为国际跨国公司和国内大型企业的总部或地区总部，并包括一些重要职能中心。此外，2013年8月被国务院批准的上海自由贸易区建设将有力地推动上海总部经济的发展，这基于两方面的原因，一是上海自由贸易区建立后，资本项目下很多内容将开放，如外汇管理放松、跨境融资便利化和外资银行进入限制放松等，这些将明显降低跨国公司总部或区域总部的运行成本和金融风险，促进跨国公司总部或区域总部的设立，尤其是区域性或全球性资金管理中心的设立；二是自由贸易区建立后，将加快贸易发展方式，便利贸易流程，提升国际航运服务能力，深化金融领域的开放创新，进一步加强上海的贸易中心和航运中心地位，再加上资本项目管制的放松，从而促使贸易型企业通过上海进行贸易或中转，无须转道香港或新加坡，推动企业在上海设立相应的总部或职能总部，尤其是整合贸易、物流、结算等功能的营运中心，最终全面提高上海尤其是自贸区的总部经济规模和层次，弱化香港、新加坡的地位和作用。

随着上海聚集越来越多的跨国企业和大型国内企业的运营总部或区域总部，围绕着这些运营总部或区域总部，将派生出一些职能中心的需求，包括物流中心、研发中心、投资中心等，花桥利用其优越的区位优势和良好的发展基础，是承接上海总部经济外溢的绝佳地区。

2. 上海要素成本上升和激励政策弱化而产生的转移效应

在众多影响总部经济的因素中，土地、人力等要素成本和政府激励政策是重要因素，在其他条件类似的情况下，土地获得性、租金价格、员工工资以及政府所能提供的优惠政策就成为影响一个企业在哪里设置总部的关键因素。从经济地理学的角度来看，正是要素成本的不断上升才导致了产业的外移和扩散。随着城市集聚程度不断加强，中心城区的要素成本诸如土地成本（租金）、人力资本、交通成本等不断上升，以及郊区经济不断发展，具备了一定的产业承接能力，使得传统CBD内高度集聚的金融、保险、法律、广告等服务业向城市外围小幅转移，大量新兴的商务服务、信息、研发等专业服务业向郊区发展，最终中心城区只保留处于价值链最高端、利润率最高、占地面积较少的高端服务业，如总部经济、高端科技研发、高端商务服务、昂贵的餐饮住宿等产业，大量中低端的生产性服务业和生活性服务业将向郊区扩散，并形成具有各自产业特点的卫星城，而生产制造等环节进一步向土地成本、人工成本等低的地区扩散。总部经济虽然是高端服务业，但是总部经济也分为不同的层次，一些中型企业的总部以及大型企业的部分职能中心如一般研发、物流、后勤支援、商贸等，并不需要在中心城市的中央区域，在要素成本大幅上升之后，将不断外移。

和上海相比，花桥在土地、人力等要素成本上具有一定的比较优势，尤其是土地成本和租金方面。根据戴德梁行的研究，2013年第二季度，上海中心商圈主要商业物业的租金为每天每平方米60.37元，甲级写字楼平均成交租金为每天每平方米8.68元；而花桥商铺一般租金为每天每平方米5～15元，大约为上海的十分之一至四分之一，写字楼租金一般为每天每平方米1.5～2.5元，相当于上海的五分之一至四分之一。从商品房价格来看，据上海市统计局数据，上海市剔除保障房，纯粹市场化的新建商品住宅，2012 年平均销售价格是 21 412 元/平方米，市区价格一般在 4 万元/平方米以上，而花桥普通新建商品房的价格大概在 8 000 元/平方米至 1.5 万元/平方米，相当于上海的三分之一至二分之一，上海中心城区的五分之一至三分之一。较低的土地成本增加了花桥吸引和承接上海总部经济转移的优势。未来随着上海自由贸易区的建立，更多的大型企业总部进驻上海，可能进一步推高上海的要素成本，促进更多的中型企业总部和大型企业职能总部或职能中心外移到花桥。

上海总部经济层次的提高可能会推动上海相应政策的调整，由于上海总部经济定位于跨国公司和大型企业，一些中型企业总部所获得的政策优惠可能出现下降，优惠政策的失去将促使这些企业总部外移，也为花桥提供了机会。

3. 昆山以及长三角地区制造业升级产生的需求效应

总部经济是企业发展到高级阶段的产物，企业只有在全国乃至全球范围内运营，通过各种直接投资如开办工厂、设立办事处、建立研发中心、设立运营节点等方式在不同区域开展业务，产生企业内的协调和管理需求，才需要建立企业总部，将核心业务和主要管理功能作为总部功能，将非核心、附加值低、对要素成本敏感的业务和流程放到分支机构中去，降低企业的总体运营成本。因此，良好的产业基础和雄厚的企业基础是一个地区发展总部经济的前提。目前，作为花桥总部经济依托的上海和昆山无论在产业升级以及企业发展上均呈现出良好的发展态势，对花桥总部经济产生进一步的需求效应。目前，昆山已成为我国重要的加工制造业基地，世界 500 强企业中有 28 家在昆山投资了 53 个项目，昆山民营企业总数达到 18 000 多家，花桥自身产业和企业规模也在不断扩大，雄厚的产业基础和不断壮大的企业对总部经济的需求不断增强，为花桥提供了前所未有的发展机遇。

（二）挑战

1. 大型企业总部向中心城市迁移，形成一定的虹吸效应

近年来，随着经济全球化趋势的加强，全球总部迁移也呈现出加快的趋势。其中一个非常重要的特征就是，大型企业集团总部纷纷向中心城市迁移。国内有不少企业将总部或研发、营销等高端环节向北京、上海、广州等大城市迁移，以寻求更好更快的发展。例如，吉利汽车总部从宁波迁到杭州，经纬纺机总部从太原迁到北京，三一重工从长沙迁往北京等。根据赵弘和张静华（2012）的估计，最近几年来，将总部从宁波迁往上海等地的企业有 40 家左右，其中年销售额 10 亿元以上的企业就有 20 多家，这对宁波总部经济发展产生了很大影响。苏南很多大型企业总部也迁往上海，如熔盛重工、新城公司等，著名的销售集团苏宁云商在 2012 年也曾计划将总部迁往上海，最终在江苏省和南京市的极力挽留下才继续将总部放在南京。对于花桥来说，可能也存在类似的虹吸效应，虽然花桥与上海中心城区距离很近，但是在金融和商务服务、人力资本、知识要素

等方面和上海中心城区仍然不具有可比性，随着花桥现有企业规模不断扩大，逐渐从区域化经营转向全国和国际化经营，其对商务和金融服务、科技研发、销售网络等要求逐渐提高，直至超出花桥所能提供的范围，将会促使其可能将总部迁往上海，将花桥原来的总部转化为职能总部，如物流、区域销售总部或科技研发分中心等，对花桥的总部经济质量和结构优化提出挑战。而上海自贸区建立后，由于自贸区内贸易投资便利化、资本项目自由化、跨境融资便利化和低税收等政策优惠，对花桥一些外向型企业，尤其对开展全球业务的境外投资企业和准备对外进行直接和间接投资的内资企业来说，具有很大的吸引力，可能促使其将区域总部和物流、结算、投资等职能总部转移至上海自贸区内，产生一定的转移效应。

2. 从混合型向新兴行业特色型发展的转型带来的挑战

目前，花桥的总部经济为混合型总部经济，设置总部的企业所属行业类型多样，房地产开发与经营、综合商贸、特定产品商贸、服装纺织、金融投资、科技研发、物流等，各种类型都有，并且传统产业所占份额较大，新兴产业或花桥重点发展的主导产业企业总部数量相对较少，这和花桥未来的产业发展方向产生了不一致。如何根据花桥未来的重点发展产业，如服务外包、金融投资、科技研发、物流、文化创意等，打造与之相一致的行业特色型总部经济，对花桥来说也是一个很大的挑战。一方面，汇聚众多的新兴服务业高端人才，打造适合新兴服务业总部集聚的商务环境和服务体系，是花桥未来重要的任务和目标，另一方面，产业转换和更替中，如降低房地产和特定商贸企业等传统产业向新兴产业转换过程中，可能会影响到花桥当地的税收收入和经济效益等，如何通过合理的方式，在实现产业转型升级的同时平衡财政收入等变动带来的影响，也是花桥总部经济调整中需要面对的挑战和问题。

3. 周边区域的强有力的竞争

总部经济给地方城市和经济带来的巨大好处使得各地政府高度关注本地的总部经济发展，并出台了大量的优惠政策来吸引企业在当地设立总部以及挽留本地企业总部。根据我们的资料收集来看，包括苏南各个地级市以及大部分的县以及县级市几乎都出台了关于总部经济的政策文件，主要是在土地、资金支持、税收、审批手续等各方面提供大量支持和便利，各个地区政策基本相似甚至雷同，这在一定程度上抵消了花桥优惠政策的吸引力。除了苏南地区的竞争外，花桥发展总部经济也面临着与上海各个区的直接竞争，目前，上海的各个区在吸引总部企业上也存在着较为严重的竞争现象，各区县在地价以及财税上进行"血拼"，以至于出现不少企业总部为了重复享受优惠政策在不同区县之间迁移的现象，这不仅造成了政府招商资源的浪费，也大大削弱了总部经济的效应。如何从周边区域的竞争中脱颖而出，吸引更多数量、更高层次和符合花桥产业发展方向的企业总部，并避免出现总部经济效应分散、低效的不良现象，这需要花桥不仅仅在政策上有比其他地区更有针对性的优惠政策，还需要在综合环境上下大工夫，营造更适合的商务、金融、人力资源、政府管理和社会环境，这都对花桥提出了诸多挑战。

五、典型案例和经验借鉴

（一）花桥恩斯克投资有限公司总部状况

日本精工株式会社（NSK LTD）成立于 1916 年，是日本最早的轴承厂家，同时也是日本第一，世界上名列前茅的轴承企业。目前，NSK 除了生产汽车用轴承、产业机械轴承以外，同时还生产电动助力转向器等汽车零部件、滚珠丝杠等精机产品，在向世界各地提供最先进产品的同时，为各行各业的发展作出了巨大的贡献。

恩斯克投资有限公司成立于 2003 年，系日本精工株式会社投资的中国区总部，于 2009 年从上海迁址到花桥经济开发区，截至 2013 年 1 月，公司注册资本 22 689 万美元，2009 年 10 月 12 日正式投入运营，目前中国区总部（含研发）已有员工 460 人，其中 80% 以上为本科以上学历。恩斯克投资有限公司目前在中国国内已投资管理或受母公司委托管理 12 家生产工厂、2 家销售贸易公司和 1 家独立研发公司，同时在全国设立近 20 家分公司，对销售等管理功能逐步实现一元化管理，建立以 IT 技术支持的生产销售、库存管理系统，提高整个中国区的管理效率。目前恩斯克中国区（包括中国区总部和中国所有工厂）现有员工约 6 000 人，整个中国区 2012 年销售额约 80 亿元，其中在花桥的中国区总部（恩斯克投资有限公司）实现销售额 55 亿元。公司未来的主要工作将进一步整合恩斯克在大中华地区的所有工厂和其他分支机构，进一步发展中国市场业务。花桥总部（恩斯克投资有限公司）2013 年预计销售额达 65 亿元。计划到 2016 年整个中国区员工将达到 8 000 人，销售额目标为 150 亿元，其中在花桥的中国区总部（恩斯克投资有限公司）2016 年计划员工可达到 600 人（含研发），本科以上比例超过 80%，届时恩斯克中国区业务应该已经整合完成，所有销售将会全部在花桥实现。

（二）新加坡发展总部经济的经验

新加坡从 20 世纪六七十年代开始发展总部经济，经过近半个世纪的发展，期间经历了 80 年代的形成，90 年代的高速发展和 21 世纪以来的稳步发展等阶段，到今天，新加坡已成为全球著名的总部经济集聚地，在面积 704 平方公里，人口 450 万的弹丸之地，云集了约 7 000 家跨国公司和 10 万个中小型企业。在这些企业中，有超过 4 000 家在新加坡建立了企业总部，包括葛兰素史克、埃克森美孚化工、日立、摩托罗拉、通用电子、惠普等国际大型跨国企业。虽然新加坡是一个独立国家，但是在土地面积、产业基础、经济环境、政府管理等方面，尤其是 20 世纪八九十年代的新加坡，和花桥具有一定的相似性，其发展经验对花桥来说也具有一定的借鉴价值和适用性。

总体来说，新加坡发展总部经济经验主要有以下几点。

其一，实施总部计划。为吸引跨国公司来新加坡建立总部，新加坡经济发展局（以下简称经发局）实施了总部计划。总部计划旨在鼓励企业机构在新加坡设立总部，管辖其在本区域及全球的业务及营运。来自全球任何国家和地区、各行各业的企业机构，不论大小，均有申请资格。新加坡经发局根据个别机构在新加坡的总部投资规模给予适当的优惠奖励。总部计划的优惠内容主要包括：（1）区域总部计划：获核准的海外增量收入可获 3 + 2 年的 15% 税率优惠。若申请公司在优惠期首 3 年内符合所有基本条件的话，核准收入可获额外 2 年的 15% 税务优待。（2）国际总部计划：适用于所有在新加坡注册的公司。那些有信心超过区域总部计划所规定的上述标准的公司，可与经发局进一步洽谈更优惠的减税配套。总部计划的推出有效地吸引了跨国公司总部的进驻，使得总部经济在新加坡得以迅速发展。

其二，经济发展方向的正确定位。新加坡把自身的发展同亚洲发展密切地关联，以世界的眼光来谋篇布局，从而在联结东西方的世界产业体系中准确定位。新加坡将自己定位成了跨国公司通向亚洲的一个枢纽。这一准确的定位对新加坡总部经济的成功发展起到了关键作用。另外，新加坡各个总部经济园区均根据其自身特点进行了准确的定位。新加坡总部经济园区主要有：（1）商业园。包括仙水门国际商业园、樟宜商业园、资讯园。（2）特殊工业园。包括石油化学——裕廊岛；先进显示器工业园——淡滨尼；生物医学——大士生物医药园、生物科技园；物流工业园——樟宜机场物流园、裕廊岛化工物流园。（3）科技企业家园。包括裕廊东的企业家园、新加坡科学园的 iAxil、亚逸拉惹科技企业家中心、纬一科技城的零据点、红山—新达城科技企业家中心、莱市科技园。

其三，营造良好的营商环境。新加坡通过完善的金融和现代服务体系为企业的商务活动提供了优质高效的服务。以金融和商务为中心的现代化服务业为其总部经济的形成和发展提供了有力支撑。在金融方面，新加坡有超过 500 家的本地和外国金融机构提供各种各样的金融产品和服务，本地的证券和贷款市场以及亚洲的美元市场都可以为经商者提供所需的资金。在知识产权方面，新加坡是诸如巴黎公约、伯尔尼公约、马德里协定、专利合作条约、布达佩斯条约、与贸易有关的知识产权协议和世界知识产权组织等国际条约和组织的成员国；新加坡国内则有诸如新加坡知识产权局、新加坡国际仲裁中心等知识产权保护机构。这都有利于营造总部经济所追求的高水准、高效率、低成本运营管理的目标。目前新加坡的营商环境在亚太地区排名第一，全球第三。良好的营商环境为跨国公司总部的进驻创造了有利条件。

其四，良好的城市环境和 IT 及通信设施。新加坡是有名的"花园城市"。在绿化规划上，参照了英国的设计风格。新加坡绿化体系的形成经过了有计划、有步骤的规划过程：从第一阶段的城市外围和空地，第二阶段的城市内生活环境，到第三阶段绿化与休闲设施相结合，充分有效地利用空间，形成了海洋公园、自然公园、水库公园、城市公园、游乐公园和新镇公园，同时还形成了邻里和组群绿地。

新加坡拥有百分之六十的个人计算机持有率和 30 万的宽带用户，99% 的人口有宽频网络接驳能力，目前已取得每秒 21 兆位的国际联系带宽，却还在不停歇地发展。除拥有国家资讯基础设施之外，新加坡还可以与中国、澳大利亚、日本、印度、欧洲以及所有东南亚国家实现高速网络连接。良好的 IT 及通信设施使新加坡成为东南亚通信的中心。

其五，务实、高效、廉洁的政府管理。首先，新加坡政府创造了世界一流的行政工作效率。专门负责投资申报、审批手续的新加坡经济发展局，机构精简、手续简便、工作效率高，设有 5 个办事处，人员精干，职责明确。该局在世界各国共设 13 个投资促进办事处，工作人员仅 32 人，十分干练。一项外国投资项目从申请到批准设厂只需 10 天至 20 天时间。其次，新加坡政府的高效行政离不开政府的廉政建设。新加坡政府建立、健全防止政府官员贪污的机制，法律法规十分严密。成立廉政公署清查官员贪污腐化、徇私舞弊行为，执法从严，形成严密的监督和制约机制。新加坡政府清廉指数在世界上排名第三，在整个亚洲排名第一。新加坡政府的高效行政和廉洁形象举世称道，为吸引跨国公司总部入驻提供了良好的制度环境。

其六，人力资源充足。新加坡的劳动队伍连续被美国商业环境风险调查机构评为世界第一。在工人态度方面，新加坡名列亚洲第一，世界第三。新加坡拥有亚太地区最佳的技术工人，拥有亚洲最适宜经商的劳动法规，其劳资关系亚洲最优，这都得益于政府的人力资源政策。首先，新加坡政府注重提高居民的受教育程度。近年来，新加坡政府投入的教育经费达到财政支出的 20% 以上，实施终身教育。其次，新加坡政府注重引进培养优秀的国际人才。新加坡的移民法规对外国人才的限制最少，十分宽松。多年来新加坡不遗余力地实施海外优秀人才的引进计划。例如自 1994 年始，一直从中国高校中直接吸收新大学生加入新加坡的大学，并由企业或政府提供奖学金，将他们培养成新加坡紧缺的人才，并签订工作协议，提供工作机会。

六、总部经济发展方向和政策建议

综合总部经济理论和花桥总部经济现状以及花桥自身资源优劣势分析，本书认为，花桥总部经济应该定位于"以金融服务、服务外包为特色产业，综合商贸服务、科技研发、现代物流、文化创意等新兴行业的混合型总部经济集聚区"，打造"特色凸显、多元发展"的总部经济发展新格局。一方面要凸显花桥作为全国乃至全球范围内服务外包、金融投资重镇的行业特征，和上海、北京、深圳等金融中心和服务外包中心形成错位竞争、有序发展；另一方面，密切结合昆山以及长三角地区的产业特点，迎合国际产业发展趋势，顺应国际发展潮流，做大做强现有的商贸、科技研发等行业总部经济，不断培育现代物流、文化创意等新兴行业总部经济，提升企业总部层次和规格，为花桥及周边地区产业融合发展和产业结构升级提供动力和支持。

（一）进一步明确总部经济的发展定位和发展战略

总部是一个多层次、多功能的概念，具有不同资源禀赋的区域发展总部经济的类型和能力是有差异的，中心城市定位于大型企业的总部和主要的区域总部以及关键的职能总部，如财务结算中心、基础研发中心等，而中心城市周边区域定位于中型以及部分大型企业总部、大型企业职能总部如物流中心、研发中心、区域商贸中心等，从而和中心城市形成有效分工和协调发展。目前，上海作为中心城市主要定位于跨国公司以及国内大型企业的总部、地区总部，昆山定位于职能型总部包括投资型、服务型和商贸型总部，而作为昆山与上海之间区域的花桥，其总部经济主要定位于以研发、销售为主的复合型总部，主要是吸引"前道的研发设计、后道的结算贸易、中间的业务流程"等项目，因此在总体定位和发展战略上，和上海市以及昆山市区形成错位发展、相互协调的局面，符合花桥的资源禀赋状况和总部经济的分工发展规律。但是，花桥总部经济定位还需进一步明确，应思考主要引进哪些特定产业的总部，根据花桥经济现状以及花桥未来重点发展产业选择，物流业、金融服务业包括金融服务外包业、私募股权投资业、科技研发、电子商务、文化创意产业以及其他服务外包产业等是未来花桥的主导产业，在总部经济发展方向上也应该和产业方向相一致。因此，花桥在具体总部经济的产业选择上，要更加具体和明确，将现有的产业定位进一步扩展，将原有的研发、销售为主的复合型总部，扩展为"中型企业管理总部，大型企业的研发、销售、物流、投资等为主的职能型或复合型职能总部，尤其是金融服务、电子商务、文化创意、外包服务等重点发展的行业"，并依据行业特点设定相应的优惠政策标准，以更好地鼓励昆山当地企业和吸引外来企业在花桥设立总部或职能总部，进一步提高总部经济的规模和层次。

表4-2　　　　　　　　昆山、花桥和上海未来重点发展行业（服务业）

昆山	花桥	上海
打造综合职能型总部、投资型总部、管理及服务型总部、商贸型总部等总部经济集群	吸引"前道的研发设计、后道的结算贸易、中间的业务流程"等项目，集聚一批以研发、销售为主的复合型总部	集聚国内外金融机构总部和功能型金融机构，支持国内大型商业银行在沪设立功能型总部；集聚国内外大企业总部和地区总部，积极引入国内外企业的营运中心、物流中心、分拨中心、销售中心、采购中心、结算中心

资料来源：根据昆山市和上海市"十二五"发展规划资料整理。

（二）发挥台资集中和试验区政策等优势，积极打造台资企业总部聚集地

昆山是大陆台资最集中的区域，随着昆山土地和劳动力成本的不断上升以及台资企业的转型升级，台资企业需要进一步将产业链中的高端环节如研发、销售、投资、运营等分离出来，将低端的制造组装等部分转移出去，从而产生对企业管理总部以及销售、投资、研发等职能总部的需求，花桥利用其良好的区位条件、健全的服务业产业体系、上海轨道交通11号线的交通优势以及各级政府支持的财政优势，成为台资企业总部的良好选择。昆山深化两岸产业试验区的国批使昆山包括花桥进一步获取了先行先试的政策优势，昆山实验区的诸多政策包括允许企业开展人民币与新台币现汇项下双向兑换试点、允许企业与台湾地区企业在企业集团内部试点人民币借贷业务、放宽对台湾原产地商品的检验检疫标准、简化审批手续等都使得台资企业降低贸易成本、汇率成本和财务

成本，而允许符合条件的台资金融机构在区内设立合资证券公司、合资基金管理公司、大陆证券业逐步扩大对台资开放等政策将使得台资金融企业有机会比其他国家金融机构提前进入大陆市场，获取先发优势。这些政策优势都会进一步提高花桥对台资企业总部的吸引力。目前，花桥正在积极建设海峡两岸（昆山）商贸试验区，并在功能划分上包括了台资企业总部，但考虑到昆山实验区政策中有三条主要政策是金融政策，海峡两岸（昆山）商贸试验区的功能和定位无法充分发挥这些政策优势，建议设立专门以台资为特色的金融服务业集聚区，吸引台资金融机构入驻，再通过政策引导和扶持，将金融服务业集聚区培育成台资金融机构大陆区域总部区域，和海峡两岸（昆山）商贸试验区共同形成台资企业总部区域。

（三）提升综合环境，优化现有人才政策

总部经济作为高端服务业的重要形态，正如前文分析的那样，对当地政府和市场环境具有较高的要求。目前来看，虽然花桥在综合环境方面取得了很大进展，总部经济基础也比较牢固，但在总体环境方面，花桥同一些总部经济发达地区相比还是有很大的差距，未来，花桥需要在以下两个方面进一步提升综合环境，以增强花桥的总部吸引力。

1. 优化商务和生活环境

吸引企业总部，增强城市总部经济竞争力需要围绕总部的专业服务支撑体系。这一体系应覆盖银行、证券、保险、担保服务等金融服务业，会计、法律、公关、资产评估等中介和信息服务业，以及国际商务会议展览、现代物流、教育培训等新兴服务业等。因此，花桥需要完善专业化服务体系，大力引入和发展金融服务、信息技术服务、中介服务，以及教育培训、会议展览等专业配套服务体系，推进服务业与总部经济的良性互动发展，不断提升服务业的规模与能级，进一步优化商务环境，降低企业总部的商务成本。

完善城市基础设施，建设与总部产业发展相协调的交通体系，大力发展电子政务和教育信息化，构建多层面的信息体系。完善商业配套设施和教育培训、休闲娱乐设施，为总部企业提供便捷、全方位的生活服务，减少企业总部的生活成本。

2. 实施更有针对性的人才政策

为了营造总部经济发展的人才环境，必须根据总部人才的现实需求实施针对性的人才政策，吸引总部需要的战略性人才流入。目前，花桥虽然已经实施了一些人才政策，如参照商务城人才政策，给予总部高级管理人员在个人所得税、住房等方面的奖励补贴等，但这些政策针对性和全面性不足，还需要进一步完善，具体可包括如下两点。第一，构筑公共人事人才服务体系，完善各层次人才培训机制。总部企业接受应届毕业生、海外留学生和技能人才，实行优先保障和绿色通道制度，鼓励和协助总部企业与境内外高水平大学和培训机构建立人才培训机制，在重点领域引进境外高质量的培训机构和项目。第二，进一步为总部经济相关人才尤其是高层人员提供工作和生活便捷。对总部企业聘用的管理人员及家属办理居留许可等事项提供便利，对符合条件的人员及其家属优先办理入户手续，做好总部企业高层次人才的子女入学工作，解决好高层次人才的后顾之忧。对于经认定的总部企业，可在政府集中建设的租赁住房中安排部分房源，用于定向解决其高级管理技术人才住房问题。

（四）积极研究上海自由贸易区建立的可能影响

目前，国家已经批准了中国（上海）自贸区的建立，根据国际经验，上海自贸区内外汇管理、跨境融资和外资银行进入限制等政策放松等将明显降低跨国公司总部或区域总部的运行成本和金融风险，增加上海对跨国公司总部或区域总部的吸引力。同时，上海自贸区建立后，政府效率提高、融资环境宽松、商务环境完善、资本项目放松、高端人才汇聚、税收政策优惠以及总部经济集聚效应放大等各种优势将进一步提高上海对于内地知名企业总部的吸引力，促使国内知名企业总部从中小城市以及其他中心城市迁移进来，进一步促进上海总部经济发展。

对于花桥总部经济来说，上海自贸区的建立可能产生不同的效应。首先是转移效应。上海自贸区建立后，贸易投资便利化、资本项目自由化、跨境融资便利化、低税收以及符合条件的外国投资者自由转移其投资收益等政策优惠，增加了自贸区企业国际市场进入的便利性，改善了企业融资环境，放松了企业资金流动限制，这对花桥外向型企业，尤其是对成本较为敏感、开展全球业务的境外投资企业和准备对外进行直接和间接投资的内资企业来说，具有很大的吸引力，可能促使其将总部和物流、结算、投资等职能总部转移至上海自贸区内，产生一定的转移效应。但对于一些内向型企业和一些诸如生产、研发、销售等职能中心来说，上海自贸区的影响不大。其次是外溢效应。长期内，上海自贸区的建立将推高上海的要素成本（土地、人力等），可能促使一些跨国公司和大型企业将部分职能中心如物流中心、投资中心、研发中心、商贸总部等外迁，以及一些中型企业将运营及职能总部外迁。花桥可以利用其优越的区位优势和已有的经济基础，不断承接这些总部外移，并推动花桥总部经济的发展。当然，未来具体的影响可能还要根据实际发展状况来判断，因此需要动态、跟踪研究上海自贸区的影响。

[参考文献]

1. 魏后凯、白玫：《中国上市公司总部迁移现状及特征分析》，载《中国工业经济》，2008（10）。

2. 何骏：《聚焦总部经济——我国发展总部经济的重点、模式和建议》，载《北京工商大学学报（社会科学版）》，2009（1）。

3. 史忠良、沈红兵：《中国总部经济的形成及其发展研究》，载《中国工业经济》，2005（5）。

4. 刘志彪、张少军：《总部经济、产业升级和区域协调——基于全球价值链的分析》，载《南京大学学报（哲学人文科学社会科学版）》，2009（6）。

5. 赵弘、张静华：《以总部经济模式推动沿海地区制造业转型升级研究》，载《宁波大学学报（人文科学版）》，2012（1）。

第五章　现代物流业

一、现代物流业的内涵与理论

(一) 现代物流的相关概念

现代物流是相对于传统物流而言的，是信息网络时代下对传统物流的升华。传统物流是指物品的储存、运输及其附属业务等形成的物流活动，其物流功能相对独立。现代物流是指集合了运输、储存、加工、包装、装卸、配送和信息处理等环节的新型组织方式和管理方式。它以现代化运输网络为基础，应用高科技的电子计算机技术和信息技术，将物品从生产地到消费地所涉及的活动有机结合起来，有效地实现了物流运作中的反应迅速化、功能集成化、服务系列化、作业规范化、目标系统化、手段现代化、组织网络化、经营市场化、信息电子化和管理法制化。现代物流涉及多学科、多领域，以满足客户的需求为目标，统筹考虑制造、运输、销售等市场情况，形成了一条完整的供应链，以尽可能低的物流总成本，为客户提供多功能、一体化的增值服务。

(二) 现代物流的特点

现代物流集成了许多先进的管理手段和方法，并逐步将物流系统集成为结构复杂、特点突出的开放式系统。具体表现在五个方面：

1. 系统结构越来越复杂。传统物流结构简单，系统性不完备，仅仅将最基本的物流功能简单地叠加在一起。现代物流顺应了不断分层和多元化发展的物流需求，不断应用各种科技方法和手段，将物流的各项基本功能紧密地结合在一起，使物流系统结构变得越来越复杂。

2. 组合技术越来越专有。随着社会需求的不断变化，诸如智能化仓库、单元化托盘、国际多式联运等现代物流组合技术也得到了快速的发展。这些技术以及与之相匹配的管理方法等的专业化程度越来越高，为现代物流的顺利开展提供了条件。

3. 信息作用越来越重要。信息化在实现现代物流作业一体化、系统化方面发挥着越来越重要的基础性作用。信息流把现代化物流的各项功能和各个环节有机地、高效率地结合起来，并随时控制着物流系统按照预定的目标运行。

4. 标准化应用越来越广。物流标准化，特别是国际标准化是现代物流系统中的一个核心内容。现代物流利用各种衔接技术，将越来越多的功能组合在一起。在衔接过程中，标准化技术可以最大限度地提高效率。这也是现代物流能够将传统的运输、仓储、包装等功能有机整合在一起的重要原因。

5. 柔性化比例越来越高。现代物流的柔性化，就是指以不断分层的物流市场需求为中心，迅速反应、及时调整物流作业的过程。市场需求正朝着多样化和个性化的方向发展，物流需求也呈现出种类繁多、订货期缩短、批量减少、时间性加强、频率加大、不确定性提高等特点。

（三）现代物流业的发展趋势

1. 物流产业的发展趋势

随着信息技术和网络技术的高速发展，现代物流的特征在不断发展和加强的同时，逐渐突显出以下四种发展趋势。

一是物流服务优质化和全球化。21世纪是个消费多样化、生产柔性化、流通高效化的时代，迫切需要优质化的服务与之适应。对于现代物流而言，提供优质化的服务也成为其今后发展的重要内容。在集成供应链的大背景下，物流成本不再是客户选择物流服务的唯一标准，客户更多地会关注物流服务的质量。"7R"原则（即以合适的成本、合适的质量和合适的条件，在合适的地点，合适的时间，为合适的客户提供合适的产品）也成为物流服务优质化的标准和行动方向。全球化是国际化的演绎，全球化加快、加强了物流产业的发展，是国际化的更高层次。物流服务的全球化突出表现在制造业领域。制造业的"定制服务"理念对全球服务业提出了一次性销售的要求。作为服务业之一的现代物流产业，需要秉承"一切为客户服务"的宗旨，采取敏捷和灵活的供应链管理方式，为客户提供高质量的服务。

二是物流装备信息化和现代化。物流信息化发展与现代电子商务的发展密切相关。企业通过互联网、局域网等信息网络能够迅速、全面、准确地了解需求信息，实现基于客户订单的生产模式和物流服务。发达国家的物流技术已经达到很高的水平，已经基本形成以系统技术为核心，以信息技术、管理技术、仓储技术、配送技术、包装技术、运输技术、库存技术等为支撑的现代化物流装备技术格局。综合运用条形码技术、无线射频识别技术、全球卫星定位系统、地理信息系统、智能交通系统、电子数据交换技术等与物流信息化相关联的技术。今后物流技术和装备将朝着集成化、机械化、自动化、信息化和智能化方向发展。

三是物流服务个性化和标准化。个性化物流是指企业为企业以及企业为消费者提供的个性化的物流服务。个性化的物流需求要求个性化的物流服务与之适应。随着生产力的发展和人民生活水平的提高，客户的需求也在不断增加，个性化需求意识也越来越强。企业为了在激烈的市场竞争中获胜，推出了个性化生产，从而引发了个性化的物流服务需求。现代物流企业以"一切为客户服务"为理念，根据客户的不同需求，不断改进服务内容，优化服务手段，更好地为客户提供满足其个性化要求的优质服务。物流服务个性化必须建立在物流服务标准化的基础上，以"7R"为原则，对配送、装卸、搬运、仓储、包装等基础设施设备和操作规范进行标准化统一，提高物流效率和质量。

四是物流理念绿色化和生态化。现代物流大力发展的同时也给环境造成了负面影响。目前，全社会正大力进行绿色物流理论和实践的推进工作。绿色物流是指物流过程中抑制物流对环境造成危害的同时，实现对物流环境的净化，使物流资源得到充分利用。绿色物流包括物流作业环节和物流管理过程的绿色化，涉及集约资源、绿色运输、绿色仓储、绿色包装、废弃物物流等多个方面。它的最终目标是实现可持续发展，达到经济效益、社会效益和环境效益的统一。

2. 物流企业管理的发展趋势

伴随着物流业的发展，相应的物流企业管理也在不断发展，总体来看，现代物流企业管理大体经历了实体分销管理、集成化物流管理、供应链管理三个发展阶段，其中，实体分销管理为单个企业的管理行为，是将销售领域存在的运输、保管、库存管理、配送等活动，以信息系统作为中介手段构成有机的整体，经济合理地配置相关资源，以达到降低成本的目的。集成化物流管理是将存在于企业经营各个领域的运输、保管等活动在各自的领域范围内实行一体化管理，大大增强了企业的客户导向，有效降低了企业的分销成本费用。供应链管理是一种以企业间物流信息系统为中介手段建立起来的，以关联企业为共同主体的物流管理系统，它把从原材料、零部件的供应商到最终制成品的生产商、批发商和零售商及最终消费者，即生产、流通、消费的全过程的物流活动作为控制的对象，通过对零售状况、各企业的库存量等信息的相互提供、共同使用来达到再生产全过程的物流合理化。从物流管理发展历程来看，总体上经历了从个别管理到系统管理，由简单系统管理到复杂系统管理的变化过程。

结合物流业发展趋势，物流企业的管理未来将从以下四个方面不断提升。

一是物流企业管理更加依赖信息技术的现代化。加强物流管理、提高物流效率已成为提高企业竞争力的主要手段，这一发展趋势已被许多物流发达的国家所证实。目前发达国家的物流企业，计算机的应用不仅在物资流通的技术和管理上得到了普及，而且实现了跨地区、跨国界的网络化，信息系统不仅是自我管理的手段，而且成为客户服务的工具。随着更多、更先进信息技术在物流企业的应用，物流必将向智能化、自动化、及时化方向方展。

二是物流企业向集团化、协同化、全球化方向发展。随着社会化大生产和全球化的日益发展，资源和商品在广域间的流动与交换将更加频繁，各国、各地区间的物流合作将更密切，高效物流成为国际贸易和跨国经营必不可少的环节。物流企业将向集团化发展，通过物流企业的兼并和合作，规模将更庞大，实力更雄厚，物流巨头的触角将伸向世界的每一个角落，从而能够准确地掌握全球物流动态信息，构筑起全球一体化的物流网络，以规模化经营节约时间和费用，为客户提供更优质的服务。

三是第三方物流和共同配送成为主流。第三方物流是由供需双方之外的物流企业提供物流服务的业务模式，因其专业化、规模化等优势，在分担企业风险、降低经营成本、提高企业竞争力、加快物流产业的形成和再造等方面发挥出巨大作用。共同配送是经长期的发展和探索优化出的一种追求合理化配送的配送形式，也是在美国、日本等一些发达国家采用广泛、影响面较大的先进物流方式。第三方物流和共同配送对提高物流动作效率、降低物流成本具有重要意义，已成为21世纪物流发展的主流。

四是第四方物流成为物流企业管理的新亮点。第四方物流是一个供应链的集成商，一般情况下政府为促进地区物流产业发展，领头搭建第四方物流平台提供共享及发布信息服务，是供需双方及第三方物流的领导力量。它不仅是物流的利益方，而且通过拥有的信息技术、整合能力以及其他资源提供一套完整的供应链解决方案，以此获取一定的利润。它帮助企业实现降低成本和有效整合资源，并且依靠优秀的第三方物流供应商、技术供应商、管理咨询以及其他增值服务商，为客户提供独特的和广泛的供应链解决方案。

二、现代物流业的发展现状

(一) 物流业总体状况

目前，花桥物流业共有各类物流公司21家，以物流为主业的公司20家，另外一家江苏美通投资有限公司，虽然有一定的物流业务，但其主要业务活动为房地产开发和经营。在20家物流企业中，最早成立的公司为1998年成立的昆山沧运物流有限公司和江苏富莱德仓储有限公司；其后，花桥物流公司的发展进入停滞期，2003年到2006年每年只有一家新的物流企业成立；直到2011年及2012年才进入到一个物流公司成立的爆发期，其中，2012年成立的物流公司达到11家，占目前花桥物流企业总数的一半以上。图5-1反映了花桥物流公司的成立状况。

花桥物流企业大量集中在最近两年成立主要有两个原因。一是近几年来，随着苏南地区产业的快速发展以及苏州市政府和昆山市政府出台相应政策优惠措施，物流业作为生产性服务业的一种，开始从传统的制造业企业中独立出来，组建独立的实体单位，实现了"引导制造业企业主辅分离"；二是昆山市政府和花桥经济开发区管委会将物流产业作为重点发展产业，积极推出一些优惠政策，吸引并推动了花桥物流企业的大量建立和物流产业的快速发展。

花桥物流业虽然近两年有了快速发展，但由于起步比较晚，在整个经济中的比重还比较小。目前，根据花桥统计简编的数据，2010年的物流业增加值数据为3 797万元，2011年为1.279亿元（从2011年开始，物流业和文化创意产业增加值合并统计），2012年为3.011亿元，增速为62.3%，预计2013年为3.6亿元，预计增速为19.6%。物流

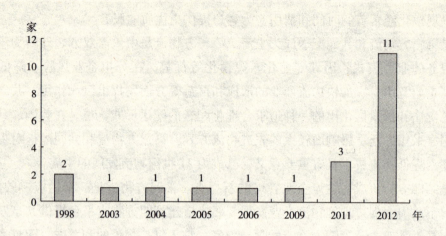

资料来源：花桥统计简编。

图5-1 花桥物流企业各年份成立数量

业在花桥总体经济中的比重仍然较低，以2010年为例，物流业占服务业比重为0.76%，不足1%；2012年物流业和文化创意产业合计占服务业比重为3.17%。

（二）物流业的企业结构

从企业主营业务来看，花桥现有物流企业业务总体比较多元化，既包括仓储、快递、车辆租赁、货运代理等专门性的物流业务，也包括一般性的综合货运及物流业务。但从事各种业务的物流企业数量是不平衡的，数量最多的是国内货运代理企业，共有7家，其次是国际货运代理企业，共有5家，再次是一般货运企业，数量最少的是车辆租赁和快递业，分别仅有1家。货运代理企业尤其是国际货运代理企业较多，这与昆山以及花桥地区外贸企业较多，国际贸易物流需求旺盛是密切相关的。

表5-1 　　　　　　　　　　　　　　　花桥物流企业主营业务分类

主营业务	企业
一般货运	江苏万里神风物流有限公司、昆山沧运物流有限公司、昆山福产流通科技有限公司、昆山市乐宏装卸劳务有限公司
仓储	迪卡侬（昆山）仓储有限公司、江苏富莱德仓储有限公司、昆山宝湾国际物流有限公司
车辆租赁	昆山花桥国际商务城公交有限公司
快递	昆山韵达速递有限公司花桥分公司
国内货代	江苏德力达国际货运代理有限公司、昆山绿通货运代理有限公司、昆山浦捷货运代理有限公司、昆山升宇货运代理有限公司、昆山市越航货运代理有限公司、昆山顺众达货运代理有限公司、昆山亚联货运代理有限公司
国际货代	江苏恒联国际物流有限公司、江苏鑫博亚国际物流有限公司、江苏致冠国际货运代理有限公司、江苏致冠国际货运代理有限公司、苏州铭佰利国际货运代理有限公司

资料来源：根据花桥统计简编编制。

从企业规模来看，经过数十年的发展，花桥已经引进和培育了一些大的物流企业，但也存在很多小的物流公司，企业规模分布不平衡。根据各物流企业资料，花桥的 20 家物流企业总资产规模为 101.55 亿元，规模最大的为江苏富莱德仓储有限公司的 33.49 亿元，其次为迪卡侬（昆山）仓储有限公司的 24.84 亿元，规模最小的为昆山浦捷货运代理有限公司的 100 万元。图 5－2 显示了物流企业资产规模的总体分布，资产规模在 1 亿元以上的有 5 家，占到企业总数的 25%，其中 10 亿元以上 4 家，30 亿元以上 1 家。中小规模物流企业数量比较多，1 亿元以下的企业 15 家，占到企业总数的 75%，其中 9 家在 1 000 万元以下，包括 6 家在 500 万元以下。

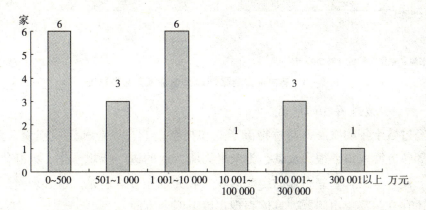

资料来源：花桥统计简编。

图 5－2 花桥物流企业资产规模分布状况

从营业收入来看，扣除掉数据缺乏的江苏恒联国际物流有限公司之外，其余 19 家物流企业 2012 年营业收入总和为 16.48 亿元，收入最高的为迪卡侬（昆山）仓储有限公司的 8.74 亿元，其次为昆山宝湾国际物流有限公司的 3.90 亿元，收入最低的为昆山浦捷货运代理有限公司和昆山顺众达货运代理有限公司的 10 万元。具体的收入状况分布如图 5－3 所示，营业收入在 1 亿元以上的 4 家，1 000 万至 1 亿元之间的 2 家，1 000 万元以下的共 11 家，包括 5 家收入在 100 万元及以下，大部分物流企业额收入低于 1 000 万元，即中小企业居多，这和图 5－2 中关于资产规模的分布状况是一样的，也进一步表明了目前花桥物流企业中，大部分是中小企业规模。

从企业性质来看，在所有的 20 家物流企业中，外商控股企业总共 4 家，分别为迪卡侬（昆山）仓储有限公司、江苏富莱德仓储有限公司、江苏恒联国际物流有限公司、昆山福产流通科技有限公司；其他类企业 14 家；其余 15 家企业均为私人控股企业，占到企业总数量的 75%。虽然外资控股企业数量不多，远远少于本土企业，但是无论是资产规模和营业收入，均在花桥物流业有着举足轻重的作用，如 4 家企业总资产规模达到 73.12 亿元，占 20 家物流企业总资产的 70% 以上，这表明花桥物流业虽然数量上本土企业占优，但是规模上远小于外资企业，本土物流企业发展仍任重道远。

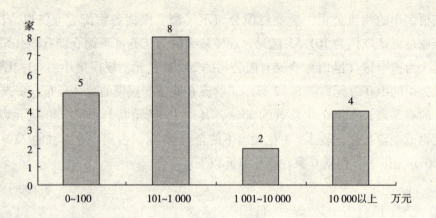

资料来源：根据花桥统计简编编制。

图 5-3　花桥物流企业 2012 年营业收入分布状况

（三）物流业发展存在的问题

尽管经过数十年的发展，花桥物流产业和物流企业在产业和企业规模、企业结构、产业业态等各方面取得了很大成就，为未来物流产业的进一步规模化、集群化和现代化发展提供了良好基础，一些企业已经成为业内领先的企业。但是，也必须看到，目前花桥物流业还存在一些突出问题，具体表现在以下四个方面。

1. 中小物流企业较多，高级别称号的物流企业较少

根据上文对花桥物流企业规模状况的分析可以看到，目前花桥物流业中中小企业较多，而大型物流企业尤其是全国知名物流企业数量较少，获得高级别物流称号的企业（4A 级以上）也很少，区域影响力还比较有限。

我国在《物流企业分类与评估指标》国家标准中，对不同级别的物流企业条件进行了明确的规定，如 4A 级以上物流企业（包括运输、仓储和综合服务型三种类型）最低资产规模在 2 亿元以上，其中运输型物流企业年货运总营业收入 3 亿元以上，仓储型物流企业年仓储营业收入 1.2 亿元以上，综合服务型物流企业年货运营业收入 3 亿元以上，并且营业时间均在两年以上。其他级别如 5A、3A、2A 和 1A 级也都有具体要求。根据国家标准，结合花桥物流企业现状，目前大部分花桥物流企业的等级称号还比较低，据了解，只有江苏恒联国际物流有限公司 1 家企业获得 4A 级物流企业称号，获得高级别物流企业称号的企业还很少。虽然企业成立时间较短是造成这种现象的一个原因，但最主要的原因还是企业规模小，无论是资产规模还是主营业务收入都未达到高级别称号的最低要求，大部分企业只能达到 2A 和 1A 级要求。

2. 传统物流比重大，高端物流比重较小

花桥的物流企业仍然以运输、仓储、货代等低端服务为主，流通加工、定制服务、整体物流方案设计、库存管理、物流成本控制、物流信息化全程跟踪管理等高层次物流增值服务功能还处在发展的初级阶段。大部分物流企业的服务集中于市内配送、单纯仓

储和干线运输，能够开展物流增值服务的企业较少。以花桥目前规模较大的物流企业——迪卡侬（昆山）仓储有限公司为例，其主要从事体育用品及相关系列用品、设备的仓储、包装、加工、修理、组装、出租寄送配套业务，旨在为中国区卖场提供优质的配送保障，业务主要也是集中在传统业务上。

除了高层次物流增值服务之外，花桥物流企业另一高端物流业也比较缺乏，即物流企业的总部经济规模很小，这主要是由于花桥物流企业总部数量微乎其微。根据花桥总部经济资料，目前，只有一家物流企业总部设在花桥，即摩卡储运（昆山）有限公司，但是企业规模并不大，资产规模只有 500 万元，只能算做中型物流企业。而规模比较大的几家物流企业如迪卡侬（昆山）仓储有限公司为迪卡侬物流的子公司，迪卡侬物流中国总部设在上海，花桥是其仓储基地。昆山宝湾国际物流有限公司是宝湾物流在花桥投资的一个物流园区项目，宝湾物流作为深圳赤湾石油基地股份有限公司的物流服务品牌，其总部设在深圳。而昆山福产流通科技有限公司是由英属维京群岛的 Trishine International Group Limited 投资成立的子公司，富莱德仓储有限公司则是由上海富然德投资管理有限公司和凡宜和昆山（香港）控股有限公司共同组建成立的一家中外合资公司，它们总部自然设置在母公司所在地。江苏恒联国际物流有限公司虽然在国际货运代理行业具有领导地位，具备物流行业整体解决方案提供的能力，但其总部位于江苏省昆山市区。由于相对大型的物流公司并没有将总部或区域总部放在花桥，实际上花桥主要是作为这些物流公司的一个园区或项目所在地，起到物流配送的功能，而没有总体运营管理的功能，即作为一个物流节点而不是物流总部或物流职能总部聚集地，处于物流企业价值链的中低端。

3. 物流信息平台不完善，综合性物流园区缺乏

目前，花桥还没有建立一个统一的物流信息平台，难以满足日益增长的信息需求。物流信息的收集和发布是发展现代物流业的重要环节，高效的公共物流信息平台的建设，可以大大提高物流行业利用信息的程度，培养企业捕捉经济发展新机会、对市场需求作出快速反应的能力，对提高物流行业的整体运作水平起着重要作用。目前，花桥物流行业存在一些独立的私人物流信息平台，虽然这些信息平台对于企业内部来说具有重要作用，但从花桥整个物流行业来说，这些平台所包含的信息很不全面，信息来源面窄小，大部分物流公司都靠内部信息系统运作，一部分中小物流企业信息系统很不完善，造成整个物流系统运作成本较高、传递效率低，阻碍了总体物流企业信息化水平的发展。

造成物流信息平台尤其是公共物流信息平台不完善的重要原因是花桥综合性物流园区的缺乏。目前，虽然现在一些大的物流企业诸如迪卡侬（昆山）仓储有限公司、江苏富莱德仓储有限公司、昆山宝湾国际物流有限公司和昆山福产流通科技有限公司等分别建立了自己的物流园区，在园区的基础设施、信息化水平、园区内分工协作方面取得了

很大成就，但是仅仅局限于企业内部，对于很多中小型物流企业来说，无法分享这些私人物流园区的基础设施，更难获取物流信息，因此综合型物流园区以及依赖园区的第四方物流企业的缺乏，导致物流企业各自为政，信息共享机制缺乏，重复建设，市场效率较低，加大了物流成本，影响了物流产业的集群化和规模化发展。

4. 货代公司数量较多，业态还需进一步丰富

总体来看，虽然目前花桥物流业经营业态包括了多种方式，但是同发达国家和国内发达地区物流业相比，物流业态还比较传统，现代新型物流业态比较缺乏，需要扩展和更新现有物流业态，以符合现代物流业的发展趋势。花桥大部分物流企业集中在货运代理、仓储和一般货运上，汽车租赁和快递业分别只有一家企业，并且唯一的一家租赁企业是公交公司，汽车租赁业务规模较小，车种单一，快递公司主要从事当地的快递配送业务，没有涉及快递公司的区域服务业务，如区域调配、供应链管理以及相应的企业管理服务业务。目前快速发展的新型物流业态如物流加工、物流外包服务、供应链管理、物流园区管理等还很少见，缺乏相应以此为主要业务的企业。另外，从物流服务对象来看，大部分物流企业主要从事传统商品的物流服务，尤其是工业化产品，物流附加值较低，像诸如冷链物流、医药物流等以特殊产品为服务对象、具有高技术和高附加值的物流新型业态还比较少，专业化水平还需进一步提高。

在花桥物流业中，货运代理公司包括国内和国际货运代理占据十分重要的位置，在整个物流企业数量中占了六成，超过一半以上，这固然和昆山以及花桥外向型经济发达、国际贸易物流需求较大有密切关系，但同时也反映了花桥物流企业自身基础有待提高。一方面，物流企业相对规模较小，缺乏坚实的实物基础，主要从事相应的货运代理，重点在于为生产企业和实际物流运营企业"牵线搭桥"；另一方面，货运代理企业尤其是国际货运代理企业容易受到国际贸易等宏观经济冲击的影响，在2008年金融危机后，我国的出口增速出现明显下降，未来很长一段时间内可能无法实现高增长，这对国际贸易运输需求产生不利影响，进而对国际货运代理及部分国内货运代理业产生影响。货运代理公司比重较大，在现有的宏观经济环境下将限制花桥物流企业的健康发展。

三、现代物流业面临的机遇与挑战

（一）优势与机遇

1. 区位优势

花桥东依上海国际汽车城，西邻苏州工业园区，西距昆山市中心16公里，东离上海市中心人民广场20公里，距上海虹桥国际机场、高速铁路虹桥枢纽25公里，距浦东国际机场80公里。交通和区位优势十分明显。公路方面，312国道东西向穿越全境，沪宁高速公路、同三高速公路在此交会，并有互通出入。沪宁高速公路花桥、陆家互通，

苏沪高速公路机场路互通，可从东、南、北三个方向为花桥提供便捷的交通服务。铁路方面，昆山与上海之间对开的城际快速列车，仅需 18 分钟就可以互达。良好的区位优势为花桥发展现代物流业提供了良好的地理基础。从花桥现有物流企业的市场定位也可以看到花桥的区位优势，以江苏富莱德仓储有限公司为例，其之所以在花桥建立物理基地，就是因为花桥毗邻上海国际汽车城和昆山经济技术开发区及高新技术开发区，依靠花桥良好的区位优势、完善的交通网络以及较低的运营成本，可以有效服务上海经济圈，辐射整个华东地区，为长三角地区的区域配送、国际物流以及生产配套物流业务的企业提供服务。

2. 产业优势和外向型经济优势

物流业作为一个与制造业密切关系的服务业行业，除了优越的区位优势之外，当地及周边地区雄厚的产业基础尤其是制造业基础是物流业发展的重要保证。花桥除了拥有良好的区位之外，还背靠昆山和上海为代表的长三角制造业作为基础，因此，雄厚的区域产业基础和产业特征为花桥物流业的快速发展提供了需求保证，具体表现在三个方面。

其一，昆山雄厚的制造业基础。作为中国经济实力最强的县级市，昆山连续多年被评为全国百强县之首，具有非常强的制造业产业基础。通过多年的发展，昆山从原来为外资企业简单组装加工和电子信息产业单一的产业结构发展成为传统产业和新兴战略性产业共同发展、逐渐占据价值链中上游的产业格局，产业集聚效应凸显。目前，昆山已经形成了 1 个千亿级产业集群和 10 个百亿级产业集群，其中 IT 产业（通信设备、计算机及其他电子设备）实现产值 4 861.98 亿元，占规模以上工业产值的比重为 63.0%，昆山已经成为全球电子信息产业重要的生产中心。装备制造产业（包括通用设备制造、专用设备制造、交通运输设备制造等）、精细化工和民生用品等其他支柱产业发展平稳。新兴产业不断壮大。物联网、新能源、新材料、新医药、新型平板显示、高端装备制造等战略性新兴产业不断涌现。发达的制造业现状以及良好的发展势头产生了巨大的物流现实和未来需求，不断为花桥同时也为整个昆山的物流业发展提供了动力。

其二，昆山的外向型经济特点。积极利用外资和进出口国际贸易、融入全球价值链体系是昆山经济高速增长的重要经验，据统计，2012 年实际利用外资 18.02 亿美元，实现进出口总额 865.68 亿美元，其中出口 555.17 亿美元，外贸依存度为 200.4%。虽然从历史趋势来看，昆山的外贸依存度总体上不断下降，如 2005 年为 372.8%，2010 年为 259%，2012 年为 200.4%，但总体水平很高，并明显高于同类地区，如周边的江苏吴江以及经济总量相近的广东顺德等。外向型的经济对国际贸易高度依赖，并构建了全球性的产业链和多层的生产体系，大量原材料、中间品、最终品需要不断在国内外进行流动，如昆山作为全球最大的笔记本电脑生产基地，形成了一条基本完整的笔记本电脑产业链，每年新增产量近 800 万台，其中一个重要原因就是快速的进出口速度。昆山市政府、检验检疫、海关等部门通力配合，采用了国际市场最先进的模式——"982"，即98%的产品从零部件进来到成品交货只要两天，昆山企业能轻松实现。在这个生产模式和体系中，物流是一个至关重要的环节，无论是国际贸易还是区内贸易以及区际贸易，都离不开物流的支持，昆山其他很多产业也很类似。对于花桥来说，除了制造业外向特征之外，大量商贸企业聚集也产生了大规模的国际国内贸易需求，并间接产生大量物流需求，如目前花桥企业总部中，数量最多的是商贸类企业，包括综合商贸、特定产品商贸，代表性的如好孩子商贸、哈森商贸等，这些商贸企业同时也对应着大量的物流需求。

其三，周边沪西北区域的产业发展。由于花桥紧邻上海嘉定区，处于上海进入江苏的重要通道上，因此以上海嘉定为主体的上海西北区域的产业发展也为花桥物流业提供了产业基础。沪西北区域产业主要包括有：

一是上海国际汽车城的综合开发和建设。位于嘉定区安亭镇的上海国际汽车城作为上海市四大产业基地之一，将被建成集研发、制造、贸易、物流、服务、博览等功能于一体的新兴产业经济区域，并将成为我国汽车贸易的核心市场和重要集散地。上海国际汽车城的建设，对花桥物流业具有一定的拉动作用和辐射效应。

二是嘉定工业北区和周边工业园区的开发建设。周边工业园区包括马陆、南翔、江桥等园区，积聚了太太乐鸡精、新大洲摩托等众多国内外知名企业，在电器、食品、服装、机械、医疗器械等制造业领域具有坚实基础，也为花桥物流的发展提供一定的产业基础和物流市场需求。

三是嘉定第三产业的迅猛发展。目前，嘉定区的南翔、江桥和真新等板块将重点发展物流、房产和商业。204 国道、312 国道沿线除国际汽车城以外，上海江桥商业中心、上海市轻纺市场、嘉定农副产品交易中心、嘉定农副产品综合市场、上海胶合板批发市场、上海东方汽配城和曹安路商贸城等大中型市场，正在打造和构建服务上海、辐射全国的集购销、仓储、加工、转运为一体的商流物流基地。花桥作为上海进入以苏南为代表的长三角区域及内地广大腹地的重要枢纽，沪西北嘉定的第三产业尤其是商贸物流发展将为花桥物流业发展提供很多市场需求。

3. 上海物流业的区域转移及自贸区建立带来的机遇

上海自由贸易区的建立，通过贸易便利化、航运中心功能提升（包括推动中转集拼业务的发展）、鼓励企业内外贸一体化发展，以及建立国际大宗商品交易和配置平台等措施，将进一步推动上海作为贸易中心的地位，贸易量包括直接贸易和原先中转香港等地的转口贸易将提高，一些具有贸易、物流、结算等功能的大型企业运营中心将建立，与国际贸易密切相关的物流行业将得到快速发展，一批物流企业总部将设立。国外有自由贸易区经过十年的发展，对腹地采购投入增加十倍以上的例子，出口增加将更大，因此，上海自由贸易区建立将围绕上海自贸区出现一个国际物流网络圈，自贸区作为国际物流转运中心，汇集物流产业高端，并通过企业的供应链体系和贸易的后向联系，带动昆山以及花桥等地物流企业层次和结构的升级。

通过长期与上海贸易中心的配套，花桥在基础设施、物流企业规模和能力以及相应的人力资源等方面都具有一定的基础，由于上海自贸区面积有限，只能发展高端物流业，如物流总部、结算中心等，物流过程中很多具体工作无法在自贸区内实现，如大量的运输、仓储、货代和简单加工等，这为花桥发展物流业提供了良好机遇。同时，围绕着这些具体物流过程，自贸区内的物流企业总部或职能中心有可能将分离部分职能到花桥，构建职能中心或者次级物流中心。

（二）劣势与挑战

1. 周边区域的竞争

物流业作为现代服务业的一个重要组成部分，其发展得到了各地政府的大力支持。目前，花桥周边地区已经发展出一些成熟的物流园区，其他一些则在快速发展和扩张中，很多物流园区在功能上比较相似，各地的优惠政策也比较类似，这些都对花桥发展现代物流业产生了直接的竞争和挑战。周边代表性的物流中心或物流园区包括：

一是苏州其他县市的物流中心。苏州地处中国沿海经济开放带和长江经济发展带的两带交会地区，是沟通苏北、江浙的交通走廊，又是距上海最近的中心城市。在苏州市的物流规划中提出，要将苏州市建设成为苏锡常城市圈的物流枢纽城市、江苏与浙江间的物流交换枢纽城市和上海国际航运中心的辅助物流枢纽城市。

根据《苏州市内河港口及寄泊站规划》和苏州市沪宁、沿江、太湖和沿沪四大产业带总体布局，苏州未来重点发展10大物流园，包括2个国际货运枢纽型物流园、5个综合型物流园和3个时效性区域运送型物流园。2个国际货运枢纽型物流园区分别位于苏州高新区和昆山市。5个综合型物流园区分别是苏州工业园区的唯亭物流园、张家港保税区及张家港港区内的张家港物流园区、太仓港区的太仓物流园区、相城区陆慕镇的陆慕物流园区和吴江市境内的东南物流园区。3个时效性区域运送型物流园区是常熟物流园区，主要服务于常熟市和常熟港区，并作为苏北和苏南重要的货物交换枢纽；白洋湾的白洋湾物流园区；盛泽镇的盛泽物流园区。虽然总体上苏州物流园规划各自分工很明确，定位合理，但是各物流园之间不可避免将产生竞争，这对花桥发展物流中心和物流园产生影响，并影响到花桥物流产业的发展。

二是千灯现代商贸物流园。千灯现代商贸物流园位于千灯镇东南部，南靠苏沪高速公路，东、西以机场路和黄浦江路两条快速路为界，北侧是城市主干道玉溪路，目前物流园已引进嘉里大通物流、普洛斯物流等多家大型物流企业和相关配套项目，新邦物流、宝湾物流、穿山甲供应链等企业也纷纷洽谈入驻。未来千灯物流园区将打造成为一个集聚仓储物流、商贸市场、总部功能、研发中心于一体，能够对接上海国际大都市辐射，融合昆山国家开发区、综合保税区的现代商贸物流园。由于花桥和千灯物流园区距离较近，千灯物流园区的建立和发展毫无疑问将会吸引花桥一部分物流需求，以至一部分现有的物流企业。

三是上海西北综合物流园区（江桥基地）。上海西北综合物流园区（江桥基地）又名江桥物流园，位于嘉定区江桥镇，是"十一五"期间上海市重点建设的四大物流园区之一。江桥物流园区具备公路、铁路、航运多式联运的交通条件，是上海通往江、浙及长江三角洲腹地的咽喉要道。根据园区发展规划，江桥物流园区将积极探索和推动物流产业与制造业、贸易业、金融业和信息业（电子商务）相融合，重点建设以航空快递、交易展示、地区采购、冷链配送等为主的上海西郊一流精品物流基地。目前已吸引了诸如中外运上海冷链物流中心、中储发展股份有限公司等国内外知名物流企业入驻园区。江桥物流园与花桥之间将产生直接的竞争关系。首先，两者区位相近并接壤，和花桥一样，江桥物流园区也处于上海和江苏之间的位置，并紧靠上海虹桥枢纽，其东、南两边界更是与虹桥商务功能拓展区共享；其次，江桥物流园区具备公路、铁路、航运多式联运的交通条件，园区选在204国道、312国道、嘉金、沪宁高速公路和沪宁、沪杭铁路的汇集处，通过外环线又能与上海重要的车站、码头、仓库、机场取得良好的联系，交通条件和花桥一样都十分优越；再次，江桥的基础设施和产业基础比较雄厚，江桥物流园区拥有较为完善的基础设施，物流产业发展良好，物流园区建设良好，除了依托大上海和长三角的产业基础之外，江桥物流园区还直接依托周边的产业基础，包括上海国际汽车城、嘉定工业北区和周边工业园区以及嘉定南部板块等；最后，两者定位上也比较接近，江桥物流园区将以电子商务交易为特色，打造集网络销售中心、产品体验中心、商品采购中心、物流配送中心等于一体的陆路口岸型物流园区，其中，网络销售中心和物流配送中心是发展重点。而根据花桥产业特征，花桥物流产业也将以销售中心和物流配送中心为重点，这和江桥产生业务重合。

2. 中高端物流人才缺乏

在中国物流业普遍缺乏现代物流运作和管理的高端复合型专业人才，在花桥乃至昆山，物流专业人才也同样缺乏，尤其是以物流配送总监、市场拓展总监、仓储经理、采购经理、国际货代销售主管等为代表的物流行业中高级管理人员以及掌握现代化经济贸易、运输与物流理论和技能，且有较高外语水平、了解进出口贸易业务、电子商务的国际复合型管理人才十分缺乏。大部分物流企业普通员工意识不强，缺少开拓市场的主动意识，成为制约花桥物流业发展的瓶颈。花桥物流教育和物流人才培育也跟不上现实发展的要求，昆山目前还没有开设物流专业的院校包括高级职业技术院校，物流人才培养先天不足，主要依靠外部吸引和招聘。另外，社会上的物流培训机构和认证市场发展不足，认证质量不高，亦阻碍物流人才的进一步培养和发展。

虽然目前还没有对花桥物流业从业人员学历等方面的统计资料，但是根据2011年底昆山对交通运输业等4个行业近900家限上单位的就业人员学历层次的统计数据，结果表明：交通运输业中大专以下学历人员占比在70%以上，花桥物流业人员状况应该也大抵如此，中高端物流人才的缺乏直接制约了花桥物流业的发展。

3. 上海自贸区的短期吸收效应

尽管从总体来看，上海自贸区的建立将通过外溢效应对花桥物流业产生正向影响，但短期内，其也可能对花桥物流业产生一些不利影响。上海自贸区内的优惠政策，使得花桥大型外向型企业可能将物流总部跟随企业总部迁移到自贸区内，仅将昆山作为物流节点，降低物流业层次。也可能促使花桥一些物流企业尤其是一些大型国际货代公司，将业务转移至上海自贸区内，以便更好地服务跨国公司和国内贸易公司，从而产生吸收效应。

四、现代物流业发展方向和政策建议

（一）制定和实施花桥物流发展规划

规划是政府在市场经济条件下引导经济发展的基本手段之一。全球及我国各地物流产业的快速发展经验告诉我们，政府要引导现代物流业加快发展，首先必须有一个好的发展规划。因此，制定花桥经济开发区物流产业发展的总体规划成为一个重要的环节。在制定花桥现代物流业发展规划时，应把握好以下几个关键环节。一是要注意与昆山市现代物流业发展总体规划和花桥国民经济发展的总体规划相衔接，紧紧围绕昆山全市现代物流业发展的总体规划来制定本地区的具体发展规划。二是要与周边地区现代物流业发展的规划相衔接，要深入调查了解开发区与周边现代物流业发展的基本情况和未来规划，注意加强配合和衔接，制定能和花桥经济开发区密切配合、促进昆山市整体物流形成的区域性现代物流业发展规划。三是要详细具体，便于操作。制定物流业发展规划要详细、具体、能够把握和操作，规划越是详细、具体，越有利于规划的落实和实现。

（二）引进品牌物流企业，打造综合型物流园区

目前，花桥的大型、知名物流企业包括第四方物流企业还比较缺乏，尤其是缺乏大型综合性的物流园区，导致物流平台总体比较缺乏，社会总体物流成本较高。花桥经济开发区管委会也提出，要创新物流产业平台，大力发展以第三、四方物流和供应链管理为主的高端物流产业，打造沪宁经济走廊上重要的现代物流园区。为了实现这一目标，花桥管委会需要进一步加大政策优惠力度，对不同物流业态采取有差别的优惠政策，重点引进高端物流企业，尤其是国内外知名的大型物流企业、为品牌商服务的物流企业和高端物流业态，鼓励它们在花桥设立分支机构或区域总部。积极打造国内先进的综合物流园区，可通过企业主导、政府参股的方式，并为其提供土地、税收等政策优惠，加强综合物流园区的基础设施建设，并以此为龙头，进一步整合已建、在建中的几个综合物流载体，从而逐步形成花桥物流空间的新格局，不断提升花桥物流产业层次和结构。

（三）积极完善物流信息平台，加强信息化水平建设

现代物流业是一个十分依赖信息技术的行业，随着电子商务的快速发展，建立完善的物流信息平台已是形势所需。花桥要发展好现代物流产业，就必须继续加大投入，在现有基础上扩大信息容量、积极实施企业上网工程，迅速搭建企业物流管理信息平台，将制造商、供应商以及货主、用户联系起来，实现对物流各环节的实时跟踪，有效控制和全程管理，达到资源共享、信息共用。花桥物流产业公共信息平台建设应以本地物流产业发展的总体规划为指导，统一领导，以物流产业重点项目为支撑，多方面参与。而信息网络建设方面，一是要引导和支持企业积极开发和应用企业资源计划、供应链管理等先进的管理系统，实现现代物流管理的集成化和智能化；二是要推进信息技术在现代物流领域的应用，鼓励企业应用物联网、云计算、互联网络、电子数据交换、全球卫星定位系统、地理信息系统、智能交通系统、条形码、电子自动订货系统等技术，提高现代物流业的信息化水平。

（四）配合海峡两岸（昆山）商贸示范区建设，打造海关监管物流园区

昆山深化两岸产业合作试验区的国批为在建的海峡两岸（昆山）商贸示范区提供了诸多优惠政策，包括支持符合条件的贸易企业适用加工贸易便利化措施和放宽台湾原产地产品的检验检疫准入，简化审批手续，实行人民币与新台币现汇下双向兑换试点，鼓励区内开展个人跨境人民币业务等，这些都将降低台湾商品进入大陆市场的成本，使得商贸示范区成为两岸贸易的"桥头堡"，也将在未来大幅增加两岸间的贸易规模。为了更好地利用昆山试验区的政策，服务于两岸商品的快速流通，建议花桥积极在现有的商贸示范区内建设海关监管物流园区，通过建立保税仓库、完善的电子化海关监管平台以及基于保税仓库的物流信息平台，将海关监管系统与跨境贸易的物流系统有机结合，通过高效的物流系统进一步强化商贸示范区的优势，提高商贸示范区的功能，从而聚集更多的贸易商、运营商和消费者，真正将商贸示范区打造成为台湾商品进入大陆以及大陆商品进入台湾的"第一平台"。

（五）优化物流人才政策，培养物流人才

物流行业是当前经济领域中人才短缺的重点领域之一，物流人才匮乏，特别是缺少专门从事物流信息系统管理的专业和高层次人才，因此花桥要打造物流这个未来重点发展产业，需要加快物流人才的引进和培养工作。一是优化目前的人才政策，对服务于花桥物流业发展方向的紧缺人才，尤其是高端物流人才和具有国际贸易知识与经验的物流复合型人才，加大政策扶持力度，如引进的物流中高级技术人员与高级管理人员，可享受花桥引进人才政策。二是引导行业组织及民办教育机构，联合国内相应高校和科研机构，参与现代物流人才的培训和教育工作，组织规范化的岗位培训、继续教育和资质证书教育，采取学历教育与在职培训相结合的模式，规范物流行业管理秩序。积极推动物流企业以建立研究生工作站、物流专业实习基地等方式推动企业与高校之间的合作，培

育具有高度专业知识和操作技巧的复合型物流人才。

（六）跟踪研究和应对上海自贸区建立的影响

上文中虽然简要分析了上海自贸区建立对花桥物流业的可能影响，但这些都还仅是理论上的分析，具体的实际影响以及花桥管委会所需要采取的应对措施还需要未来作细致的跟踪研究，分析具体企业的实际变化，并及时作出相应的政策变化来扬长避短，充分利用上海自贸区的溢出和正面效应，规避其吸收和负面效应。

五、案例研究和经验借鉴

（一）花桥典型物流企业发展状况

案例：迪卡侬仓储

2013 年 2 月 26 日，全球体育用品生产与销售领军型企业——迪卡侬（昆山）仓储有限公司花桥物流仓库正式启用，将为其在上海、北京、南京、无锡、广州、深圳等 10 个城市的 19 家大型迪卡侬运动超市提供优质配送物流服务。

迪卡侬（昆山）仓储有限公司于 2007 年入驻花桥，主要从事体育用品及相关系列用品、设备的仓储、包装、加工、修理、组装、出租寄送配套业务，旨在为中国区卖场提供优质的配送保障。2010 年迪卡侬计划在中国增建 10 家大型运动超市，而花桥库将为此提供高效的配送保障，助推迪卡侬中国事业的发展壮大。

（二）经验借鉴

案例 1：传化公路港模式和借鉴

传化公路港模式起初是浙江传化公路港物流发展有限公司所采用的一种运营方式，通过建设大型公路港平台集聚与整合物流资源，成功实现了物流企业和社会车辆这两大物流主体在平台内"集约化经营、信息化管理"的目标。传化从 1997 年开始进入物流行业，现已形成多个综合性现代物流基地共同运作的企业集团。传化公路港第四方物流平台运营模式可以概括为物流需求整合、物流网络整合、物流服务整合和运营主体整合。

1. 物流需求整合。小批量、多频次的货物运输是困扰物流企业和流通企业的难点。如何降低物流成本，保障物流服务质量，实现货物运输的时效性？浙江传化物流基地背靠有较强物流需求的区域，为工业企业和流通企业提供物流服务，汇聚大量的物流服务的供方和需方企业，这一规模是任何单个企业都无法实现的。通过传化物流平台这一大载体，形成了一个综合性的物流商务交易市场，物流服务和物流交易信息都在这个平台上集聚，物流需求方和供应方在平台上接洽，进行"一对一"或者"一对多"、"多对多"的谈判，甚至还可以采取由基地提供一揽子物流服务的形式。物流需求的高度集聚，客观上促进了区域经济的快速发展，推动了制造业与流通业物流外包，加速了物流社会化、市场化的进程。

2. 物流网络整合。在传化公路港物流平台上，每家入驻企业将其物流网络拿出来共享，在这个统一的平台上，各家各户的单独网络汇聚成了整个物流基地的大网络，使物流网络资源得到充分的利用，物流平台的服务功能更加完善，物流效率得以提升。传化浙江基地集聚了多家从事不同运输方式的物流企业，如铁路、水路等，充分利用它们的运输网络资源，从事水陆联运。而且，零担货运通过整合不同物流企业的专线资源，形成覆盖全国不同城市的货运网络。这样，不同线路资源可以整合，不同运输方式之间可以有效衔接，同时，返程的货运需求也可以整合，使得返程空驶大大减少。在传化港第四方物流平台上运营的第三方物流企业之间是竞合关系，既有物流服务水平上的竞争，同时彼此联合共同完成特定的服务需求。通过将物流企业的网络资源整合起来，可以使得物流基地具有更强的辐射力，同时物流企业也有发展空间。

3. 物流服务整合。传化公路港致力于整合多项物流服务，为客户提供综合性的一揽子物流解决方案。其面向客户主要提供六个方面的服务功能：

（1）物流服务交易中心。将物流服务需求信息和物流服务供给信息，通过平台信息系统的整合后，在交易中心的大屏幕上发布，客户可以及时查询和交易。

（2）信息中心。传化公路港的信息系统包括货运交易子系统、车辆管理子系统、仓储管理子系统、配送管理子系统等，为入驻的第三方物流企业提供信息服务。

（3）运输中心。包括水路、铁路、公路和多式联运等多种运输方式，融合多种服务需求，能够提供各种专业的运输服务。

（4）仓储中心。物流基地内包括普通仓库、零担库和按客户需要定制的个性化仓库。

（5）配送中心。通过标准化业务流程，为企业提供专业的配送物流服务。

（6）多式联运中心。利用传化物流基地的立体交通优势，支持物流企业的多式联运业务。

此外，传化物流基地还提供多种配套服务。如工商、税务、海关等部门的现场监管，银行、保险、通信网络等运营商的支持服务等。

4. 运营主体整合。传化公路港有效服务于五类主体，即物流企业、货主企业、政府与中介服务机构、社会车辆、配套供应商，为它们提供设施设备物业服务、生活后勤配套服务、行政事务代理服务、信息支持服务和商务配套服务等，体现了服务特性，是基于有形市场和资源整合之上的多层次服务平台。有大量的物流经营户在空间上聚集和交易，具有集聚、整合、辐射等效应。传化公路港引进的物流企业中，不仅包括从事公路运输业务的物流企业，还包括从事内陆水运、铁路运输、航空代理等服务的物流企业，使得基地内物流企业的不同物流主体的资源互补，形成了干线运输、短途配送和零担运输的专业分工，形成了物流企业在相互合作基础上形成的全方位物流服务功能。

案例2：德国不莱梅物流园中政府角色定位

德国不莱梅物流园区最初由德国海运与物流研究所艾克斯坦提出的建设方案，经由不莱梅政府的同意于1985年建立。目前，作为德国入驻率最高的不莱梅物流园区已有190多家物流企业入驻，取得了一定的社会和经济效益，成为德国物流园区发展的典范，运营近三十年来，历经了许多的成功与失败。

不莱梅物流园区选址位于距不莱梅内港及内河港口20公里处，临近不莱梅铁路编组站，与公铁路相连，其投资是由不莱梅州政府采用直接投资与土地置换的方式进行的。不莱梅园区的原址为占地200公顷的盐碱地，该盐碱地是不莱梅州政府以每平方米6~8马克的价格从当地的农民或牧民中征用，并由经济促进公司来负责其建设工作。该经济促进公司是由来自政府的相关部门如经济部、交通部、海关等，工商会、运输企业以及企业联合会等人员组成的。经济促进公司是一个私营的事业单位，因此，凡是进入到经济促进公司的政府部门人员都要失去公务员这个身份。经济促进公司在物流园区的建设中主要负责其基础设施的建设，此外还负责物流园区的招商工作。

经济促进公司在完成不莱梅物流园区的"三通一平"及与之相关的基础设施建设后，以招商的方式吸引众多的物流企业入驻不莱梅物流园区，入驻的企业将负责建设地面上的设施、建筑。这个过程的完成分三个阶段进行，目的是将现有的200公顷土地全部卖出去或租出去。第一阶段，土地既卖又租。以每平方米30马克的价格来卖土地，以每平方米4.29马克的租金来出租土地，租用三十年后再签协议。第二阶段，只卖不租。以每平方米50马克的价格来卖土地。第三阶段，土地以每平方米70马克的价格来卖。这样，第一期投资共计10亿马克，其中不莱梅政府利用土地的置换、卖出土地的价差和政府税收的方式投资5亿马克，入驻到物流园区的企业投资5亿马克。

不莱梅物流园区的经营管理采取股份制形式，其中州政府出资占1/4，入驻企业出资占3/4，并有高效的组织管理机构——股东大会，其下设物流中心发展公司。物流中心发展公司是由三人构成，股东大会负责聘任总经理，大型物流企业的经理是候选人，其他的人员由发展公司来负责聘任。入驻企业的会费，车辆的加油、维修及食堂服务的盈利和州政府的补贴构成物流中心发展公司的费用，其任务主要是负责园区的对外联系与对外招商，解决水电、食堂、车辆加油、维修等园区内的问题。不莱梅州政府并不干涉物流园区的经营，物流园区的发展公司也不干涉物流园区企业自身的经营活动，但会以充分利用资源、节约能源的角度出发对园区内的企业进行相应的沟通和协调。

目前，不莱梅物流园区拥有高度密集的基础设施，公路、铁路、水路等设施建设齐全，还提供通信、加油、维修、清洗、食堂等综合的后勤服务，多式联运方式与统一配送被普遍运用，大批专业化的物流企业应运而生，使不莱梅物流园区成为欧洲重要的物流中转基地之一，集物流、转运及仓储于一体。

不莱梅物流园区发展成功的一个特点就是政府在园区发展中起到了极其重要的作

用。正是政府在不莱梅物流园区发展中的独特角色定位才促成不莱梅物流园区的高效运营，成为德国物流园区发展的典范。

[参考文献]

1. 刘南、李燕：《现代物流与经济增长的关系研究——基于浙江省的实证分析》，载《管理工程学报》，2007（1）。

2. 杨春河：《现代物流产业集群形成和演进模式研究》，北京交通大学 2008 年博士论文。

3. 鞠鸽腾：《现代物流园区的功能规划与建设——以上海市嘉定区江桥镇现代物流园区为例的研究》，载《上海经济研究》，2003（2）。

4. 宋耀华、侯汉平：《论传统物流与现代物流》，载《北京交通大学学报（社会科学版）》，2004（1）。

5. 孙鹏、罗新星：《现代物流服务业与制造业发展的协同关系研究》，载《财经论丛》，2012（5）。

6. 毛敏、温兆康：《我国货运市场"公路港"物流模式研究——基于成都传化物流基地实例的研究》，载《江苏商论》，2011（5）。

第六章　商贸服务业

伴随着花桥经济的转型升级，商贸服务业已日益成为经济运行中的主导产业和支柱产业，不仅对提供税收和就业岗位的贡献突出，而且对资源和能源的消耗较少。商贸服务业的发展与人民生活密切相关，是扩大内需、拉动消费的重要途径，是推动经济发展和提高人民生活水平的重要力量。

一、商贸服务业的内涵与理论基础

（一）商贸服务业的概念与特征

服务业指除农业、工业和建筑业以外的所有行业，即国际通行的产业划分标准中的第三产业。而商贸服务业以竞争能力强、行业内容多、涉及范围广等特点，位居服务业领先地位。商贸服务业是指与商品交换和商品流动直接相关的所有行业，通常指长期以来由商务部门为主管理的、与企业商务贸易活动以及老百姓的生活密切相关的服务业，按照中国《国民经济行业分类》，商贸服务业主要包括零售业、批发业、餐饮业、住宿业、租赁业、居民服务业以及商务服务业、物流业、典当业、拍卖业和部分娱乐业等其他服务业。商贸服务业与社会公众的生活息息相关，涵盖连锁经营、商品总经销、消费信贷、物流配送、电话和电视购物等；社区便利店、大众餐饮、早餐服务、洗衣保洁、美容美发、康体健身、家政服务、家电修理服务、废旧物资回收、汽车维修服务等；名优新特地产品开发、贸工农和产销一体化经营、老字号商业的挖掘保护和开发经营、反商业欺诈信息平台等；各类专业性展览会、商品博览会、交易会等；商业步行街、特色商业街、仓储式商场、综合超市、专业超市、专业店、社区生鲜超市、生鲜食品和净菜加工配送中心、特色餐馆（餐厅）、商务会所、物流配送中心、汽车专卖4S店、农资连锁超市、乡镇超市、村级超市（便利店）、食品店、果菜店、日用品店、便利店、品牌服饰专卖店、专业市场、社区小型菜市场、农副产品批发市场、区域商业中心建设等。

现代商贸服务业具有"三新"、"三高"的特征，"三新"即新技术、新业态、新方式；"三高"即高人力资本含量、高技术含量、高附加值。

（二）相关概念辨析

与商贸服务业相关的概念包括商业服务业、商务服务业、流通服务业、营销服务业等，这些概念之间既有联系，也有区别。在此作一简单比较，以加深对商贸服务业内涵与外延的理解。

商业服务业是一个传统概念，主要限于批发、零售、连锁经营等业务内容，但随着市场经济的发展，其内涵、外延不断扩大，各个领域对这一概念的理解差异很大。

商务服务业是较新的一种提法，按照世界贸易组织关于服务贸易的 12 大类分类，商务服务是其中的一个大类，主要指在商务活动中涉及的服务交换活动，既包括个人消费的服务，也包括企业和政府消费的服务。具体可将其细类分为专业性（包括咨询）服务、计算机及相关服务、研究与开发服务、不动产服务、设备租赁服务、会议展览等其他服务。

流通服务业的提法与"商贸服务业"有相近之处。所谓"流通"原来是指按照马克思关于社会再生产过程（生产、分配、交换和消费）理论，"以货币为媒介的商品交换"，既包括内贸，也包括外贸，但不包含研究与开发服务、管理咨询、会议展览等其他与商务发展相关的服务。

营销服务业也是一个比较新的提法，它是介于生产与消费（含生活消费和生产消费）之间，且与商品和服务销售相关的各种服务。随着生产与消费的发展，营销服务的范围和外延不断随之扩展。

商贸服务业的外延既包括传统意义上的内贸，也包括了外贸，但主要是与货物商品相关的贸易服务，一般不包含研究与开发服务、管理咨询、会议展览等其他与商务发展相关的服务。

（三）发展商贸服务业的意义

1. 理论分析

其一，现代商贸服务业是社会再生产顺利运行的重要保障。现代商贸服务业在社会再生产中处于生产与消费的中介地位，这种中介地位决定了现代商贸服务业的基本职能是使商品从生产领域进入消费领域，实现商品的价值和使用价值，实现生产与消费的连接。此外，商贸服务业还通过不断开拓市场，为产品打开销路，扩大商品流通规模，从而推动了生产规模的扩大；同时商贸服务业还通过加快商品交换速度，减少商品流通时间，加速了社会资本的周转。可见，现代商贸服务业对社会再生产的发展具有关键作用。

其二，现代商贸服务业可以降低社会交易成本。在商品经济条件下，社会再生产过程是生产过程和流通过程的统一。用于流通的资金增长，意味着用于直接生产的资金会减少。作为专门从事商品交换的商贸业，一方面集中组织商品流通，节约社会劳动；另一方面，由于在商品流通领域资金周转速度较快，因此占用的资金也较少，在用于生产的资金不变的情况下，意味着社会总资金的节约。除此之外，商贸服务业的发展，尤其是商业活动中的技术创新和制度创新，大大降低了单位商品交易的成本，促进了全社会范围内经济效益的提高。

其三，现代商贸服务业能够不断扩大市场范围。现代商贸服务业为了追逐利润，将越来越多的产品、越来越多的领域、越来越大的地区纳入市场。商贸服务业的开拓起初只是局限在城市的范围，现在几乎已经延伸到包括城镇、乡村在内的所有地方。商贸服务业摧毁了自然经济的樊篱，日益将各地区、各部门、各行业纳入商品经济的范围，促使市场的不断扩张。

其四，现代商贸服务业促使资源配置的社会化。传统观点认为，商贸流通主要是指有形商品的流通，流通是在马克思主义政治经济学里社会再生产中生产、交换、消费、分配四个环节的一个重要环节。但随着社会生产力的大力发展，流通的概念已经由传统有形意义上的概念大大延伸了，泛指可以流动的要素的流动，如资金的流通、商品的流通、物品（不在市场上售卖）的流通、信息的流通、文化观念的流通等。这样就形成了一个大流通、大交换、大贸易的概念，现代商贸服务业是与每个人、每个企业、每个产业都息息相关的产业，在全国甚至在全球范围内配置商贸资源成为经济发展的必然选择。正因如此，大量的大型国内外零售企业在全国范围内布点，以谋取本企业在整个商贸市场的制高点。

2. 现实意义

投资、消费、出口是拉动经济增长的"三驾马车"，其中消费是最终需求，是经济发展的主要动力。商贸服务业是连接生产和消费的桥梁和纽带，对拉动经济增长、引导消费、扩大就业有着十分重要的作用。"无商不活、无商不富"，加快商贸服务业发展，对于促进地区经济发展具有重要意义，具体表现为：一是有利于缓解社会就业压力、提高城镇居民收入水平；二是有利于实现商品的顺利流通，保持经济社会健康、持续、快速发展；三是有利于缓解资源要素和生态环境制约，推动经济发展方式转变；四是有利于培育新的经济增长点，推进产业结构升级，提高经济的综合竞争力；五是有利于促进社会事业全面发展，提高人民生活水平，推进和谐社会建设。

二、商贸服务业发展现状

总体而言，花桥商贸服务业起步较早，最早可追溯到1995年成立的江苏明珠家用设备集成有限公司，但其发展最为迅速的时期还是最近五年，2008—2012年注册成立了很多新的销售公司，商贸服务业如今在花桥经济增长和发展中发挥了不可替代的重要作用。

（一）商贸服务业发展的总量特征

一是商贸服务业在花桥经济发展中占据重要地位。将2010—2012年花桥GDP和商贸服务业等相关数据整理如表6-1所示。

表 6 – 1　　　　　　　2010—2012 年花桥商贸服务业及其对 GDP 增长的贡献　　　　单位：亿元,%

年份 指标	2010	2011	2012
地区生产总值（GDP）	91.23	113.02	141.48
其中：服务业增加值	50.01	67.02	95.04
其中：商贸服务业（销售公司）增加值	11.82	16.11	22.94
商贸服务业增加值占全部服务业增加值的比重	23.64	24.04	24.14
商贸服务业增加值占 GDP 的比重	12.96	14.25	16.21
商贸服务业对花桥经济（GDP）增长的贡献率	16.09	19.73	24.89

资料来源：根据花桥统计简编整理。

从表 6 – 1 可以看出，在花桥经济开发区 GDP 构成中，服务业占据了一半以上的比重，其中 2012 年更是高达 67.18%，而商贸服务业增加值占全部服务业增加值的比重、商贸服务业增加值占 GDP 的比重都有逐年提高的趋势。更为重要的是，2010 年、2011 年和 2012 年，商贸服务业对花桥 GDP 增长的贡献率分别达到 16.09%、19.73% 和 24.89%，这显示出花桥商贸服务业对其 GDP 的贡献度日益增大，成为花桥经济发展中不可或缺的重要行业之一。据不完全统计（不含部分未报送数据企业），花桥商贸服务业（销售公司）解决就业超过 15 000 人。

二是商贸服务业增加值的增速较快，成为扩大消费需求的主导力量。消费包括商品性消费和服务性消费两大部分，商贸服务业以商品性消费为主，是拉动消费需求的主导力量。2010 年，花桥经济开发区服务业实现增加值 50.01 亿元，其中商贸服务业（销售公司）实现增加值 11.82 亿元，同比增长 44.6%，占服务业增加值比重为 23.64%。2011 年，花桥经济开发区服务业实现增加值 67.02 亿元，其中商贸服务业（销售公司）实现增加值 16.11 亿元，同比增长 36.4%，占服务业增加值比重为 24.04%。2012 年，花桥经济开发区服务业实现增加值 95.04 亿元，其中商贸服务业（销售公司）实现增加值 22.94 亿元，同比增长 44.7%，占服务业增加值比重为 24.14%。

（二）商贸服务业发展的结构性特征

一是商贸服务业企业数量占服务业企业总量比重较大，行业结构分布多元化。据调查统计，2012 年，花桥服务业企业数量为 546 家，其中商贸服务业企业（销售公司）数量达到 148 家，占花桥服务业企业数量总数的 27.11%。根据相关数据和资料，将花桥商贸服务业（销售公司）所涉及的行业、企业名称及数量列为表 6 – 2。

表 6 – 2　　　　　　　花桥商贸服务（销售公司）行业和企业分布　　　　单位：家

行业（代码）	企业名称	数量
农、林、牧产品批发（511）	昆山恒志发五金机电有限公司、昆山佳贝来商贸有限公司、昆山美得自动化机械有限公司、昆山上普电源有限公司、昆山双泰机电有限公司、昆山欣腾鼎贸易有限公司、昆山烨鹰机械有限公司	7

续表

行业（代码）	企业名称	数量
食品、饮料及烟草制品批发（512）	昆山鼎正国际贸易有限公司、苏州醇酒汇贸易有限公司、苏州羽涵堂食品有限公司	3
纺织、服装及家庭用品批发（513）	江苏明珠家用设备集成有限公司、昆山艾比纺织品有限公司、昆山皓希贸易有限公司、昆山蜜珂化妆品有限公司、昆山齐景丰贸易有限公司、昆山市好厨师家庭用品有限公司、昆山市绿橙服装有限公司、昆山亚鹏贸易有限公司、上海优妮凯尔商贸有限公司昆山分公司	9
文化、体育用品及器材批发（514）	昆山美迪体育用品有限公司、昆山双泉贸易有限公司、昆山富铂商贸有限公司	3
矿产品、建材及化工产品批发（516）	菲卡化工（昆山）有限责任公司、峰达建材（昆山）有限公司、江苏坤益贸易有限公司、江苏鑫天元贸易有限公司、昆山福良化工贸易有限公司等	20
机械设备、五金产品及电子产品批发（517）	江苏华东造纸机械销售有限公司、昆山艾博森精密机电有限公司、昆山棒威骐国际贸易有限公司、昆山创美欣潮商贸有限公司、昆山德邦环保涂料有限公司等	40
贸易经纪与代理（518）	昆山正扬商贸有限公司、苏州艾科维机械工业有限公司、昆山市恒雄进出口贸易有限公司	3
其他批发业（519）	瀚通汽车零配件（昆山）有限公司、江苏千龙国际贸易有限公司、昆山艾奇机械设备有限公司、昆山艾瑞德进出口贸易有限公司、昆山爱迪亚自动化送料装备有限公司等	35
家用电器及电子产品专门零售（527）	苏州苏宁电器有限公司昆山花桥店、昆山金贤电器有限公司、昆山永珏电子信息科技有限公司、昆山元丰电脑有限公司、苏州万金电信服务有限公司昆山分公司	5
快餐服务（622）	昆山市鸿泰餐饮管理有限公司、昆山味帝餐饮有限公司	2
房地产中介服务（703）	昆山绿地易居房地产经纪有限公司、昆山宜好家房产经纪有限公司、昆山盛辉房产咨询有限公司	3
咨询与调查（723）	昆山金财鸿机械科技有限公司、苏州中信恒税务师事务所有限公司	2
广告业（724）	昆山杰坤营销策划有限公司、昆山中天广告传媒有限公司、苏州长三角文化传媒有限公司	3
其他商业服务业（729）	苏州万城商务策划有限公司、苏州英格鲁普机电科技有限公司	2
其他	昆山怡由康药房有限公司、昆山顺飞航空票务服务有限公司、昆山旺青园生物保健科技有限公司、昆山市蔚山机械有限公司、昆山五棵松装饰工程有限公司、昆山大千美食林有限公司、昆山可诺劳务派遣有限公司、昆山润华商业有限公司、苏州赫斯乐器有限公司、昆山刚强贸易有限公司	10

注：行业代码来自于《国民经济行业分类》（GB/T 4754－2011）。

资料来源：根据花桥统计简编整理（不包含部分资料不详细的企业）。

由表 6-2 可直观看出，花桥现有销售公司中，企业数量位居前三的行业分别是：（1）机械设备、五金产品及电子产品批发；（2）其他批发业；（3）矿产品、建材及化工产品批发。据不完全统计[①]，在这些企业中，全年营业收入位于 0～500 万元的企业有 38 家，全年营业收入位于 501 万～1 000 万元的企业有 47 家，全年营业收入位于 1 001 万～1 500 万元的企业有 7 家，全年营业收入位于 1 501 万～2 000 万元的企业有 17 家，全年营业收入位于 2 000 万元以上的企业有 28 家（其中全年营业收入超过 1 亿元的企业有 9 家）。

二是新型商业业态发展迅速。连锁经营、超市、专业店、专卖店、便利店、加盟店、特许经营、物流配送等新的商业组织形式和新型业态发展迅速，苏宁等区域知名商贸企业在花桥开设了连锁大卖场，花桥主要商业街区连锁店、专卖店、专业店等具有现代经营业态的商业网点多达上百家，居于市场竞争主导地位，成为区域商业的特色和亮点。

三是民营经济占据主体地位。按照区域经济民营化发展方向，从事商贸服务业的私营企业和个体工商户快速增长。据调查统计，截至 2012 年底，花桥商贸服务业中，其他有限责任公司 3 家，私营合伙企业（172）1 家，私营有限责任公司 130 家，港、澳、台商独资企业 1 家，外资（独资）企业 4 家（少量企业未提供相关资料，在此未包括在内）。其中，私营有限责任公司数量占比高达 93.53%，民营商贸服务业已成为花桥商贸服务业的主力军。

虽然花桥商贸服务业取得了一些成就，但同时也应看到，目前花桥的商贸服务业优势与劣势并存，机遇与挑战同在。

三、商贸服务业优劣势分析

（一）商贸服务业的发展优势分析

近些年，花桥商贸服务业积极抓住机遇，努力克服各种不利因素，综合实力显著增强。在市场规模扩大、网点布局完善、业态结构调整、商业环境优化等方面都取得了显著成效。

一是商贸服务业的增长速度明显快于 GDP 增速。如表 6-3 所示，在 2010—2012 年，一方面，花桥的 GDP 增长迅速，其增速都在 20% 以上；另一方面，花桥商贸服务业增加值的增速明显快于 GDP 增速，均保持在 35% 以上的水平，其中 2012 年更是高达 44.70%。这表明花桥作为服务业集聚区，其商贸服务业的发展领先于经济增长，为经济增长作出了突出贡献。

[①]　我们所获得的花桥相关资料中，少量企业的相关信息不完整。

表 6 – 3 花桥 GDP 增速与商贸服务业增加值增速对比 单位：%

	花桥 GDP 增速	花桥商贸服务业增加值增速
2010 年	33.10	44.64
2011 年	23.88	36.35
2012 年	25.20	44.70

资料来源：根据花桥统计简编整理。

二是网点布局规划全面启动，商业综合功能更趋完善。早在 2005 年底，昆山就已编制完成了商业网点规划，此后商业布局调整加快，在扩大消费、提升城镇形象、发展便民服务网点、改善食品安全以及吸纳就业等方面发挥了重要作用。花桥作为商贸服务业的重镇，昆山的上述举措对花桥商业网点布局的完善起到了明显作用。

三是以海峡两岸（昆山）商贸示范区为平台，两岸商贸合作可取得一定进展。规划面积 4.4 平方公里的海峡两岸（昆山）商贸示范区是昆山深化两岸产业合作试验区的核心区域。目前，台湾商品交易中心、台湾商品展示中心、综合服务配套中心、台湾商品分拨配送中心、创意科技中心"五大中心"正在加快打造中，力争成为台湾商品进入大陆的"第一平台"、台资企业产品在长三角的重要集散地和台资企业转型升级的示范区。这项工作目前走在了全国同类区域的前列。

四是商业体制改革不断深化，国有和集体企业改制全面完成。近些年苏州市商贸业大力深化国有（集体）企业改革和调整社会商业结构，受上述举措的影响，花桥大力发展个体经济、股份制经济，积极引进国外资本、外地资本，目前已基本形成多种经济成分、多种经营方式并存的多元化、开放式的商贸服务业竞争格局，在商贸服务业企业中，民营企业占据了绝大多数。

（二）商贸服务业发展劣势分析

目前花桥商贸服务业发展存在的主要劣势包括：

一是企业规模偏小。2012 年商贸服务业完成增加值占花桥 GDP 总量的 16.21%，其中全年营业收入超过 1 亿元的企业只有 9 家，这与新形势下发展"大市场、大商贸、大流通"的要求还存在差距。因此，花桥商贸服务业企业的功能、地位和作用有待进一步增强。

二是特色不明显。差异化营销强调特色优势，发扬特色是商贸服务业参与市场竞争的主要手段。纵观今日花桥的商贸服务业，大型百货商场和餐饮业都缺少自身的特色。

三是公共配套不足。公共配套设施不足是新建开发区的通病之一，花桥也不例外。花桥目前的餐饮、大型超市的设置都还不能满足人们生活的基本需求。

四、商贸服务业面临的机遇与挑战

（一）商贸服务业发展面临的机遇

在当前经济环境下，花桥商贸服务业的发展面临着诸多机遇。

一是产业结构升级的机遇。随着苏州步入后工业时代，必须进一步推进经济发展方式的转变和产业结构的升级，进而实现服务业与制造业的"双轮驱动"。商贸服务业作为服务业的重要产业，在提高服务业比重、优化服务业结构、促进产业联动等方面的作用日益突出，成为推动区域经济可持续发展的重要力量。

二是城市化进程加快的机遇。随着苏州加速推进城市化进程，重点构筑市区与5个县级市相协调的组团式城市群，商贸服务业作为苏州城市化建设的核心内容，必须与交通、居住、商务、文化等其他城市功能紧密结合。这无疑给花桥商贸服务业的发展提供了新的机遇。

三是扩大内需和消费升级的机遇。随着我国经济发展方式发生转变，强调通过扩大内需带动经济的持续增长，国家财政政策、货币政策和收入分配政策等一系列增加居民消费的政策陆续出台。伴随着居民消费从生存型消费向发展型和享受型消费转变，花桥商贸服务业的发展将面临扩大内需和消费升级的机遇。

四是区域经济协调发展的机遇。"十一五"期间，国家加快推进区域经济协调发展，这导致区域间的开放、交流、合作和互动更为广泛、活跃和深入。在这一背景之下，花桥商贸服务业将可能在"十二五"期间及以后相当长的时期内发挥自身独特的区位优势、政策优势和成本优势，实现进一步的发展。

（二）商贸服务业发展面临的挑战

在看到发展机遇的同时，我们也必须清醒地认识到，花桥商贸服务业发展中还存在不少挑战，归结起来有如下三点。

一是企业经营难度加大。花桥位于昆山市的最东端，与上海国际汽车城毗邻，伴随着电子商务等交易模式的逐步成熟和完善，花桥商贸服务业在发展过程中将面临众多的竞争对手，这将导致部分商品出现供过于求的局面。在市场经济条件下，商品存在一定程度的过剩本身是一种常态现象，但过于激烈的竞争状况将增大企业的经营难度。

二是居民商品性支出比重逐渐缩小。居民的货币收入是形成其购买力的基础，购买力水平决定了消费品市场的规模和结构。随着社会保障制度、住房制度、公费医疗制度等一系列改革措施相继出台，城镇居民对未来预期支出的意识增强，需要大量增加预备性储蓄用于养老、住房、医疗、子女教育等方面的支出，这将限制居民的即期消费需求，并导致居民消费结构发生明显变化，生活消费的社会化倾向较为明显，商品性支出比重有逐步缩小的趋势，居民消费分流在一定程度上影响了消费品市场的发展。

三是消费市场秩序尚待进一步规范。虽然花桥整体市场秩序较好，但仍有少量商家存在销售假冒伪劣商品的行为，存在食品安全等方面的隐患，这会严重干扰市场秩序和商贸服务业的发展。因此，需要加大对违规商家的惩处力度，增大其违法成本，减少甚至杜绝此类行为或事件。

五、商贸服务业发展方向和政策建议

为推进花桥商贸服务业的进一步发展，政府部门必须加快职能转变，强化统筹运作，坚持思路、理念、机制、工作、服务和科技创新，探索建立"规划调控、政策指导、信息引导、协调疏导"的管理服务新模式。进而言之，应按照"建设大市场、发展大贸易、搞活大流通"的思路，着力改造提升传统商贸服务业，形成布局合理、结构优化、功能完善、竞争有序的商贸服务业发展大格局。到"十二五"期末，力争使花桥商贸服务业增加值占 GDP 的比重达到 20% 以上，商贸服务业对花桥经济（GDP）增长的贡献率达到 30% 以上。

（一）提高思想认识，统筹谋划商贸服务业发展

我们应切实提高认识、统一思想、加强领导，高度重视商贸服务业发展，要对商贸服务业发展进行系统的系列研究和部署，制定《花桥商贸服务业发展"十二五"规划和 2020 年远景目标》，确立今后一个时期花桥商贸服务业发展的指导思想、基本原则、主要目标及工作措施，同时根据规划，配套出台相关发展政策，建立健全行业发展的保障体系。进一步更新观念、开拓创新、理顺体制，把商贸服务业发展与旅游经济、城市建设、房地产开发、招商引资等方面紧密结合起来，互相促进、做大做强。用三年左右的时间，努力建立起功能定位准确、空间布局合理、业态设施先进、服务体系完善、信息化程度较高的现代商贸服务业发展体系。

（二）建立和完善规划体系，加强产业发展导向

1. 分层次制订商业规划，建立商业规划体系。逐步形成和完善花桥各区域的规划体系。加快制定各区域重点商业区的实施性详规，提高商贸服务业规划的认可度，使商贸服务业规划纳入花桥"十二五"社会经济发展规划。

2. 明确布局重点，形成产业指导目录。定期发布商贸服务业发展报告和指导目录。定期发布商贸投资项目指南，向社会公示阶段性的鼓励、允许发展和限制、禁止建设的商业设施项目的类别，引导商贸投资流向。积极创造条件，充分利用网络或新闻媒体等方式做好宣传，定期进行商贸建设项目的招投标活动。

3. 完善配套措施，联手推进规划实施。一是建立花桥商业发展领导协调小组和联席会议制。二是出台《商业网点规划建设管理条例》、《商业网点设立听证制度》和重点项目协调会、论证会制度等。三是主动为国内外投资商提供信息服务。在投资方向、规划选址和设计方案等方面做好咨询和跟踪服务，提高项目投资的针对性、有效性和成功率。

（三）实施品牌战略，推动商贸服务业规模扩张

进一步解放思想，依靠知名商贸大企业，做大花桥大商贸。为此，应大力招商引进国内外知名品牌商贸企业入驻花桥，开设连锁直营店、物流配送中心及服务性场所，提高知名品牌商贸企业的聚集度，加快形成多个一站式商贸中心，做大本地市场，增强区域商贸经济的吸纳功能和辐射力度。大力发展总部经济，进一步建设高档星级宾馆，推动商贸服务业结构优化升级和城市功能提升。切实加快本土商贸服务企业的发展，以争创本地品牌为抓手，争取政策、信贷支持，按照现代企业制度的要求，鼓励本地重点成长型商贸服务企业通过多种方式，运用信息技术、现代营销方式和先进管理理念，实现规模快速扩张。

（四）继续扩大对外开放，提升商贸发展质量

1. 加强商业利用外资的规划和指导。从进一步优化花桥的商业结构出发，确立优先引进的业态、业种和商业形态，每年提供行业投资指南。定期发布招商信息，主动为国内外商业企业提供政策、项目可行性调研等方面的咨询服务。组织各类主题招商推介，积极开展对相关国家和地区进行的针对性招商活动。

2. 提高引进外资的层次和水平。重点引进国内外先进的营销方式、经营理念和流通技术，大力发展连锁经营、特许经营和知名品牌商品代理、物流配送中心、购物中心等商业形式和贸易方式。

3. 积极探索新的利用外资方式。鼓励和引导多种经济成分投资商业建设。除吸引跨国商业集团以合资、合作、独资形式来花桥设立企业以外，鼓励外资企业采用授权经营、发展特许经营、输出管理和职业经理人加盟等多种方式。

4. 加强区域间的联动和合作。各区域应加强联合招商，提高招商信息的共享度，提高招商效率。进一步拓展与长三角、长江流域等地区的合作领域，联手周边地区打造区域性市场平台。

（五）发挥企业主体作用，促进企业自主创新

1. 鼓励和支持各类商贸企业在市场竞争中发挥各自作用。花桥的重点商业企业要以资本和品牌为纽带，通过控股、参股、兼并、收购、连锁经营、特许经营等方式，逐步培育花桥商贸领域的龙头企业，起到做大做强的引领作用；中小商业企业则要发挥创造商业多样性、吸纳就业和体现城市活力等方面的促进作用；外资企业要发挥引进先进业态、促进商业现代化等方面的示范作用；民营企业要在做大市场规模、创新企业管理模式、提高商业流通效率等方面发挥积极作用；连锁商业企业则主要在便民利民服务上发挥优势，体现其在网点快速拓展中的支撑作用。

2. 建立商贸企业服务中心。积极为商贸企业建立连锁加盟、产权交易、技术引进、业态创新、信息共享、信贷支持、法律咨询、信誉评估等服务平台。应进一步推进海峡两岸（昆山）商贸示范区建设步伐，为两岸经贸合作奠定坚实的基础。

3. 鼓励企业科技创新。推广运用高新技术，支持高新成果转化，扶持设计创意产业，鼓励企业研发新产品，切实提高优势行业和骨干企业的市场竞争能力。

4. 优化人才队伍建设环境。制订商贸产业人才队伍建设规划，注重商贸产业人才的引进。加强商贸企业家、职业经理人、专业技术人员和高技能人才队伍建设。

（六）加大市场监管力度，形成一流营商环境

1. 加强市场监测工作。商业主管部门要建立市场信息快速反应系统，加强对重要生产资料和肉类、粮油、食盐、食糖、蔬菜、成品油等生活必需品的市场监测、预警和调控，定期发布市场景气指数和国内外市场行情，制定重要生产生活必需品市场异常波动应急预案。

2. 加强商贸法制监管建设。针对流通领域各种新情况、新问题，制定相关法规、规章、行业标准和服务规范。商贸、工商、质监、食品药品监管、卫生防疫等部门要协同配合，开展专项治理和综合执法。

3. 大力实施食品安全工程。健全企业自律、中介服务、政府监督相结合的食品安全检测体系。制定食品行业管理规范，严格市场准入制度，建立食品安全长效管理机制。加快推进"放心肉"、"放心早餐"、"放心豆制品"等的品牌培育和网点拓展，积极推行集中处理餐饮行业的废弃物，确保消费者放心消费。

4. 努力营造良好营商环境。借鉴国际上的成功经验和运作手法，切实改善商业发展软环境，按照公平、公正、公开的原则，切实提高政府服务水平，创造良好的投资发展氛围。

（七）加大政策扶持力度，形成综合竞争优势

为优化产业结构，促进花桥商贸服务业发展，加快现代和谐宜居商务城建设，花桥经济开发区管委会已经制定了《花桥国际商务城关于促进商贸服务业加快发展的若干政策》（昆花政规〔2012〕1号，详见政策篇相关文件），并从2012年5月1日起试行。在此基础上，可采取如下对策：

1. 加紧产业政策研究、探索扶优劣汰机制。强化产业调控研究，运用经济调节手段，建立扶优劣汰机制，努力形成花桥商业健康发展的良好局面。

2. 拓宽信息沟通渠道、搭建产业服务平台。强化分析预测，健全数据资料库，增强信息发布功能，为政府决策、企业发展提供信息咨询和参考依据。

3. 设立专项发展资金、聚焦突破重点领域。专项资金的主要用途包括加快推动现代商贸业态、支持重要商业街区改造调整、完善市场安全调控体系建设、支持便民服务体系项目建设、招商引资项目推介工作、扶持老字号品牌企业发展、落实项目奖励资金、组织举办重大商贸节庆活动和建立花桥商业信息中心等。

（八）强化组织领导，建立商贸服务业发展长效机制

发展商贸服务业是一项复杂的系统工程，必须进一步统一思想、强化组织领导，认

真调查研究，切实贯彻落实中央、省、市关于发展商贸服务业的法律法规、方针政策，根据实施过程中的具体情况，进一步完善《花桥国际商务城关于促进商贸服务业加快发展的若干政策》。其中，人才是事业发展的关键和保证，企业的竞争最终是人才的竞争，应进一步强化"人才强商"观念，坚持以人为本，立足实际，全面落实各项人才培育、引进的优惠政策，多种方式培养人才、吸引人才、留住人才，为商贸服务业发展提供人才支撑。商务、财政等各个部门应进一步拓宽视野，加大项目争取力度，用商贸大项目推进商贸服务业大发展。切实加大商贸招商引进力度，制定和完善商贸招商引进优惠政策。大力拓宽融资渠道，对较大规模的商贸服务企业在用电、用水方面给予优惠待遇，降低经营成本，支持企业做大做强。应进一步整顿和规范市场经济秩序，着力优化商贸服务业发展环境，确保与人民生活息息相关的商品和服务消费安全可靠，真正形成发展商贸服务业的长效机制。

［参考文献］

1. 丁宁：《中国商贸服务业空间布局优化研究》，载《创新》，2013（4）。

2. 龚国钧：《提升发展苏州商贸服务业刻不容缓》，载《江苏商论》，2004（10）。

3. 李志石：《我国商贸服务业呈现新的发展趋势》，载《国际商报》，2009－08－26。

4. 漆云兰：《我国商贸服务业发展面临的制度约束及政策建议》，载《经济研究参考》，2011（40）。

第七章　新兴现代服务业

作为一座正在崛起的现代服务业新城，花桥新兴产业蓬勃发展，这些新兴服务业集中体现为投资基金、文化创意、电子商务三大产业。

一、投资基金

花桥经济开发区是昆山市创新金融服务体系的重要载体，瞄准创业投资、股权投资基金企业集聚中心和营运管理中心的发展定位，全力打造国际国内有影响力的创业投资基金集聚地。其主要功能是集聚创业投资、股权投资、风险投资基金，为企业提供创新投融资平台和金融服务；集聚银行、证券、信托等金融机构，担保公司、产权交易所等准金融机构，以及资产评估公司、投资咨询公司、会计师事务所、律师事务所等高端中介服务机构，构建完善的股权投资产业链，通过推动资本市场的运作，带动区域产业的发展。

（一）投资基金的概念与特征

投资基金（Investment Funds）就是众多投资者出资、专业基金管理机构和人员管理的资金运作方式。投资基金一般由发起人设立，通过发行证券募集资金。基金的投资人不参与基金的管理和操作，只定期取得投资收益。基金管理人根据投资人的委托进行投资运作，收取管理费收入。

在证券市场品种不断增多、交易复杂程度不断提高的背景下，普通人与专业人士比较，在经营业绩方面的差距越来越大。将个人不多的资金委托给专门的投资管理人集中运作，可以实现投资分散化和降低风险的效果。投资基金是一种由众多不确定投资者自愿将不同的出资份额汇集起来，交由专家管理投资，所得收益由投资者按出资比例分享的一种金融组织。其资金来源于公众、企业、团体和政府机构。居民个人投资，既可以在基金募集发行时申请购买，也可以在二级市场上购买已挂牌上市的基金。投资基金的投资领域既可以是股票、债券，也可以是实业、期货等，而且对一家上市公司的投资额不得超过该基金总额的 10%（这是中国的规定，各国都有类似的投资额限制）。这使得投资风险随着投资领域的分散而降低，所以它是介于储蓄和股票两者之间的一种投资方式。

投资基金在国内外备受青睐，主要是因为它具有如下特征。

1. 专业化。投资基金由基金管理人（公司）的专业人员进行具体操作，对于投资者来说，就相当于聘用了一批投资专家为其出谋划策。例如，英国罗伯特·弗莱明资产管理公司有400多位投资专家重点追踪全球3 500多只股票的情况，每天根据研究结果提出基金的投资组合以及调整方案。俗语道："三个臭皮匠，顶个诸葛亮"，何况是众多专家的组合，避免了一般投资者由于缺乏专业知识和无法进行全面的考察引起的投资失误。

2. 大众化。许许多多的投资方式由于资金、交易资格等原因使一般投资者望而却步。而投资基金由于按单位计算，每单位价格较低，投资者可根据资金多少，随意购买，避免了由于财力不足无法投资的遗憾。另外，基金买卖方式十分简单，避免了一些投资方式对交易方式的严格限制。

3. 低风险。有过一定投资经验的人一定知道这样一句话，"不要把所有鸡蛋放在一个篮子里"，就是避免由于该投资品种的突发损失导致一损俱损。多元化投资是投资运作的一个重要策略，普通投资者由于资金的原因往往不能做到这一点。而基金管理人士可根据不同的比例，将聚集而来的资金分别投资于各类证券品种或其他项目，真正做到降低风险。

4. 高收益。由于分散投资的做法为基金拓展获利空间提供了保证，再加上众多专家的专业运作，基金的回报往往较高。从实际情况来看，国外不少投资基金的投资回报率均在30%左右，我国证券市场上大多数新基金的表现也令人刮目相看，回报率为20%以上或更高。

花桥目前的投资基金以股权投资基金（Private Equity Fund，PE）为主，也有少量的创业投资基金（Venture Capital Fund，VC）。股权投资基金，是指由私人直接投资公司管理，以战略投资者的角色参与投资标的经营与改造的基金，而非仅指投资非上市公司股票的基金。创业投资基金，是指由一群具有科技或财务专业知识和经验的人士操作，并且专门投资在具有发展潜力以及快速成长的公司的基金。下面论述花桥投资基金行业时，一般是指股权投资基金和创业投资基金。

（二）投资基金发展现状

花桥投资基金行业起步较晚，大部分投资基金类的公司成立于2010—2012年，但发展速度非常快，投资基金行业在如今花桥的新兴产业发展中起到了非常重要的作用。

1. 花桥投资基金行业发展的总量特征

近几年，花桥投资基金行业取得了快速发展，在区域经济发展中开始逐步发挥作用。将2012年花桥GDP和投资基金行业等相关数据整理如表7-1所示。

表7-1　　　　**2012年花桥投资基金行业相关数据及其对GDP增长的贡献率**　　单位：亿元，%

指标	2012年
地区生产总值（GDP）	141.48
其中：服务业增加值	95.04
其中：投资基金行业增加值	3.01
投资基金行业增加值占全部服务业增加值的比重	3.17
投资基金行业增加值占GDP的比重	2.13

资料来源：根据花桥统计简编整理。

从表7-1可以看出，在花桥经济开发区2012年的GDP构成中，服务业占GDP的比重高达67.18%，然而，投资基金行业增加值占全部服务业增加值的比重仅为3.17%，投资基金行业增加值占GDP的比重仅为2.13%。这表明，花桥投资基金行业刚刚起步，在GDP中所占比重也不大，还有较大的发展空间和潜力。

2. 投资基金产业发展的结构性特征

一是投资基金产业的企业数量占服务业的企业总量比重较大。据调查统计，2012年，花桥服务业企业数量为546家，其中投资基金企业和基金管理企业数量达到172家，占花桥服务业企业数量总数的31.50%。在这些企业中，不乏部分知名投资基金企业。截至2013年8月最新统计，累计实缴资本超过125亿元，募集管理资本规模超过350亿元，已初步成为具有一定影响力的股权基金集聚中心。

二是投资领域较为多元化。近年来，花桥经济开发区投资基金企业所投资的行业包括传统制造业、新材料、生物科技、金融服务、新能源、IT服务业、微电子、高端装备制造、消费产品和服务、多媒体影音、光电子与光机电一体化、环保工程、网络产业、零售和批发等多个领域。

三是中小型投资基金企业所占比例较大。据不完全统计[①]，在花桥投资基金企业中，全年营业收入不高于500万元的企业有81家（其中全年营业收入不高于100万元的企业有20家），全年营业收入位于501万~1 000万元的企业有52家，全年营业收入高于1 500万元的企业有28家（其中全年营业收入达到或超过1亿元的企业有7家）。可见，大多数企业的经营规模并不大，大型投资基金企业所占比例仍然较小。

（三）投资基金产业的发展优势与劣势分析

1. 投资基金产业的发展优势分析

一是交通及区位优势明显。花桥经济开发区东依上海国际汽车城，西邻苏州工业园区，距昆山市中心16公里，距上海市中心20公里，距虹桥国际机场、高速铁路虹桥枢纽25公里，距浦东国际机场80公里，交通和区位优势非常明显。公路方面，312国道

---

① 我们所获得的花桥经济开发区相关资料中，少量企业的相关信息不完整。

东西向穿越全境，沪宁高速公路、同三高速公路在此交会，沪宁高速公路花桥、陆家互通，苏沪高速公路、机场路互通。铁路方面，昆山与上海之间的快速列车，仅需18分钟便可抵达。轨道交通方面，上海轨道交通11号线已在花桥延伸段正式运行。交通及区位优势为花桥经济开发区承接上海商务溢出效应提供了优越条件，花桥经济开发区将充分发挥此区位优势，着力打造服务外包基地和国家级金融服务外包示范区，以实现错位竞争、差异发展的目标。

二是投资基金产业初具规模。花桥基金产业园自2011年4月成立以来，相继引进了海峡发展基金、东吴创新资本、东吴创业投资、诺亚歌斐母基金、睿富投资、台湾中盛等40多家创业投资和股权投资企业，资金募集规模超过100亿元。为积聚优势资源，花桥经济开发区建设了国际金融大厦作为硬件载体。金融大厦为企业提供办公、会议、餐饮等人性化服务，同时配套一定数量的银行、证券、保险等金融服务机构，为各类投资企业的发展创造良好的外部条件。昆山市政府和市场化基金管理人进行合作，在花桥设立了昆山市创业与股权投资母基金，为区内创业投资和股权投资企业的发展提供资金支持。昆山市母基金一期规模10亿元人民币，母基金的资金构成为政府出资占30%，社会募集资金占70%。母基金由前纽交所亚洲区总经理杨戈先生带领市场化的队伍进行管理，政府部分参与基金的运作。

三是有力的政策支持。花桥基金产业园作为推动产业转型升级的重要平台，自启动建设以来受到了昆山市委、市政府的高度重视。2011年6月，出台了《昆山市促进股权投资产业发展的若干政策》（详见政策篇相关文件），在注册、获利、投资、人才奖励等方面制定优惠政策。为创业与股权投资企业的入驻、投入、退出给予支持，鼓励和支持基金项目的落户与发展，有效提升了产业发展软环境，在国内同类产业园区中形成了一定的竞争优势。自政策发布以来，完成省级以上备案的企业都已根据政策获得了相应的奖励。同时，为了引导基金以外的金融机构、准金融机构和金融中介机构入驻，花桥于2012年4月出台了针对该类机构的《花桥国际商务城关于促进金融业加快发展的若干政策》（详见政策篇相关文件），在入驻、税收、人才、办公用房等多方面制定奖励政策。自政策实施以来，已吸引了若干银行、证券公司、资产管理公司落户。

四是昆山当地的产业基础雄厚。当前，昆山正处于经济社会发展的战略转型期，大力发展高新技术产业、新兴产业和现代服务业，是立足昆山优势、面向未来发展作出的重大战略决策。2010—2012年，昆山市高新技术产业、新兴产业和现代服务业的产值逐年增加，其中昆山市的服务业增加值在2012年已突破1 000亿元，呈现出良好的发展态势。中小型新兴企业以其灵活的机制和源源不断的创新活力为增加就业机会、推动技术创新、调整产业结构提供了有力保障。但是，新兴产业往往具有较高风险，导致中小型新兴产业企业在发展过程中频繁遇到融资难问题，而高风险、高收益的融资项目恰好与创业投资企业的风险偏好契合。因此，昆山雄厚的新兴产业基础为创业投资和股权投资企业提供了丰富的项目资源，能够吸引大批优质的创业投资和股权投资企业入驻。

五是创新及科研环境优越。花桥建立了专注于金融创新研究的南京财经大学（昆山）花桥现代服务业研究院，该研究院依托于南京财经大学的师资队伍和科研力量，下设五个研究中心，包括股权投资、金融外包、两岸金融、电子商务和现代物流，结合当前花桥现代服务业呈现出的优势集群壮大、发展层次提升、新兴业态发展势头强劲三大特点，通过校企合作的方式，利用双方共有资源，一方面协助花桥建立完善科技合作机制和科技创新体系，并为园区内相关企业提供咨询和建议，另一方面协助花桥培养对口的高素质专业人才。

六是投资基金产业的保障体系完善。花桥成立了金融业发展办公室，引进了 10 余名高素质人才，其中 40% 具有硕士及以上学历。该专业化团队可为落户企业提供在设立过程中涉及的相关政策法规、组织模式、潜在投资人分析及募集咨询、资金托管咨询与方案设计、资金募集等服务；提供一站式的设立或变更服务，积极帮助企业解决在设立过程或变更过程中遇到的各种问题或困难，快速地为企业全程办理工商登记、税务登记和设立后期的相关服务；定期邀请政府职能部门与企业代表召开座谈会，帮助企业及时了解资本市场运营环境、政策导向和投融资运作经验。为了加强行业自律，花桥建立了创业和股权投资行业协会。该协会致力于为股权投资企业和有融资需求的企业服务，主要职能为：加强行业自律，促进和监督股权投资企业的投融资行为；协调股权投资企业与政府各职能部门之间的关系；参与及组织发起花桥或昆山市投融资行业会议；参与组建花桥投融资平台建设。为完善花桥的投融资体系，花桥设立了"融@花桥"这一平台。"融@花桥"由基金企业数据库、花桥及昆山产业企业数据库两者支撑。前者主要通过基金注册及走访了解的情况，统计基金企业融资和投资需求，先期以花桥为主，后期预计会向外延伸开放；后者则统计潜在需要基金进行财务投资和战略投资的企业状况。根据两个数据库的情况，通过举办项目对接交流会、论坛、沙龙等活动，为投融资双方搭建专业、直接的项目交流和展示对接平台，探讨投融资运作经验以及合作机会，加强产业合作。同时，邀请工商、税务等部门对区内相关企业进行业务辅导，举办各种形式的融资培训班，提高企业资本运作能力，"融@花桥"将逐渐成为合格投资人的教育平台。

2. 投资基金产业发展劣势分析

昆山股权投资产业发展的政策扶持偏重于资金支持、人才培养、企业补贴等方面，缺乏对创业与股权投资产业针对性的细则，其优惠政策力度低于深圳前海、珠海横琴等国家级开发区。制定政策时大多参考国内其他园区，这种同质化的政策无法让花桥在股权投资产业的发展上实现重大突破，甚至可能吸引一些寻租的投资企业，造成本地资源的浪费和财政资金的损失。

（四）投资基金产业发展面临的机遇与挑战分析

1. 投资基金产业发展面临的机遇分析

一是国务院批准设立昆山深化两岸产业合作试验区。2013 年 2 月 3 日，国务院正式批准设立昆山深化两岸产业合作试验区。试验区旨在推进两岸经济、金融合作，优先进行大陆对台重大金融创新项目，重点包括探索建立新台币结算中心，鼓励台湾金融机构和创业投资机构落户花桥，支持台资股权管理企业新设产业基金、创业投资基金；鼓励金融机构积极开发适合台资企业的金融产品，着力解决台企在大陆融资难问题。

二是商务部批准启动"现代服务业综合试点"。2013 年 1 月 31 日，财政部、商务部下发《关于批复启动江苏省苏州市现代服务业综合试点的通知》，同意在昆山花桥经济开发区启动现代服务业综合试点。这是我国启动现代服务业综合试点工作以后，江苏省获批的第一个现代服务业综合试点区域。未来几年，花桥可以充分发挥财政政策和资金的引导作用，营造现代服务业发展的优质环境，争取成为国家试点政策成功试行的典范区，为其他地区现代服务业的发展提供参考模板，这些现代服务业项目必然离不开投资基金的支持，这为花桥建立创业与股权投资集聚区提供了有利条件。

三是"产业升级、经济结构调整"使新兴产业成为发展重点。2009 年 11 月 3 日，温家宝同志在《让科技引领中国可持续发展》讲话中指出了我国战略性新兴产业的发展目标和选择标准，大力发展战略性新兴产业、加快经济结构调整成为全国上下的一致共识。2009 年，江苏省委、省政府在全国率先出台了新能源、生物技术和新医药等六大新兴产业发展规划，相继又出台了江苏战略性新兴产业倍增计划。近几年来，战略性新兴产业已成为花桥投资领域的新亮点。创业与股权投资资本以其市场化运作优势和较高的风险承受能力，成为推动新兴产业升级的资本保障，是调整经济结构的有力杠杆。因此，花桥对创业与股权投资产业的大力支持具有十分重要的意义。

2. 投资基金产业发展面临的挑战分析

一是竞争加剧。目前，国内数十个城市提出要打造创业与股权投资集聚区，如深圳前海、珠海横琴及福建平潭等地，使得各地区间的竞争加剧。昆山具有良好的产业基础，产业层次高、产业链完整；花桥基金产业园经过两年多的建设已集聚了一批创业投资与股权投资企业，应充分利用现有优势，同时借鉴竞争对手的成功经验，取长补短，探索具有独特性和创新性的发展途径。

二是法律制度不健全。在我国资本市场上，政府立法的速度往往落后于市场的变化速度，缺乏完善的创业投资法律架构，尚无系统的创业与股权投资法规，缺乏有限合伙人和一般合伙人在功能和机构上的分工以及互动关系。这些因素必然会延缓创业与股权资本市场的发展进程，影响创业与股权资本的发展规模，制约创业与股权资本对经济增长和经济结构优化的推动作用。

三是退出机制不完善。我国资本市场的制度性缺陷使资本缺乏有效的退出机制，一定程度上制约了创业与股权投资基金的发展，这也是花桥面临的一大挑战。在此情形下，建立和完善多层次的资本市场体系显得尤为重要。为弥补大环境的缺陷，花桥应尽快推出 OTC 柜台交易等相关配套措施，为投资企业打造顺畅、完善的退出平台。

（五）投资基金产业的发展方向和政策建议

《2012 年昆山政府工作报告》特别提出"强化金融支撑，放大金融街、基金产业园、财富广场的集聚效应，加快引进银行、担保、信托等机构，做大各类投资基金规模。设立创新型企业投融资服务中心，改进中小企业金融服务，加大对中小企业的信贷支持力度"。在《2013 年昆山政府工作报告》中明确"促进科技金融紧密结合，加快推进金融街、基金园、财富广场等金融机构集聚区建设，创新金融产品，做大创业投资、股权基金和产业基金规模，形成多元化科技投融资体系"。这些政府工作报告，表达了花桥投资基金产业的发展方向和未来的行动纲领。具体而言，为推进花桥建设创业与股权投资集聚区，需要从以下几个方面入手。

1. 通过母基金引导投资业的发展

募集资金是创业与股权投资基金走出的第一步，为了成功募集资金，管理公司会主动向资金充裕且便于募集的地区靠拢，政府母基金便是吸引投资企业的一大资金来源。昆山市母基金一期规模 10 亿元人民币，政府出资 30%，通过招标方式选择最有实力的基金管理公司，再发挥基金管理公司的杠杆效应，向外募集资金，活跃花桥的资金募集市场。同时，昆山市母基金在坚持政府引导的同时进行市场化运作，减少了对母基金运作的干预。另外，落户花桥的歌斐资产管理有限公司（诺亚财富旗下）是国内私募股权投资母基金的领跑者，其管理资产规模达 30 亿元，PE 母基金超过 20 亿元，是中国最大的市场运营型 PE 母基金，可以为花桥创业与股权投资母基金的运作提供参考。

2. 明确投资产业集聚建设的引导方向

首先，要加强对创业投资（VC）企业的扶持。美国、以色列等国发达的创业投资为这些国家的技术进步提供了强大的驱动力，推动了高新技术企业的迅猛发展，对产业结构的转变起到了至关重要的作用。花桥目前的基金企业中，股权投资企业所占比重较大，而创业投资企业所占比重非常小。由于创业投资风险高、周期长，需要政府部门加以引导和扶持。在对创业投资企业正确评估和认定的基础上，有必要放低备案门槛，开辟绿色审批通道，以基金参股、跟进投资、风险补贴等形式降低创业投资企业的风险。[①]

其次，拟定行业发展政策。昆山市发展改革委作为花桥投资基金产业的主管部门，

---

① 具体方案如下：对符合条件的创业投资企业，可由母基金按不高于企业注册资本（或认缴额）25% 的比例参股，在增加创投机构有效募资渠道的同时，实现风险共担；当创业投资企业对符合条件的项目进行投资时，由母基金按不高于本轮投资额的 30% 进行跟进投资，可视企业情况适当提高跟投比例；在规定期限内受让母基金跟投股份的企业，还可获得不同幅度的收益让渡；一旦投资项目失败，即由引导基金按实际损失额的一定比例给予风险补贴，降低创投企业的综合投资风险；在融资途径和退出渠道方面，可将创业投资项目优先列入拟上市公司名单，并享受上市的有关优惠政策。

负责拟定并组织实施推动投资基金产业发展的政策措施和办法，花桥应配合市发展改革委争取和落实国家、省有关政策，拟定规范股权投资机构设立的审核流程，提高行政审批效率。

最后，实施备案管理。行业的良性发展离不开有效的监管，而企业备案是监管的有效措施。备案能健全创业和股权投资企业的风险控制和信息披露机制，规范企业设立、资本募集与投资等行为，以此增强行业自律。因此，花桥需要加强对区内创业及股权投资企业的备案管理，在合理范围内降低备案门槛，尽可能多地将企业纳入监管范围。

3. 加强集聚发展

花桥应加大基金招商力度，通过优惠政策吸纳内资、外资创业与股权投资基金入驻。在基金落户后，可提供一系列后续服务，如帮助企业解决技术难题、提供知识产权保护和技术诊断、寻找资金支持、开拓市场渠道等，促进集聚区合理、有序发展，以实现集聚效益最大化。

4. 鼓励业务创新

花桥应鼓励符合条件的证券公司、保险公司、信托公司等金融机构投资或发起设立投资基金或管理公司；鼓励具备资质的公证机构、律师事务所等法律服务机构对企业设立、投资行为提供法律服务；引导行业在投资管理、公司运营模式和信息技术运维等方面积极创新。

5. 加强区域性股权交易市场建设，促进股权流转

花桥正在探寻建立股权交易市场的可行性。一个高效的股权交易市场，不仅可以为本地投资企业与被投资企业的股权流动和退出创造条件，还能够为投资双方提供良好的互动匹配平台，从渠道上解决中小企业融资难问题。目前，我国尚不存在真正意义上的全国性或区域性股权交易市场，而各地的区域性股权交易市场对外地企业存在限制，建立花桥股权交易市场对于本地创业与股权投资行业及中小企业的发展具有不可估量的作用。

除此之外，为促进花桥投资基金行业发展，还应在信用体系建设、行业管理、运作模式创新、打造知名品牌等方面下工夫。

二、文化创意产业

随着居民生活水平的不断提高，人们对精神文化产品和服务的需求也愈发迫切。以创意为内核、休闲娱乐性强、科技含量高、凸显消费个性的文化消费产品和服务自然成为现代人追逐的目标。在巨大的消费需求下，网络文化业、文化旅游业、文娱休闲业等文化创意产业必然焕发无限生机与活力。按照《江苏省"十一五"文化产业发展规划》，抓住机遇，大力发展创意产业，对于促进江苏经济结构调整，建设自主创新型省份，培育新的经济增长点，提高城市综合竞争力，巩固江苏在全国的经济强省地位，具

有十分重要的意义。可以说，发展创意产业，是江苏构建和谐社会、实现"两个率先"宏伟目标的必然选择。为此，花桥在新兴产业发展中，必须重视文化创意产业的发展。

（一）文化创意产业的概念与特征

创意产业（Creative Industries）的概念可追溯到1912年经济学家熊彼特对创新理论的解释，即经济发展需要"创造性的破坏过程"。"创意产业"的概念是在《英国创意产业路径文件》中首次正式提出的，是指"源自个人创意、技巧及才华，通过知识产权的开发和运用，具有创造财富和就业潜力的行业"。

文化创意产业（Cultural and Creative Industries）是一种在经济全球化背景下产生的以创造力为核心的新兴产业，强调一种主体文化或文化因素依靠个人（团队）通过技术、创意和产业化的方式开发、营销知识产权的行业。文化创意产业主要包括广播影视、动漫、音像、传媒、视觉艺术、表演艺术、工艺与设计、雕塑、环境艺术、广告装潢、服装设计、软件和计算机服务等方面的创意群体。《国家"十一五"时期文化发展规划纲要》曾明确提出国家发展文化创意产业的主要任务，全国各大城市也都推出相关政策支持和推动文化创意产业的发展。在2009年中国《文化产业振兴规划》的推动下，全国各地掀起了发展文化创意产业的热潮，逐步形成以地理区域划分的东部、中部和西部三级文化创意产业发展阵营。其中，文化创意产业中的演出业、动漫产业、民族民间工艺产品等发展最为迅猛，2011年其产值纷纷突破百亿元大关。不少专家预计，"十二五"末期，文化创意产业有可能成为中国的支柱产业之一。

文化创意产业属于知识密集型新兴产业，它主要有如下几个特征：

1. 文化创意产业具有高知识性特征。文化创意产品一般是以文化、创意理念为核心，是人的知识、智慧和灵感在特定行业的物化表现。文化创意产业与信息技术、传播技术和自动化技术等的广泛应用密切相关，呈现出高知识性、智能化的特征。

2. 文化创意产业具有高附加值特征。文化创意产业处于技术创新和研发等产业价值链的高端环节，是一种高附加值的产业。文化创意产品价值中，科技和文化的附加值比例明显高于普通的产品和服务。

3. 文化创意产业具有强融合性特征。文化创意产业作为一种新兴产业，它是经济、文化、技术等相互融合的产物，具有高度的融合性、较强的渗透性和辐射力，为发展新兴产业及其关联产业提供了良好条件。文化创意产业在带动相关产业的发展、推动区域经济发展的同时，还可以辐射到社会的各个方面，全面提升人民群众的文化素质。

（二）文化创意产业发展现状

花桥的文化创意产业起步于20世纪90年代，如1998年就成立了昆山申湖旅游商业发展有限公司，但花桥文化创意产业发展速度最快的是2010—2012年，这几年，大量的文化创意企业如雨后春笋般成立，为花桥新兴产业的发展增添了新的活力。

1. 文化创意产业发展的总量特征

2010—2012 年，花桥文化创意产业得到快速发展，绝大部分文化创意类的公司成立于 2011—2012 年。在 2012 年花桥地区生产总值 141.48 亿元中，服务业增加值为 95.04 亿元，根据可获得的数据，物流和文化创意产业的增加值达到 3.01 亿元。从中可以看出，在花桥经济开发区 2012 年的 GDP 构成中，服务业占 GDP 的比重高达 67.18%，然而，物流产业、文化创意产业等两个行业的增加值占全部服务业增加值的比重仅为 3.17%，物流产业、文化创意产业两个行业的增加值占 GDP 的比重仅为 2.13%。[①] 这表明，花桥的文化创业产业刚刚起步，在服务业增加值和 GDP 中所占比重都不大，尚有较大的发展空间和潜力。

尤其值得一提的是，2010 年 9 月，创意海洋"东南东"在花桥揭幕，致力于打造长三角新的休闲中心，是一座集文化创意、娱乐、购物、餐饮为一体的文化创意产业城。"东南东"整体建筑创意来自于美国著名建筑设计师、茵梦湖集团董事长梁顺才及其率领的国际团队。据了解，一期分为 A、B、C 三个区域。走进 A 区圆弧大厅，12 个 4 层楼高的巨人矗立眼前，色彩斑斓，造型各异，四周为状如海星或者太阳花的海底生物，置身此地，仿佛来到了科幻大片《阿凡达》的世界。在此，游客不仅可以在创意的环境中品尝天下美食，还可以动手打造专属于自己的陶器、香水、刺绣等。整个项目还运用绿色环保和高科技元素，全部采用环保建材，将开辟互动体验式 DIY "透明工场"、IMAX 巨幕 4D 影院、创意城等，打造低碳 MALL 的实践区，让宾客尽享创意之旅。2013 年 8 月 3 日，在昆山文化产业成果展示活动在北京"798 艺术工厂"举行期间，作家出版社江南运营中心、明道工作室等 6 个项目与商务城签订合作协议，总投资额高达 6.34 亿元人民币。

2. 文化创意产业发展的结构性特征

一是文化创意产业刚刚起步，其企业数量占服务业企业总量比重不大。据调查统计，2012 年，花桥服务业企业数量为 546 家，其中文化创意企业只有 44 家，仅占花桥服务业企业总量的 8.06%。根据获取的相关数据和资料，可将花桥文化创意产业所涉及的行业、企业名称及数量列为表 7-2。

表 7-2　　　　　　　　　　花桥文化创意产业和企业分布　　　　　　　　　　单位：家

行业（代码）	企业名称	数量
铁路工程建筑（4811）	昆山禾富装饰工程有限公司	1
电气安装（4910）	昆山九星装饰有限公司、昆山逸梦空间装饰工程有限公司	2
其他建筑安装业（4990）	昆山宏友装饰工程有限公司	1

---

① 统计数据中，物流产业和文化创意产业是合并统计的。

续表

行业（代码）	企业名称	数量
建筑装饰业（5010）	昆山创石集装饰工艺有限公司、昆山春萍装饰工程有限公司、昆山海之罗装饰工程有限公司、昆山明睿凯洪建筑工程有限公司、上海富研建筑装潢有限公司昆山分公司、上海居云建筑装潢工程有限公司昆山花桥美车城分公司、苏州诚品建筑装饰工程有限公司昆山绿地分公司、苏州华康达建筑装饰工程有限公司	8
其他未列明建筑业（5090）	昆山了凡装饰有限公司	1
文具用品批发（5141）	昆山时鑫文化用品有限公司	1
首饰、工艺品及收藏品批发（5146）	苏州罗琳礼盒有限公司	1
其他机械设备及电子产品批发（5179）	昆山一诺乐器有限公司	1
其他未列明批发业（5199）	昆山力牛礼品有限公司、苏州图科教育用品有限公司	2
百货零售（5211）	昆山申湖旅游商业发展有限公司	1
软件开发（6510）	昆山卡带数字娱乐有限公司	2
房地产开发经营（7010）	昆山嘉宝网尚文化投资有限公司	1
投资与资产管理（7212）	汤米（昆山）投资管理有限公司	1
其他专业咨询（7239）	昆山慧漩教育咨询有限公司、昆山闲乐网文化推广有限公司	2
广告业（7240）	江苏华韵盛世文化传播有限公司、昆山金月森广告传媒有限公司、昆山市金海圣广告传媒有限公司、昆山智函广告传播有限公司、昆山众拓广告策划有限公司、苏州联奥广告传媒有限公司、苏州三砥文化传媒有限公司	7
其他未列明商务服务业（7299）	昆山北欧风情文化发展有限公司、昆山渡凡影院管理有限公司、昆山花桥宾至餐饮娱乐管理有限公司、昆山久诚广告装饰有限公司、昆山市博兴知识产权咨询有限公司、昆山宇慧源多媒体有限公司	6
工程勘察设计（7482）	昆山舒景园林绿化工程有限公司	1
绿化管理（7840）	苏州汉桥园林文化创意有限公司	1
电影放映（8650）	昆山中影环银电影城有限公司	1
群众文化活动（8770）	江苏天群文化传媒有限公司	1
歌舞厅娱乐活动（8911）	昆山百鸿娱乐有限公司	1
电子游艺厅娱乐活动（8912）	昆山金源游艺动漫有限公司	1

注：行业代码来自于《国民经济行业分类》（GB/T 4754–2011）。

资料来源：根据花桥统计简编整理（不包含部分资料不详细的企业）。

由表7-2可直观看出，花桥现有文化创意企业中，行业分布较为分散和多样化，企业数量位居前三的行业分别是建筑装饰业、广告业和其他未列明商务服务业。

二是中小型文化创意企业所占比例较大。据不完全统计（少量企业资料不详），在花桥文化创意企业中，全年营业收入0～500万元的企业有14家，全年营业收入501

万~1 000万元的企业有19家，全年营业收入1 001万元以上的企业有7家（其中全年营业收入超过1亿元的企业有2家，规模最大的企业是江苏海润影视制作有限公司，2012年营业收入达2.25亿元，营业利润9 885.14万元，创造税收1 212.95万元）。可见，大多数企业的经营规模并不大，巨型文化创意企业所占比例仍然较小。

（三）文化创意产业的发展优势与劣势分析

1. 文化创意产业发展的优势分析

一是经济基础雄厚。从国际经验看，人均GDP超过3 000美元后，人们对于文化创意型产品与服务的需求将开始加速增长。2012年江苏省人均GDP现已经突破10 000美元，按此经验，江苏居民对文化创意产品和服务的需求应异常迫切。而昆山和苏州的人均GDP要远高于江苏省平均水平，且花桥又临近经济发达的上海市，这些均为花桥发展文化创意产业奠定了坚实的经济基础。

二是政策支持力度较大。创意产业作为高附加值的新兴产业之一，受到了昆山市委、市政府的高度重视。《关于加快昆山市文化产业发展的若干政策意见（试行）》（详见政策篇相关文件）从财政、税收、投融资、土地、人才、奖励等多个方面给出了具体的支持文化创意产业发展的政策意见。自该政策实施以来，已吸引了若干文化创意类公司落户花桥。

三是成本优势显著。前已述及，花桥临近上海，具有显著的区位优势。与此同时，与上海相比，花桥的人力资源、生活费用等则较低，其房价、租金仅相当于上海的1/5。追逐利润最大化的文化创意企业在进行布局选址时，自然会将花桥作为优先考虑的对象。这也是花桥文化创意产业自启动以来得到迅速发展的关键原因之一。

四是现代广播、通信、网络"三网融合"的推进。江苏省"三网融合"的试点工作于2010年7月正式开始，预计在2013年至2015年进入全面推广阶段，在全省普及"三网融合"。数字化传媒手段的普及必然导致数字内容的应用，与此同时，每一个文化消费者都可以通过数字网络媒体进行文化原创、复制和传播。"三网融合"将导致传媒出现一定过剩，而其中蕴涵的内容变为稀缺资源，相应内容产业即为创意产业。毫无疑问，"三网融合"将大大推进文化创意产业的发展。

2. 文化创意产业发展的劣势分析

虽然昆山制定了针对文化产业发展的若干政策意见，以大力扶持文化创意产业的发展。但在花桥文化创意产业发展过程中仍面临如下两大问题：

一是制度保证不力。首先，虽然政府已经运用了经济手段、行政手段给予文化创意产业一定的支持，但是对文化产业发展起着极其重要作用的体制与制度安排还没有完全搭建起来。其次，花桥的文化产业改革中还存在一定的不足和漏洞，尚未完全实现政事分开、管办分离。最后，对文化创意产业的知识产权保护力度不够。江苏省文化产业集团董事长李向民说："目前中国票房突破百亿元，占电影业总收入的70%到80%，但在国际上，音像版权收入才是电影产业收入的大头。如果撇开经济损失不谈，很难想象在一个盗版猖獗、恶意模仿肆虐的国度，还会有大批人坚持独立思考和原创。"

二是融资平台缺乏。目前江苏省文化创意产业发展的资金主要来自政府支持，一个成熟而完善的融资平台尚未搭建。除了政府的财政支持外，中小企业的投资较多。大企业、跨国企业对省内文化创意产业的投资较少。具有大资金投入能力的民营资本进入文化产业，创建民营文化产业集团的较少。江苏由于地方经济相对发达，国有资本在文化产业中占据垄断地位。广电、出版、报业等一批文化企业集团纷纷挂牌成立，虽然改制的方向是要为文化产业"快车道"扫清障碍，但计划经济体制积累下的"惯性"使国有文化资产缺乏资本的属性，一时难以充分进入到投融资体系中来。民营企业这个被视为中国经济最有活力的群体，在经历了多年"灰色地带"的尴尬经营后，终于在项目审批、资质认定、融资等方面与国有文化企业享受了同等的"国民待遇"，但文化产业核心领域的大门实质上仍未完全对其开放。这就导致了文化产业投融资渠道不畅，重量级的文化资本较少。文化产业的社会投融资体制尚未形成，文化产业大规模扩张的资本条件欠缺。

（四）文化创意产业发展面临的机遇与挑战

1. 文化创意产业发展面临的机遇

一是商务部批准启动"现代服务业综合试点"。2013年1月31日，财政部、商务部下发《关于批复启动江苏省苏州市现代服务业综合试点的通知》，同意在昆山花桥经济开发区启动现代服务业综合试点。这是我国启动现代服务业综合试点工作以后，江苏省获批的第一个现代服务业综合试点区域。未来几年，花桥可以充分发挥财政政策和资金的引导作用，营造现代服务业发展的优质环境，争取成为国家试点政策成功试行的典范区，为其他地区现代服务业的发展提供参考模板，这为花桥文化创意产业的发展提供了有利条件。

二是国家和地方政府的着力引导使文化创意产业成为发展亮点。2010年10月18日，《中共中央关于制定国民经济和社会发展第十二个五年规划的建议》中明确提出，发展文化事业和文化产业，满足人民群众不断增长的精神文化需求，充分发挥文化引导社会、教育人民、推动发展的功能，建设中华民族共有精神家园，增强民族凝聚力和创造力。在2012年昆山市政府工作报告中，昆山市委副书记、市长路军提出："以文化创意产业园为龙头，大力发展创意设计、动漫游戏、数字视听、文化旅游等产业，促进文化与科技、创意、金融、旅游相融合，力争文化产业增加值占地区生产总值的比重达5.5%"。这为包括花桥在内的区域文化创意产业发展提供了目标和方向。

2. 文化创意产业发展面临的挑战

一是文化创意行业的竞争加剧。目前，国内多个城市已经形成文化创意产业集聚态势，如北京、上海已分别有数十个文化创意产业集聚区，2007年杭州也建立了十大文化创意产业集聚区。花桥要进一步发展文化创意产业，在借鉴各地文化创意产业发展经验的同时，更应考虑通过凝练自身特色并运用差异化竞争策略，力争在激烈的竞争环境下脱颖而出。

二是经营机制不完善。目前文化创意产业是处于动态发展变化中的新型产业形态，江苏省内区域间差异较大，产业发展仍不平衡，部分城市之间存在重复建设问题。花桥文化创意产业仍存在如下问题：规划、目标和功能定位存在一定问题，尤其是文化创意产业人才体系建设滞后；行业需求与人才储备之间存在巨大缺口；创意人才培养模式陈旧、激励机制单一；人才结构失衡、投融资体制不健全。因此，如何建立健全多元文化市场体系并吸引优秀的文化创意人才，是文化创意产业健康快速发展的关键。

三是缺乏与其他区域之间的交流。虽然国内的文化创意产业尚处于初级阶段，但国外的文化创意产业已有许多成功的宝贵经验，特别像美国、英国、日本、韩国等文化创意产业发达的国家在文化创意产业方面取得了很大的成绩。他山之石，可以攻玉。但是，目前总体来看，花桥无论与国内还是国外，就文化创意产业为主题的交流活动还是比较缺乏的。

（五）文化创意产业的发展方向和政策建议

昆山历来是人文荟萃之地，集聚着大量的优秀创意人才，这为花桥发展文化创意产业奠定了人才基础。只要采取切实可行的推动措施，增强知识产权保护力度，充分发挥广大科技工作者和文艺工作者的聪明才智，把握优秀民族文化的精髓与神韵，与时俱进、紧跟高科技的发展潮流，花桥文化创意产业将有机会成为江苏的一个典范。

1. 制定《花桥文化创意产业发展规划》，确立发展目标和方向

政府部门应在科学论证的基础上，制定《花桥文化创意产业发展规划》，确立花桥文化创意产业发展的近期和长远规划，出台相关的配套政策，在融资、进出口等方面对文化创意产业给予政策倾斜，进一步加大引导与扶持力度，促进文化创意产业加快发展。政府部门可考虑设立文化创意产业发展引导资金，用于支持优秀文化创意产业、优秀动漫影片原创作品等产业的创作和生产，民间素材库的建设以及创意、动漫公共服务技术体系等产业链关键环节的建设。

2. 强化知识产权保护，增强文化创意产业发展动力

加强文化创意产业知识产权制度建设，大力提高文化创意产业知识产权创造、管理、运用和保护能力，进一步加大对文化创意产业的知识产权保护力度，增强全社会的知识产权意识，在全社会形成尊重创新成果的氛围，为成果的推广与应用创造良好的法制环境，保证文化创意产业良性发展，进而为地区产业结构的优化升级提供有力的保障。

3. 完善产业政策，强化对文化创意产业的支持力度

文化创意产业的健康发展需要有一套完善的产业政策支撑体系作保障。建议政府部

门借鉴国内外文化产业发达地区的经验，进一步研究构建适应社会主义市场经济体制要求、文化创意产业发展规律和花桥实际情况的文化产业政策，避免项目撞车、重复建设、恶性竞争，在产业发展政策方面打"组合拳"，促使花桥文化产业增加值加速发展，到 2015 年文化创意产业增加值占 GDP 的比重力争达到 5% 以上的目标。因此，要加大扶持力度，特别是要优化民营文化企业发展环境，加大对民营文化企业的政策和资金扶持。研究制定促进花桥文化创意产业发展的若干政策和《花桥文化创意产业投资指导目录》，为社会资本投资文化创意产业提供清晰实用的"参考书"和"路线图"。

三、电子商务

花桥的电子商务产业刚刚起步，但具有广阔的发展前景，未来可能成为花桥新兴产业的生力军。

（一）电子商务的概念与特征

1. 电子商务的概念

狭义地说，电子商务（Electronic Commerce，EC）是指通过使用互联网等电子工具（这些工具包括电报、电话、广播、电视、传真、计算机、计算机网络、移动通信等）在全球范围内进行的商务贸易活动。它包括商品和服务的提供者、广告商、消费者、中介商等有关各方行为的总和。人们一般理解的电子商务是指狭义上的电子商务。

广义而言，电子商务是通过电子手段进行的商业网事务活动，通过使用互联网等电子工具，使公司内部、供应商、客户和合作伙伴之间，利用电子业务共享信息，实现企业间业务流程的电子化，配合企业内部的电子化生产管理系统，提高企业的生产、库存、流通和资金等各个环节的效率。

联合国国际贸易程序简化工作组对电子商务的定义是采用电子形式开展商务活动，它包括在供应商、客户、政府及其他参与方之间通过任何电子工具，如 EDI、Web 技术、电子邮件等共享非结构化商务信息，并管理和完成在商务活动、管理活动和消费活动中的各种交易。

2. 电子商务的特征

电子商务具有如下基本特征：

（1）普遍性。电子商务作为一种新型的交易方式，将生产企业、流通企业以及消费者和政府带入了一个网络经济、数字化生存的新天地。

（2）方便性。在电子商务环境中，人们不再受地域的限制，客户能以非常简捷的方式完成过去较为繁杂的商业活动。如通过网络银行能够全天候地存取账户资金、查询信息等，同时使企业对客户的服务质量得以大大提高。在电子商务商业活动中，有大量的人脉资源开发和沟通，从业时间较为灵活。

（3）整体性。电子商务能够规范事务处理的工作流程，将人工操作和电子信息处理集成为一个不可分割的整体，这样不仅能提高人力和物力的利用率，也可以提高系统运行的严密性。

（4）安全性。在电子商务中，安全性是一个至关重要的核心问题，它要求网络能提供一种端到端的安全解决方案，如加密机制、签名机制、安全管理、存取控制、防火墙、防病毒保护等，这与传统的商务活动有很大区别。

（5）协调性。商业活动本身是一种协调过程，它需要客户与公司内部、生产商、批发商、零售商间的协调。在电子商务环境中，它更要求银行、配送中心、通信部门、技术服务等部门多个部门的通力协作，电子商务的全过程往往是一气呵成的。

（6）集成性。电子商务以计算机网络为主线，对商务活动的各种功能进行了高度集成，同时也对参加商务活动的商务主体各方进行了高度集成，高度的集成性使电子商务进一步提高了效率。

（二）电子商务发展现状

当前，电子商务正在全球范围迅猛发展，并逐步渗透到研发、生产、流通、消费等实体经济活动的全过程，成为引领生产生活方式变革的重要推动力。2012年8月6日，中国E谷阿里巴巴电子商务大厦启用暨花桥国际电子商务产业园盛大开园，成为中国首个高起点、高规划品牌电子商务产业园区。这座总建筑面积4.5万平方米的阿里巴巴电子商务大厦，通过实体平台与虚拟平台的强强联手，整合线下丰富的实体资源和物流配套资源，为电子商务企业提供总部经济、商务办公、产品展示、创业融资、仓储物流、生活配套等集成性服务，形成一系列新兴的进出口商贸、采购中心、结算中心、软件科技、服务外包、创意、风险投资等电子商务系列产业链，吸引涉及电子商务各个环节的第三方服务企业进驻，打造完整的电子商务生态圈。这表明，尽管花桥电子商务产业刚刚起步，但具有良好的发展前景。

1. 电子商务产业发展的总量特征

一是花桥电子商务尚处于起步阶段，电子商务类的公司数量较少。根据花桥统计简编提供的数据表明，花桥目前仅有两家电子商务公司，分别为2011年5月开业的北京世纪卓越信息技术有限公司昆山分公司和2012年10月开业的昆山凯臣服饰有限公司。

二是花桥电子商务产业的规模还较小。2012年，北京世纪卓越信息技术有限公司昆山分公司和昆山凯臣服饰有限公司的营业收入分别为9.67亿元和1 500万元。这凸显了处于起步阶段的花桥电子商务产业规模尚小的特征。

2. 电子商务产业发展的结构性特征

一是电子商务企业数量占服务业企业总量比重较小，仅涉及两大行业。截至2012年底，花桥服务业企业数量为546家，其中电子商务企业数量仅2家，占花桥服务业企业数量总数的0.37%。根据获取的相关数据和资料，可将花桥电子商务企业所涉及的行业、企业名称及数量列为表7-3。

表 7 - 3 花桥商贸服务（销售公司）行业和企业分布　　　单位：家

行业（代码）	企业名称	数量
其他铁路运输辅助活动（5339）	北京世纪卓越信息技术有限公司 昆山分公司	1
服装批发（5132）	昆山凯臣服饰有限公司	1

注：行业代码来自于《国民经济行业分类》（GB/T 4754 – 2011）。

资料来源：根据花桥统计简编整理（不包含部分资料不详细的企业）。

由表 7 – 3 可直观看出，花桥现有电子商务企业中，仅涉及两个行业，分别为其他铁路运输辅助活动和服装批发。其中，北京世纪卓越信息技术有限公司昆山分公司 2011 年 5 月成立，其 2012 年全年营业收入为 9.67 亿元，而昆山凯臣服饰有限公司 2012 年 10 月才成立，其 2012 年营业收入涉及月份较少，只有 1 500 万元。

二是皆为民营企业。根据统计资料，截至 2012 年底，花桥仅有的 2 家电子商务企业均为民营企业。这表明未来花桥的电子商务行业发展，主要仍需依靠民间资本的介入和推动。

值得一提的是，亚马逊公司是全球 500 强公司，总部位于美国华盛顿州西雅图。它创立于 1995 年，目前已成为全球商品品种最多的网上零售商和全球第二大互联网公司。亚马逊致力于成为全球最以客户为中心的公司，使客户能在公司网站上找到任何他们想在线购买的商品，并力图为客户提供可能做到的最低价格。亚马逊中国是一家中国 B2C 电子商务网站，为客户提供各类图书、音像、软件、玩具礼品、百货等商品。亚马逊中国总部设在北京，目前在中国有 14 个运营中心，分别位于北京（2 个）、天津、苏州、昆山、广州（2 个）、成都、武汉、西安、厦门、南宁、沈阳、哈尔滨，主要负责厂商收货、仓储、库存管理、订单发货、调拨发货、客户退货、返厂、商品质量安全等。同时，亚马逊中国还拥有自己的配送队伍和客服中心，为消费者提供便捷的配送及售后服务。亚马逊中国基于国内良好的发展态势，为进一步拓展国内市场，于 2011 年 5 月在昆山设立亚马逊中国昆山分公司作为亚马逊中国的运营中心之一。根据目前亚马逊中国的规划，昆山运营中心是亚马逊中国当前最大的运营中心之一，也是目前中国电子商务界最大的运营中心之一。昆山运营中心已于 2011 年 10 月正式投入运营，作为亚马逊中国全国物流体系的又一次战略布局，昆山运营中心的成立将大大提升上海及整个华东地区的运营能力，升级消费者的购物体验，并进一步巩固其在电子商务领域的领袖地位。昆山运营中心在 2011 年 9 月 1 日 B 楼投入运营，总面积为 50 000 平方米，10 月 30 日 C 楼投入运营，总面积为 50 000 平方米，A 楼于 2012 年投入运营，总面积为 20 000 平方米。全部投入使用后，亚马逊中国昆山分公司总使用面积已达 120 000 平方米，所涉及的商品种类会达到数百万种。2012 年销售额已超过 11 亿元，2013 年销售额预计会达到 15 亿元左右。今后，亚马逊中国昆山运营中心将继续致力于为华东地区以及全国的消费者提供最佳的客户体验，积极增加商品品类，提升服务水平，保持至少 20% 的年增长率，为中国的电子商务发展贡献力量。

（三）电子商务产业的发展优势与劣势分析

1. 电子商务产业发展的优势

当前在花桥发展电子商务，有如下两大优势。

一是硬环境充足。昆山是制造业和 IT 业重镇，中小企业众多，商务活动较为频繁，进出口贸易比较活跃，对电子商务的潜在需求非常旺盛。贸易规模的增长和服务外包的兴起为电子商务的区域化发展奠定了坚实基础。

二是软环境成熟。花桥国际商务城的建设为电子商务的发展提供了有利的环境。作为金融服务外包基地、总部基地、现代物流基地，花桥国际商务城为电子商务的发展提供了广阔的空间和良好的环境。同时，花桥国际商务城还具备其他地区没有的政策优势和区位优势。这些为电子商务的发展提供了优良的软环境。

2. 电子商务产业发展的劣势

虽然花桥制定了若干针对现代服务业发展的政策意见，但在这些政策中，还尚未形成关于促进电子商务产业发展的系统性政策。而缺乏系统的政策支持可能导致的后果是，不少企业对采取电子商务这一商业模式持观望态度。此外，虽然阿里巴巴大厦已经建立，但是大型电子商务企业入驻很少，由于缺乏旗舰型电子商务企业，使得花桥电子商务的产业基础还不牢固，尚未形成产业集群，也导致对其他电子商务企业的吸引力不足。

（四）电子商务产业发展面临的机遇与挑战分析

1. 电子商务产业发展面临的机遇

当前在花桥发展电子商务，面临着如下两大机遇。

一是昆山试验区的国批和海峡两岸（昆山）商贸示范区的建设为花桥发展台湾商品电子商务提供了良好机遇。国务院批复昆山实验区的七条政策中，有两条与商贸示范区发展对台商品贸易有直接关系，包括支持符合条件的贸易企业适用加工贸易便利化措施和放宽台湾原产地产品的检验检疫准入，简化审批手续，这些都将降低台湾商品进入大陆市场的成本。在当前电子商务大繁荣的时代，台湾电子商务企业迫切需要进入大陆电子商务市场，一些台湾传统贸易和销售企业也亟须转变营业模式，走电子商务道路。海峡两岸（昆山）商贸示范区的设立正好满足了台湾企业的需求，目前，一些台湾电子商务企业已经表达了进入商贸示范区的意愿。

二是电子商务已构成了人们的生活之需，并成为未来商业模式的重要趋势。电子商务是互联网时代传统经济与信息技术相结合的新型经营模式，吸引了众多信息技术企业、风险投资公司和生产流通企业加入其中。当前，越来越多的消费者参与到商品的设计与制作过程之中。对企业而言，面向个人消费者的多样化、个性化的电子商务服务将是决定其未来成败的关键因素之一。随着互联网技术的发展，特别是 3G 大幕的开启和即将到来的物联时代，电子商务必将走进人们的日常生活，融入经济社会发展的各个领域，成为如手机般不可或缺的生活之需。同时，作为一种新的商业模式，电子商务正在逐步进入成熟和稳定的发展阶段。发展电子商务是缩短国内企业与国外企业差距的一个有效手段，电子商务对中小企业开拓市场并利用好国内、国外两种资源，具有重要意义。电子商务必将在全国各地蓬勃兴起，掀起一场新的革命，引领互联时代的发展潮流。

2. 电子商务产业发展面临的挑战

花桥发展电子商务产业面临着激烈的竞争。电子商务这一商业模式能节省中间环节和流通费用，其产品竞争力整体强于传统商业模式，因此近些年不少企业和商家积极采取电子商务模式来完成交易。同行业的企业在运用电子商务模式展开竞争时，往往不受地域限制，伴随着大量商家加入"电子商务大军"，这一领域的竞争将变得异常激烈。相对而言，花桥发展电子商务起步较晚，激烈的竞争将成为花桥发展电子商务产业面临的主要挑战。

（五）电子商务产业的发展方向和政策建议

花桥电子商务产业刚刚起步，如何克服劣势、应对挑战，是电子商务产业发展成功与否的关键。如果能借鉴其他地区发展电子商务的经验，积极进行规划并加大政策支持力度，借助于明显的区位优势和成本优势，花桥的电子商务产业必将得到进一步快速发展。为此，提出如下建议：

1. 制定《花桥电子商务产业发展规划》，确立发展目标和方向

政府部门应在科学论证的基础上，制定《花桥电子商务产业发展规划》，确立花桥电子商务产业发展的近期和长远规划，出台相关的配套政策，对电子商务产业提供政策优惠，加大引导与扶持力度，促进电子商务产业加快发展。

2. 积极引入大型电子商务企业，形成产业集群效应

以阿里巴巴大厦为基础，进一步加大对大型电子商务企业的引进力度，重点放在有一定规模的台湾电商企业、具有国内外影响力的电商企业职能总部和分支中心，以及中型电商企业总部，健全包括平台运营商、代运营服务商、技术支持服务商、物流服务商、电子支付服务商、认证与信息服务商和培训服务商等在内的电子商务体系，创造业态相对独立但又互相支撑的良好局面，逐渐形成电子商务的产业集群。

3. 积极打造商贸示范区的公共服务电子商务平台

目前海峡两岸（昆山）商贸示范区内已有个别企业如义美生活馆等开始了网络交易，但还没有形成群体效应，还未形成整个示范区的电子商务平台的雏形，这将不利于商贸示范区的整体建设和招商引资，为此，建议在商贸示范区内积极打造公共运营与服务平台。该平台主要面向整个商贸示范区，通过联合台湾各种行业的协会、大企业以及

海峡两岸大型电子商务平台运营商，为进入商贸示范区的企业及出口台湾商品的中小商户提供统一的电子商务服务，通过各类资源的整合，将台湾商品的运输、通关、检测、仓储、销售等功能集于一体，便利化、专业化贸易流程，降低贸易成本和网上交易成本。随着台湾和大陆电商企业逐渐入驻商贸示范区，未来需要强化公共服务电子商务平台与企业自身运作平台之间的分工与合作，最终在商贸示范区形成完备的电子商务产业链。

[参考文献]

1. 董绍斌：《中小企业电子商务运营模式与路径选择》，载《企业经济》，2011（12）。

2. 刘睿、罗平、刘志坚：《危机后我国私募股权投资基金的监管：挑战与对策》，载《金融与经济》，2012（9）。

3. 刘媛媛、黄卓、何小锋：《股权投资基金与企业实际投资的实证研究》，载《商业经济与管理》，2012（10）。

4. 宣烨、李思慧：《江苏省文化创意产业发展现状及制约因素分析》，载《南京财经大学学报》，2012（5）。

5. 周俭司、董玊、胡荣华：《江苏电子商务发展研究》，载《中国国情国力》，2013（8）。

第八章　花桥现代服务业发展比较

一、经济发展模式概念和相关理论

厘清对象是研究的基本前提，在对花桥经济发展模式作相应探索时，清晰界定区域经济发展模式是必要的。总体上看，目前国内理论界对经济发展模式的理解还存在些许差异。如王晓华、侯建香（2004）认为，"经济发展模式是指在一定时期内和一定条件下，以经济增长为前提和基础的经济发展的基本特点，它反映一国在一定时期内的经济发展状况"；肖杨（2004）认为，"发展模式即为一个国家、一个地区在特定的生活场景中，也就是在自己特有的历史、经济、文化等背景下所形成的发展方向，以及在体制、结构、思维和行为方式等方面的特点，是世界各国或地区在实行现代化道路过程中对政治、经济体制及战略等的选择"；洪银兴（2007）认为，所谓"发展模式"，是指"在一定地区，一定历史条件，具有特色的经济发展的路子"，这也是对特定时空经济发展特点的概括。环境和条件的可变性决定了发展模式的可变性。其实，"模式"一词，就简单意义上来说就是模型、样式的意思。宏观上看，经济发展模式是指总方向一致前提下具体的发展方式。由此可见，所谓经济发展模式即是指一个区域经济发展的总体方式，具体包括经济发展目标、产业结构、组织机制、运行机制等多重要素组合的经济发展模式，当然这种发展模式还要依各地区的历史、文化、地理等多方面的特征而有所区别。

当然，经济发展模式也是动态调整和变化的，并随着时代变化而不断赋予新的内容和含义。洪银兴（2007）就指出，当一种模式有新发展时，实际上包含两层含义：一是这种模式在新的发展阶段有创新；二是原有模式的合理内涵在新模式中得到了继承。他认为在新的历史形势下，"苏南模式"转向并发展成为"新苏南模式"，"新苏南模式"在很大程度上保留了原有"苏南模式"的传统，例如立足本地发展实业、注重共同富裕、地方政府和市场共同作用等。这些传统在"新苏南模式"中没有完全被抛弃，而是在新的模式中保留下来了。因此，"新苏南模式"既体现对原有"苏南模式"的路径依赖，又体现了发展模式在新的发展阶段的创新，实际上是指"苏南模式"的新发展。

综上所述，花桥服务业发展模式是花桥服务业发展道路、发展战略目标和实现形式的统一体，它具体可包括花桥服务业发展总体目标、发展结构和发展实现方式。它既是花桥过去长期发展经验和现在发展方式的总结，也是花桥未来发展的重要依托。花桥发展模式是动态的，随着花桥经济社会发展实际状况变化而不断创新和发展。

二、国内区域发展模式比较

（一）国内典型区域经济发展模式

1. 苏南模式

费孝通把处于发展初期的"苏南模式"的主要特征归纳为五个方面：一是集体所有制；二是接受大城市的辐射；三是政府经营；四是离土不离乡；五是工农相辅。随着所有制理论的突破、国企改革的不断深化以及市场经济体制的逐步确立，新形势下的"苏南模式"不管是内涵还是外延都已发生了重大变化：一是"产权模糊"的乡镇企业实施改制以后，企业出资主体变成了民间资本为主，包括改制为规范的股份制企业、股权单一的个体、私营企业；二是党的十五大以来，民营企业逐渐取代乡镇企业成为了"新苏南模式"的主体。

20世纪90年代中后期，"新苏南模式"确立了将发展外向型经济作为经济增长的突破点，开始大力利用外资，逐渐形成了以招商引资为特征的外向型经济，积极拓展国际市场。

苏南模式的主要特点是强政府—弱市场模式。主要表现在：中央控制较强，改革主要由地方政府驱动，地方政府在改革过程中扮演主要角色，而市场因素，包括市场主体结构、组织形式、经营管理方式等在其中扮演着次要角色。

2. 温州模式

费孝通先生对"温州模式"一个颇具影响的经典表述为"小商品、大市场"，后来学术界进一步概述为：以家庭经营为基础，以家庭工业和联户工业为支柱，以专业市场为依据，以供销员队伍及农村能人为骨干，以农村包围城市，发展经济、繁荣经济。

温州模式的主要特点是弱政府—强市场模式，中央和区域地方政府的控制和支持都很弱，反而被市场自发力量带动着进行变革。温州个体、私营经济的成长，市场自发力量的强大，成为温州变革的决定性力量。温州的市场经济最初基本上是自由放任式的，政府管得少，政策宽松。温州人经济是"温州模式"的另一个重要特征。他们在全世界各地利用资源，又向全国与世界各地输送资源和产品。在海外与省外，先出去的温州人在自己立足后，往往把自己的亲戚朋友带出去，用各种方式帮助新来的温州人创业。

3. 珠江模式

费孝通先生在实地调查了珠江三角洲乡镇企业发展状况之后，将顺德模式、南海模式、中山模式、东莞模式统称为"珠江模式"。珠江模式特征包括以集体经营为主，个体、租赁、"三来一补"、中外合资和合作等多种经营形式相结合，尤其是大量的"三来一补"、合资、合作经营；依托华侨、港澳同胞资金和创业经验以及港澳的国际信息、技术、人才和设备；以外向型经济为导向，两头在外，注重开拓国际市场。

珠三角模式总的特点是强政府—强市场模式。其表现有：中央控制早期较弱，同时给予地方政府在改革开放中一定的自主权和政策支持。改革在初始阶段也主要由中央和地方政府驱动，同时市场要素在原有萌芽的基础上与政府改进的方向大体同步，并互相推动彼此的改进过程。地方政府在改革过程中始终扮演着积极角色，拥有丰富的政策和市场资源，同时市场因素在改革的过程中不断发展和累积，并逐渐具备取代政府力量成为改革主体的能力。此外，港澳等异质市场与制度要素的引入也具有关键性的意义。

在新的历史形势下，三种发展模式出现了一些趋同性的特征，具体体现在三个方面。第一，建立共同的企业制度：明晰的产权、规范的竞争。第二，经济发展的主要走向：企业混合所有制，市场统一开放，产业结构优化升级，工业化、城市化和国际化水平不断提高。第三，经济增长的主要动力：外资、民资协调发展和投资、消费、出口均衡拉动。

（二）与花桥相近或类似的区域服务业发展模式

1. 宁锡常的服务外包发展模式

苏南地区近些年都在大力发展服务外包产业，也都取得了良好的发展效果，并各自形成了自己的发展模式。

其一，南京依靠高校人才和技术资源，大力发展软件服务外包。南京从事软件类外包服务的企业占到全市外包服务企业的 70% 以上。其中 22 家企业通过 CMM/CMMI2 级以上认证。南京全年各类服务外包企业承接的离岸服务外包业务总额累计为 11.7 亿美元，离岸服务外包业务的发包国家和地区主要包括美国、日本、英国、奥地利、法国、加拿大、瑞士等，从业人员达到 2.3 万人。南京拥有各类普通高等院校 40 余所，每年向社会输送大量的大学毕业生，其中 IT 专业人才超过 1 万人，拥有丰富的计算机软件服务外包产业人才资源。

南京早已是国内重要的通信枢纽之一，是江苏省及长江中下游信息高速公路的主要结点，经过多年的努力，已经建立起包括移动通信、光纤数字通信、网络通信在内的立体化通信网络，具有当今世界最先进的电信设备和传输手段，可提供多路由服务和完善的通信设备服务。为了进一步扶植行业企业的发展，南京还选择了一批效益较好的软件企业，通过政策导向、环境营造和校企联合，调动各类高校、研究所以及实验机构等的积极性，引进国外先进的外包服务人才培训模式，帮助企业培育核心竞争力，强化外包服务的专业性，积极开发自主知识产权，带动整个南京的服务外包的发展。

其二，无锡强调高质量载体建设，出台大力度扶持政策。近年来，无锡全面启动了服务外包载体建设，并且不断完善功能。目前全市建成的服务外包载体达 250 万平方米，如创新创意产业园、太湖国际科技园、无锡国家工业设计园等，形成"PAPK"系列，这些新载体集研发、办公、生活、娱乐等功能于一体，为无锡的服务外包产业发展打下良好的物质基础。

无锡先后制定了一系列扶持和鼓励服务外包的特殊政策，目的在于帮助无锡的服务外包产业抓住市场机遇快速崛起。其中"123"计划对符合条件的企业实施租金减免、资金补助、出口奖励、人才奖励。该政策具有前瞻性强、目标明确、支持力度大、操作简便四大显著特点，是无锡力度最大、最引人注目的政策之一。

其三，常州突出特色优势，大力开发动漫产业。常州市服务外包发展的特色优势是动漫产业，在全国处于领先地位。2008 年 12 月，常州市政府成立常州创意产业基地，全面整合常州软件园、国家火炬计划软件产业基地、国家动画产业基地、国家数字娱乐产业示范基地和环球恐龙城等相关资源，力求将其打造成为创意产业发展核心园区。截至 2011 年底，大批知名动漫企业入驻常州创意产业基地，入驻的动漫企业达到 100 余家，从业人员超过 4 000 人，形成了完整的动漫产业链。已有 5 家动漫企业被评为"国家文化出口重点企业"，拥有"国家文化出口重点项目" 5 个，占江苏的 70% 之多。常州创意产业基地已成为"全国十佳最具投资价值创意基地"之一。

常州非常重视本地动漫人才的培养，目前已在 10 余所大专院校开设了 10 多个与创意动漫产业相关的专业，如软件工程、影视动画、工业设计等。常州科教城是全国第一个以高等职业教育为显著特色的实用型人才培养摇篮，建立了 3 个软件、动漫等方面的训练基地，每年可培养具有实际操作能力的软件及动漫专业人员逾 2 000 名，满足了服务外包企业人才的本地化需求。常州服务外包产业未来的发展目标是打造亚洲创意动漫制造中心。

2. 上海漕河泾地区发展模式

上海漕河泾新兴技术开发区创建 20 多年来，已形成了以电子信息为支柱产业，以新材料、生物医药、航天航空、环保新能源、汽车研发配套为重点产业，以高附加值现代服务业为支撑产业的产业集群框架，并成为全国具有代表性的现代服务业发展示范区，对于花桥经济开发区来说，漕河泾的发展模式具有很大的借鉴价值。漕河泾开发区发展模式的最大特点，总的来说是"四个并举"，即坚持二、三产并举，内外资并举，产业发展和科技创新并举，"引进来"和"走出去"并举的发展原则。

一是坚持二、三产并举。在秉承原先产业发展优势的基础上，着力引进高新技术产业项目、战略性新兴产业项目以及科技型生产性现代服务业项目，实现园区二、三产融合发展，逐步实现以高新技术产业推动现代服务业，现代服务业促进高新技术产业发展的"两翼联动"的产业发展模式。

二是坚持内外资并举。在不放松外资项目引进的同时，加大力度引进和发展内资项目，着力引进、扶植一批发展有潜力、内在素质好、技术含量高的内资高科技企业及现代服务业项目，实行内外资并举。

三是坚持产业发展和科技创新并举。在重点发展产业项目的同时，进一步发挥科技创新的作用，从单个高新技术项目的引进，向完善其产业链以及提升自主创新能力转变。大力扶持和培育具有自主知识产权的高新技术企业，加快创新型科技产业园区建设。

四是坚持"引进来"和"走出去"并举。充分利用国内外两个市场、两种资源，在着力引进内外资高科技企业的同时，加强与国际科技园区、国内外开发区、知名大学、研究机构和跨国公司进行交流，在产业、建设、人才、管理、服务等领域开展广泛合作，走出漕河泾，走向长三角，根据国家要求，引导产业转移和结构调整，加速开发区全面实现现代化和国际化。

3. 印度班加罗尔软件科技园的投融资模式

班加罗尔位于印度南部坎纳达、德卢固与泰米尔文化的交汇处，是卡纳塔克邦的首府。班加罗尔以其计算机软件业闻名世界，被誉为印度的"硅谷"，是全球第五大信息科技中心。1991年，在班加罗尔正式建立了全国第一个计算机软件技术园区——班加罗尔软件产业科技园，园区耗资60亿卢比，由邦政府、印度塔塔集团与来自新加坡的资金合建，邦政府占20%的股份，其他两家各占40%。

从发展历程来看，1985—1995年，园区以软件组件与维修服务为主要业务，1995—2000年以电子商务、ERP为主要业务，2001—2004年转以系统整合、软件外包、BPO为主要业务，近年来转向以IT顾问、IT委托服务为主，业务范围、客户数量与内容深度不断扩大。目前，班加罗尔已有高科技企业5 000多家（1 000多家由外资参与经营）。软件企业1 400多家，其中60多家为IC设计公司，近250家为系统软件公司，140多家为通信软件公司，350家为应用软件公司，350家是与IT业相关的公司。全球500强中就有160多家企业由印度供应其全球营运点所使用的软件。全球软件开发评级CMM的最高等级是五级，印度拥有58家，其中的33家就坐落在班加罗尔。班加罗尔抓住印度政府大力发展信息产业的时机，利用本地资源优势，集中发展软件外包产业，已发展成为印度最大、最著名的软件科技园，成为全球重要的软件外包中心。

班加罗尔软件科技园的成功，离不开其优越的投融资环境及与之相适应的投融资模式。总体来看，主要具有以下四点特征。

一是政府研发投入引导。印度科技研发经费的85%由中央及各邦政府提供。为了筹集足够的科技研发经费，政府采取了如下的政策措施：增加国家对科研经费的财政开支，设立技术开发和应用基金，出台征收研究与开发税的条例，同时鼓励科研机构与企业联合创新开发，促进科研成果商业化、产业化。

二是优惠的商业银行贷款。印度商业银行如印度工业发展银行提供优惠的贷款给软件企业，而且，商业银行的分支行设立一个专门的IT金融部门来为软件企业服务。另外，商业银行经常以股本的模式参与企业投资，为企业提供增值服务。

三是便利的上市融资。政府为软件公司进入国内外证券市场融资创造宽松的环境，允许信息技术企业注册后1年内就可公开上市集资。在班加罗尔本地拥有班加罗尔证券交易所，便于班加罗尔软件科技园区企业在当地上市融资。

四是独特的风险投资。1988年，印度第一家风险投资公司——印度技术发展与信息有限公司（TDICI）在班加罗尔成立，由印度单位信托公司（UTI）和印度产业信贷投资有限公司（ICICI）共同发起设立，双方各占50%的股份。如今，印度最大的风险投资公司如印度技术发展与信息有限公司TDICI、Draper、Walden－Nikko、JumpStartup和e4e都将总部设在班加罗尔。另外两个著名的个人风险投资公司Chrysalis（总部设在孟买）和Infinity（总部设在新德里）在班加罗尔也设立了办事机构进行风险投资。班加罗尔和美国硅谷的风险投资公司聚集地沙丘路（Sand Hill Road）有着广泛的联系。班加罗尔软件科技园的风险投资公司的主要特点：一是主要由金融机构发起设立，包括由中央联邦政府控制的金融发展机构、由州政府控制的金融发展机构、由公共商业银行、外资银行及私人银行发起设立；二是风险投资主要投资于风险企业的成长期、后期及已上市风险企业。

三、花桥服务业发展模式特征

通过总结花桥的发展经验，分析花桥的现有经济发展条件，并积极借鉴各种层次的发展模式，本书认为，花桥服务业发展模式具有以下特征。

其一，在发展目标上，以现代服务业为主体，有的放矢、综合发展、力求特色。坚持产业转型和升级，打造高端服务业聚集地和特色服务产业示范区。作为江苏省唯一一个以现代服务业为主导产业的省级开发区，花桥选取了总部经济、服务外包、投资基金、商贸服务、物流业、电子商务和文化创意为代表的现代和新兴服务业作为花桥的主导产业，并以服务外包为特色产业，着力打造服务外包基地和国家级金融服务外包示范区，凸显产业特色。为此，花桥在招商引资上，重点向高端服务业倾斜，积极引进了一批具有竞争力的外资及内资服务业大企业和大项目，如恩斯克投资有限公司、哈森商贸（中国）股份有限公司，积极改造、升级原有企业，限制传统服务业和一般制造业企业的引进，"腾笼引凤"，不断优化产业结构，提高服务业比重。以服务外包尤其是金融服务外包为特色发展产业，并以此打造花桥发展名片。从2009年开始，花桥连续四年入选"中国服务外包园区10强"并跃居第二名，逐渐形成了包括ITO、BPO和KPO在内的完整的服务外包产业链，国际知名的服务外包企业如华道数据、凯捷、简柏特、戴尔服务等企业入驻，并成功举办中国金融外包峰会等活动，服务外包尤其是金融服务外包已经成为花桥产业的"金字招牌"。

其二，在发展方式上，服务江苏、融入上海、面向世界，先行先试，积极开拓创新。以昆山试验区和海峡两岸（昆山）商贸示范区建设为契机，打造台资服务业高地和我国服务业对外开放先行区。花桥充分发挥其靠近上海的区位优势，主动融入上海，接受上海辐射，承接上海商务外溢，主动成为连接上海与苏南地区的中间节点。依托上海作为金融中心、贸易中心和商务中心的地位，利用上海要素成本上升和产业垂直化加速的契机，花桥出台了各种优惠和扶持政策，积极吸引内外资企业，打造为上海配套的金融服务外包、现代物流、区域总部经济、区域销售、应用性研发等产业，并进而融入到全球产业的价值链中。同时，花桥积极利用开放政策，积极试点，开拓创新。一是利用江苏省打造现代服务业示范区的政策优势，不断突破原有发展思路和模式，高起点规划、高规模投入、高标准要求，不断创造服务业发展条件。2013 年 1 月 31 日，财政部、商务部发出《关于批复启动江苏省苏州市现代服务业综合试点的通知》，同意在花桥国际商务城开展现代服务业综合试点，主要试点电子商务和现代物流，这为花桥服务业发展进一步带来了政策优势。二是利用《昆山深化两岸产业合作试验区方案》中在研发服务、金融业开放、台湾商品检验检疫等方面的优惠政策，积极创新，建立海峡两岸（昆山）商贸示范区，通过两岸产业的深度融合带动经济发展。通过不断聚集台资金融业和商贸业等企业（集团），配套发展相应的物流、服务外包、高端商业商务等产业，构建以台资金融业、商贸业为特色的高端服务业体系。在此过程中，不断探索现代服务业发展模式，积累服务业开放经验，并积极学习上海的先进理念，力争形成具有花桥自身特色的服务业开放模式，成为我国服务业对外开放先行区。

其三，在发展道路上，坚持均衡发展，实现经济发展方式的"五大协调"。即产业发展和创新创造相协调、产业特色与结构平衡相协调、政府服务和市场主体相协调、人才吸引与人才培养相协调、经济增长和环境生态相协调。

一是产业发展和创新创造相协调。通过科技等创新带动产业发展，尤其是高端服务业发展，在促进花桥产业规模不断发展的同时，重视创新创造的作用，通过创新驱动推动产业升级和再造。在服务业的培养上，花桥同国内和江苏省内其他同类镇区相比，将考核体制更多地与服务业挂钩，抛弃简单的"数字政绩"观，坚持将打造服务业创新创业环境作为首要目标，耐得住寂寞，通过提供优质环境来吸引高级服务业项目和企业，发展高端服务业，实现服务业产业的发展。

二是产业特色与结构平衡相协调。花桥在重点发展总部经济、服务外包等现代和新兴服务业的同时，积极、有序改造传统服务业和第二产业，提升传统产业的技术含量，实现产业转型过程的顺利和平稳。花桥在重点打造科技研发、总部经济的同时，不断改造传统服务业形态，积极发展诸如哈森商贸、好孩子商贸、展耀贸易等大型商贸企业的区域总部，以及亚马逊、阿里巴巴等电子商务企业，通过新业态、新技术改造传统服务业，实现服务业自身升级。

三是政府服务和市场主体相协调。花桥经济开发区管委会积极打造各种产业发展基础设施和平台，制定和实施一系列产业优惠和人才吸引政策，为企业提供技术、人才等支持，营造良好的企业发展环境，包括建立总部基地、海峡两岸商贸示范区、各种人才公寓、共性技术平台和产学研合作平台等，为企业发展做好服务工作。同时，坚持以市场化运营为主导，充分发挥企业自身创造力，做好企业服务者角色。

四是人才吸引与人才培养相协调。通过优化人才环境、提高人才待遇，形成重视人才、尊重人才的观念，积极利用周边地区如上海、南京等人才聚集地的人力资源，多渠道、多方式引进并留住相关人才尤其是高层次人才，缓解自身人才不足的先天劣势。同时，通过各种社会培训、职业教育、进修等方式培养人才，设立硅湖学院、安博实训基地，为企业提供专业化的人才培训服务。在高端人才吸引上，采取"产业跟着项目走，项目跟着人才走"的模式，重点奖励和扶持领军人才和高层次紧缺人才创新创业，将人才培养和产业发展紧密结合起来。

五是经济增长和环境生态相协调。花桥高度重视生态环境建设，早在花桥经济开发区规划时，就提出生态环境建设先行，建造一个独特的生态办公区，打造"世界办公室"，为此，花桥聘请美国易道环境规划设计有限公司设计，突出生态特色。充分利用广阔的发展空间精心实施景观建设，使绿地、湖泊、树木、广场、建筑等有机交错，让企业在享受低廉成本的同时，享受着建筑、人与自然和谐共存的一流生态型商务社区，全力打造一个宜居的、休闲的生态商务型城市。

四、花桥服务业发展模式的演化方向

花桥在形成自身发展特色、引领产业升级的同时，其发展模式和发展路径也在不断演化中，借鉴国际经验尤其是发达国家大都市卫星商务城的发展经验，结合花桥现有特征，本书认为，花桥发展模式将向以下几个方面演进。

其一，在政府市场关系上，进一步厘清两者的边界，形成政府服务高效、市场机制完备的资源配置体系。目前，"昆山服务"的精神已经成为昆山吸引外部投资的一张名片，而花桥提出的"昆山创新、花桥服务"的理念更进一步强调和彰显了政府的服务理念，也成为花桥吸引高端服务业的重要依托。目前，花桥在产业平台载体建设、服务业企业审批管理体系、公共设施及服务体系等方面还存在一些需要完善之处，如上海轨道交通11号线花桥段通车后，还需要政府努力，进一步构建通畅的公共交通体系，最大化发挥轨道交通的作用和辐射力。同时减少行政审批，提高政府决策科学性，增强政府运作透明度。进一步提升市场功能和作用，对各类服务业企业一视同仁，鼓励通过市场力量进行企业治理、平台运作等，最终实现政府与市场作用的有效平衡。

其二，在区域发展特色上，进一步突出台资特征，打造具有影响力的服务业发展和开放示范区。花桥应充分利用昆山试验区国批和海峡两岸（昆山）商贸示范区建立的契机，进一步细化落实相应政策，放大昆山试验区的政策优势，积极吸引台湾各类产业资本进驻，突出产业之间的协作关系。在现有的海峡两岸（昆山）商贸示范区之外，建议利用花桥服务外包和PE/VC等产业的基础和优势，集中吸引台湾的金控企业和集团，重点突出台资金融机构总部经济，打造台资特色明显的金融服务业聚集区，并配套发展商业商务、展览展示等产业。实现海峡两岸（昆山）商贸示范区和金融服务业集聚区"两翼齐飞"，并打造成为台资特色明显，集台湾产品交易、展览展示、商务办公、金融

服务、创新研发、文化旅游等功能于一体的现代化服务业发展和开放示范区，在海峡两岸形成较大的影响力和知名度。

其三，在主导产业选择上，进一步优化现有产业结构，打造具有影响力的总部经济、金融服务和服务外包等产业集聚区，实现物流、电子商务、文化创意等产业综合发展。进一步凸显总部经济的作用，和上海总部经济形成错位发展，重点打造中型企业的综合职能型总部以及大中型企业的投资、商贸、物流等职能性总部，尤其是利用昆山实验区的政策优势，打造台资金融机构及其他产业企业的大陆区域性总部，形成国内有特色、华东有影响的总部经济集聚区域。以台资金融服务业集聚区建设为重点，打造集银行信贷、保险、证券、股权投资基金、小贷公司、担保公司、融资租赁、商业保理、典当、信托等在内的金融产业体系，推进服务和产品创新，促进企业延伸产业链和服务品牌建设，成为国内具有一定影响力的金融服务业集聚区。提升现有服务外包体系，抓住台资金融机构集聚、上海自贸区建设等机遇，依托华道数据、中银商务、凯捷等知名金融服务外包企业，进一步吸引高层次金融后台服务企业进驻，重点发展数据处理、灾备、咨询、系统整合、软件开发等业务，推进金融服务外包从附加值较低的 ITO、BPO 向高附加值的 KPO、BPO 转变，全面提升现有服务外包产业层次和质量。同时，综合发展物流、电子商务、文化创意等产业，打造现代化的物流园区、电子商务平台和文化创意产业园，培育国内具有较大知名度的物流、电子商务和文化创意企业。通过产业升级和企业提升之间的良性互动，提高服务业企业的内生发展能力，降低其对优惠政策的依赖，提高国有资产和各种载体的使用效率，最终实现产业结构升级、企业做大做强和政府投入产出平衡的良好局面。

其四，在城市功能发展上，进一步强化"同城效应"，建设商务集中、商贸配套、商住齐全、环境优美的国际化大都市商务卫星城。放大上海轨道交通 11 号线花桥段开通带来的便利，通过各种方式优化城市商业商务环境、公共服务体系和生活便利程度，提升城市化水平，营造城市氛围，强化与上海的"同城效应"，真正进入"同城时代"，切实提高花桥作为上海后花园的吸引力，成为商务集中、商贸配套、商住齐全、环境优美的国际化大都市商务卫星城。

[参考文献]

1. 王晓华、侯建香：《浅析经济模式》，载《北方经贸》，2004（1）。

2. 肖杨：《欧美模式简析》，载《时事报告（大学生版）》，2004（5）。

3. 洪银兴：《苏南模式的演进及其对创新发展模式的启示》，载《南京大学学报（哲学·人文科学·社会科学版）》，2007（2）。

4. 王伟、章胜晖：《印度班加罗尔软件科技园投融资环境及模式研究》，载《亚太经济》，2011（1）。

政策篇

花桥国际商务城加快服务外包发展的若干政策

昆花政办〔2012〕15 号

第一条　为进一步加快花桥国际商务城（以下简称"商务城"）服务外包发展，结合商务城实际，制定本政策。

第二条　本政策所指的服务外包企业，是指与服务外包发包商签订的中长期服务合同，向客户提供服务外包业务的服务外包提供商；服务外包业务是指服务外包企业向客户提供的信息技术外包服务（ITO）和业务流程外包服务（BPO）。

本政策所指的服务外包企业，应同时符合下列条件：

（一）具有企业法人资格，且工商注册地、税务关系和主要工作场所在商务城；

（二）服务外包业务年收入达到 500 万元人民币以上，或者离岸服务外包业务年收入达到 50 万美元以上；

（三）服务外包收入不低于公司当年总收入的 50%；

（四）注册在商务城的服务外包企业经营期限须满 5 年以上。

经商务城项目评估小组认定的其他服务外包企业，参照本政策执行。

第三条　对服务外包企业给予分档奖励。其中：

对企业员工达到 3 000 人（含本数，下同）以上，且企业服务外包业务年收入达到 10 亿元人民币以上，或离岸服务外包业务年收入达到 6 000 万美元以上的，给予 1 000 万元人民币的一次性资金补贴；

对企业员工达到 1 500 人以上，且企业服务外包业务年收入达到 5 亿元人民币以上，或离岸服务外包业务年收入达到 3 000 万美元以上的，给予 500 万元人民币的一次性资金补贴；

对企业员工达到 500 人以上，且企业服务外包业务年收入达到 2 亿元人民币以上，或离岸服务外包业务年收入达到 1 000 万美元以上的，给予 200 万元人民币的一次性资金补贴；

对离岸服务外包业务年收入在 100 万～1 000 万美元之间，增幅超过 30% 的成长型企业，给予 50 万～100 万元人民币奖励。

第四条　对服务外包企业在经营过程中实现的营业税、所得税等税费形成的商务城留成部分，三年内给予100%奖励，后三年给予50%奖励。

对在境内外具有行业领军优势地位的服务外包企业，经商务城项目评估小组认定，可享受十年奖励优惠政策。

第五条 服务外包企业在商务城所建造办公用房的自用部分产生的基础设施配套费，以先征后补的原则，按进度给予补贴；契税形成商务城留成部分100%的补贴；房产税三年内形成商务城留成部分100%的补贴。

服务外包企业在规定区域内购置自用办公用房的，按实际入驻人员人均10平方米的标准给予每平方米1000元人民币的补贴，补贴面积不超过2000平方米。

服务外包企业在商务城租赁自用办公用房的，第一年给予全额租金的补贴，后两年给予租金50%的补贴。经商务城项目评估小组认定的国内外知名服务外包企业、离岸服务外包企业及获得高等级权威认证的服务外包企业给予五年100%的租金补贴。租金补贴面积最高不超过2000平方米。

第六条 服务外包企业在商务城建造自用办公用房的，对经认定的装修费用给予每平方米不超过500元人民币的补贴，补贴面积不超过2000平方米；购买、租赁办公用房的，对经认定的毛坯房的装修费用补贴参照上述政策。经商务城项目评估小组认定的国内外知名服务外包企业、离岸服务外包企业及获得高等级权威认证的服务外包企业，补贴面积可扩大至5000平方米。

第七条 对服务外包企业在平台建设、设备租赁、设备搬迁等方面产生的费用给予20%的补贴，单个企业的补贴金额不超过500万元人民币。

第八条 对离岸服务外包企业发生的国际及国内跨区专线费用给予30%的补贴，每年补贴金额不超过30万元人民币。补贴期限为三年。

第九条 服务外包企业获得高等级权威认证的，在昆山市给予认证费及随后两年维护费用补贴的基础上，商务城再给予同额度的奖励。

第十条 服务外包企业员工的养老、医疗、失业、生育、工伤五大保险，企业缴费按最优惠政策执行。

第十一条 服务外包企业高级管理和技术人员，参照商务城人才政策执行。

第十二条 根据本政策另行制定《花桥国际商务城服务外包政策实施办法》。

以上政策自2012年1月1日起施行，期限三年，其间设立并认定的服务外包企业均可享受，花桥经济开发区管委会拥有解释权。

花桥国际商务城促进总部经济发展的若干政策

昆花政办〔2012〕15号

第一条　为进一步促进花桥国际商务城（以下简称"商务城"）总部经济发展，结合商务城实际，制定本政策。

第二条　本政策所称的总部或地区总部，是指在境内外注册的母公司在商务城设立的以投资或授权形式，对多个区域内的企业或机构行使管理、营销、投资、结算、研发、服务等职能的唯一法人机构。

本政策所指的总部或地区总部，应同时符合下列条件：

（一）具有独立法人资格；

（二）母公司的资产总额不低于1亿美元（或等值人民币）；

（三）母公司在中国投资累计总额不低于1亿元人民币；

（四）在中国境内外投资或授权管理和服务的企业不少于3个，对其负有管理和服务职能；

（五）注册在商务城的企业总部经营期限须满5年以上；

（六）在商务城拥有一定规模的固定办公场所；

（七）实行统一核算，并在本地汇总缴纳企业所得税。

金融、研发、管理等机构或其他具备发展潜力的企业在商务城设立的总部，经商务城项目评估小组认定，也可参照本政策执行。

第三条　对在商务城新设立的总部或地区总部给予一次性资金奖励。其中：

到位注册资本10亿元人民币（含10亿元人民币，或等值外币）以上的，给予最高1 500万元人民币的奖励；

到位注册资本10亿元人民币以下、5亿元人民币（含5亿元人民币，或等值外币）以上的，给予最高1 000万元人民币的分级奖励；

到位注册资本5亿元人民币以下、1亿元人民币（含1亿元人民币，或等值外币）以上的，给予最高500万元人民币的分级奖励。

经商务城项目评估小组认定的以下项目，也可享受一次性资金奖励：

（一）设立全球性、亚太区或中国总部，给予最高500万元人民币的奖励；

（二）境内外具有行业领军优势地位的企业总部，给予最高200万元人民币的奖励。具体奖励额度由本政策实施办法另行规定。

第四条　对年营业收入达到5亿元人民币（含5亿元人民币）以上的企业总部，其在经营过程中实现的增值税、营业税、所得税等形成的商务城留成部分，前五年给予100%奖励，后五年给予50%奖励。

对同时具备研发、营运、销售、管理等职能，且年营业收入达到50亿元人民币（含50亿元人民币）以上的企业总部，给予最高1 000万元人民币的一次性奖励。

第五条　企业总部在商务城所建造办公用房的自用部分产生的基础设施配套费，以先征后补的原则，按进度给予补贴；契税形成商务城留成部分100%的补贴；房产税三年内形成商务城留成部分100%的补贴。

企业总部在商务城购置自用办公用房的，按每平方米1 000元人民币的标准给予补贴，补贴面积不超过2 000平方米。

企业总部在商务城租赁自用办公用房的，租用面积在1000平方米（含本数）以下的部分，三年内给予100%的租金补贴；租用面积1000平方米以上的部分，三年内给予50%的租金补贴。补贴面积最高不超过2 000平方米。

企业总部在商务城建造自用办公用房的，对经认定的装修费用给予每平方米不超过500元人民币的补贴，补贴面积不超过2 000平方米；购买、租赁办公用房的，对经认定的毛坯房的装修费用补贴参照上述政策。经商务城项目评估小组认定的国内外知名企业总部，补贴面积可扩大至5 000平方米。

第六条　对企业总部高级管理人员，参照商务城人才政策，在个人所得税、住房等方面给予奖励补贴。

第七条　根据本政策另行制定《花桥国际商务城总部经济政策实施办法》。

以上政策自2012年1月1日起施行，期限三年，其间认定的企业总部均可享受，花桥经济开发区管委会拥有解释权。

关于花桥国际商务城引进
销售公司的政策意见（试行）

昆花政〔2007〕18 号

各委办局、街道办事处、资产经营公司、各直属单位：

为了促进花桥国际商务城产业发展，加快培育新的经济增长点，进一步增强区域经济综合实力和整体竞争力，现根据上级明确的政策措施，就引进销售公司提出如下意见：

一、指导思想

按照"建设国际有影响，国内称一流的国际大都市的卫星商务城"的总定位，围绕商务城已经确定的四大核心产业，集聚发展要素，整合区域资源，盘活闲置资产，加快构筑产业培育和发展平台。通过发挥政策和区域优势，大力吸引销售公司落户（生产基地在区外，销售公司或结算中心设在花桥国际商务城），努力创造企业赢商机、区域聚人气的双赢局面。

二、入驻条件

1. 在花桥国际商务城注册，独立核算、有经营场所且具备一般纳税人条件的公司；注册资金在 50 万元以上。

2. 由项目审定小组审定的其他公司。

三、优惠政策

1. 对注册在花桥国际商务城，有实际经营场所的销售公司，其实现的增加值、营业收入、利润总额等形成的地方财力部分，三年内给予 50% 奖励。

2. 销售公司在花桥国际商务城内租赁自用办公场所的费用，三年内按年租金给予 10% 的补贴。

3. 区内企业新注册公司可以享受第三条第 1、2 款政策，其中，新注册关联企业的，以 2006 年形成的地方财力为基数，超过部分可以享受第三条第 1 款政策。

四、附则

1. 对符合条件的入驻销售公司的奖励，由项目评审小组具体实施，一般安排在次年的第一季度。

2. 入驻销售公司必须运营满一年后，方可享受奖励待遇。

3. 本意见从 2007 年 6 月 1 日起试行，期限暂定为三年。

4. 以前本区制定的规定与本意见不一致的，以本意见为准。

关于《花桥国际商务城引进销售公司的政策意见（试行）》的补充意见

昆花政办抄〔2009〕字第 27 号

为更进一步加快销售公司的引进和发展，经研究，决定对自 2007 年 6 月 1 日起试行的《关于花桥国际商务城引进销售公司的政策意见（试行）》提出如下补充意见：

1. 在"对注册在商务城，有实际经营场所的销售公司，其实现的增加值、营业收入、利润总额等形成的地方财力部分，三年内给予50%奖励"的基础上，以 2008 年度为基数，新增部分实行"一企一策"级差奖励，其中，50 万元人民币以下部分（不含50 万元人民币，下同），给予60%奖励；50 万~100 万元人民币部分，给予70%奖励；100 万~150 万元人民币部分，给予80%奖励；150 万~200 万元人民币部分，给予90%奖励；200 万元人民币以上部分，给予100%奖励。2008 年及以后年度注册的销售公司，以其第一年度实现的增加值、营业收入、利润总额等形成的地方财力部分作为基数。

2. 在"销售公司在商务城租赁自用办公场所的费用，三年内按年租金给予10%的补贴"的基础上，将补贴标准提高至30%。

3. 销售公司在商务城自购办公场所的，给予5%～10%的购房一次性补贴。

关于继续施行《花桥国际商务城引进销售公司的政策意见（试行）》的通知

昆花政办抄〔2011〕13 号

各委办局、资产经营公司，各有关单位：

为进一步鼓励和加快销售公司的引进和发展，经研究，决定对自 2007 年 6 月 1 日起试行的《花桥国际商务城引进销售公司的政策意见（试行）》继续施行，并作如下补充调整：

1. 自 2011 年 6 月 1 日起，在花桥国际商务城注册且独立核算，具有一般纳税人条件的销售公司的注册资金，原则上为 100 万元人民币以上。

2. 对注册在花桥国际商务城内的销售公司的相关鼓励政策继续按 2009 年 7 月发布的补充意见实施。

3. 本调整意见自 2010 年 6 月 1 日起执行，期限暂定为三年。

花桥经济开发区关于促进会展业
发展的若干政策（试行）

昆花政办〔2012〕3号

为抢抓会展业发展机遇，加快会展业发展步伐，早日把花桥国际商务城（以下简称"商务城"）建设成为国际有影响、国内称一流的现代服务业集聚区，特制定以下扶持政策。

第一条 对企业建设大型会展平台所产生的由商务城收取的基础设施配套费给予减免，并且争取协调减免属条线部门收取的其他建设规费。

第二条 对落户开发区且注册资金在500万元以上的专业会展企业，从事会展服务业实现的营业税、所得税商务城留成部分，给予前三年100%、后两年50%的奖励。

对会展业企业的技术转让所得，在一个纳税年度内不超过200万元的部分，一次性给予10%的奖励；超过200万元的部分，一次性给予5%的奖励。

第三条 对于专业会展公司租赁办公用房所产生的租金，按人均10平方米的标准和先交后补的原则，给予第一年100%、后两年50%补贴。对经认定的租赁毛坯房所产生的装修费用，按先装修后补贴的原则，给予每平方米不超过500元的补贴，补贴面积不超过1 000平方米。

第四条 对于企业租赁商务城会展平台常年展位所产生的租金，按先交后补的原则，给予第一年100%、后两年50%补贴。年最高补贴不超过6万元。

第五条 对在商务城首次举办的全国性展会，给予以下标准的补贴：

1. 展会规模折合国际标准摊位500个（含500个）以上，1 000个以下的，给予承办方一次性50万元补贴；

2. 展会规模折合国际标准摊位1 000个（含1 000个）以上，2 000个以下的，给予承办方一次性100万元补贴；

3. 展会规模折合国际标准摊位2 000个（含2 000个）以上，5 000个以下的，给予承办方一次性200万元补贴；

4. 展会规模折合国际标准摊位5 000个（含5 000个）以上的，给予承办方一次性300万元补贴。

第六条　对各行业组织、企业按市场化运作在商务城成功主办实际会期3天以上（含3天）并在三星级以上酒店住宿，主题明确、专业性的国内大型商务会议和国际性商务会议，给予大型商务会议补助。

1. 住宿人数达200～400人（不含）的，给予10万元奖励；

2. 住宿人数达400～600人（不含）的，给予20万元奖励；

3. 住宿人数达600人以上的，给予30万元奖励。

第七条　在商务城注册的组展企业，在商务城举办会展活动而获得国家、江苏省、苏州市政府部门奖励或补贴的，商务城按照1:1的比例给予同等金额的奖励或补贴。

第八条　对在商务城获UFI（国际展览业协会）认证的展览项目，给予认证费用50%的补贴。

第九条　加快引进和培育会展策划、创意、高级营销和管理等人才。企业引进的会展专业人才，可参照开发区人才政策相关规定给予奖励补贴。

第十条　完善会展业统计和评价体系。

1. 委托第三方机构建立科学的会展业统计制度和指标体系，做好数据统计与分析工作，为决策提供依据。

2. 主办单位应在展会结束1个月内，就展会规模、展商数量、主要参展单位和人员、展览会成效等形成展会总结，报区服务业发展局，并由区相关部门组成的工作小组对展会提出总体成效评估意见。

第十一条　根据本政策另行制定《花桥经济开发区关于促进会展业发展的若干政策实施办法》。

第十二条　本政策自2012年起试行，为期三年，花桥经济开发区管委会拥有解释权。

花桥国际商务城关于促进商贸
服务业加快发展的若干政策

昆花政规〔2012〕1 号

为优化产业结构，促进商贸服务业和楼宇经济发展，加快现代和谐宜居商务城建设，特制定如下政策。

第一条　本政策所扶持的对象为符合下列条件的商贸服务企业：

1. 注册地和主要经营场所在管委会认定区域；

2. 税务关系在商务城，守法经营；

3. 须经管委会相关部门认定。

第二条　新引进的具有一定规模的商贸服务企业，对其所缴纳的增值税、营业税、企业所得税商务城留成部分，按年度三年内给予 50% 奖励。

第三条　新注册的有一定规模的商贸服务企业，其租赁自用经营房产所产生的租金，三年内给予 100% 补贴。补贴面积最高不超过 2 000 平方米。若实际租赁价格高于经营用房租金市场指导价，则按市场指导价计算租房补贴。

商贸服务企业按政府相关管理部门制订的标准配置、维护门店招牌和亮化项目的，经管委会相关部门认定审核其招牌和亮化项目装修费用后，给予最高不超过 2 万元的补贴。

第四条　鼓励商贸服务企业做大做强。

对第一次实现年零售额超 1 亿元（含 1 亿元）、超 2 亿元（含 2 亿元）、超 5 亿元（含 5 亿元）的商贸零售企业，分别给予一次性奖励 10 万元、20 万元、40 万元。

对第一次实现年营业额超 2 000 万元（含 2 000 万元）、超 5 000 万元（含 5 000 万元）、超 1 亿元（含 1 亿元）的酒店餐饮企业，分别给予一次性奖励 10 万元、20 万元、40 万元。

第五条　鼓励商贸服务企业创牌。对在商务城经营期间，通过行政认定获得如下授牌、奖项的商贸服务企业，商务城给予奖励：

1. 对获得"中国驰名商标"、"江苏省著名商标"且当年入库税金达到 300 万元以上（含 300 万元）的商贸服务企业，分别给予 80 万元、40 万元奖励；

2. 对获得"全国质量奖"、"江苏省质量奖"且当年入库税金达到 300 万元以上（含 300 万元）的，分别给予 60 万元、30 万元奖励；

3. 对获得"中华老字号"的商贸服务企业，给予 50 万元奖励；

4. 对获得"中国商业名牌企业"的商贸服务企业，给予 20 万元奖励。

对入驻商务城之前已经通过行政认定获得以上授牌、奖项（与要求在商务城经营期间获得"江苏省著名商标"和"江苏省质量奖"相对应的，可以是其他省级"著名商标"和"质量奖励"），且达到以上相应纳税规模的商贸服务企业，商务城按上述相应标准给予减半奖励。

企业按照"就高但不重复"的原则享受创牌奖励。企业所获创牌奖励分两年拨付，每年拨付 50%。

第六条　培育和发展新的消费热点。积极推动特色商业街建设，展示地方特色。对获得国家级、苏州市级命名的特色商业街区分别给予一次性奖励 30 万元和 10 万元。

第七条　鼓励商贸服务企业入驻商务楼宇。对入驻经认定的商务楼宇（单幢建筑面积在 2 万平方米以上，其中纯商务面积不少于 80%）的商贸服务企业，其所缴纳的增值税、营业税、企业所得税商务城留成部分，按年度第一年按 50% 给予奖励，第二年和第三年按照比上年增量部分的 50% 给予奖励。

第八条　鼓励持有自主产权并经营商务楼宇。对持有自主产权的商务楼宇开发主体，自商务楼宇开始租赁经营起，其开展租赁业务所缴纳的营业税、所得税商务城留成部分，按年度两年内给予 50% 奖励。

第九条　鼓励商务楼宇引进优质物业管理企业。在新投入使用的商务楼宇中，对引进一级资质的物业管理企业并且托管时间达到三年以上的商务楼宇业主，给予 10 万元的一次性奖励。对已入驻我区的物业管理企业，按升级至一级资质当年托管的商务楼宇数，给予每幢 5 万元的一次性奖励。

第十条　对入驻经认定的商务楼宇的商贸服务企业，其所缴纳的物业管理费，三年内按 50% 给予补贴。若实际物业管理费价格高于市场基准价的，则按市场基准价给予补贴。

第十一条　原注册地在商务城内、本政策所指认定区域外的商贸服务企业到本政策所指认定区域内注册入驻，须同时保持原经营场所正常营业，其新注册的企业可享受本政策扶持。

第十二条　本政策实施前已入驻本政策所指认定区域，且符合政策条件的商贸服务企业，经管委会相关部门认定后，也可参照享受本政策扶持，但以前已经享受了有关优惠的，不得重复享受。

第十三条　商贸服务企业不重复享受商务城其他相关扶持政策。商贸服务企业应依法诚信经营，不当获取优惠的，经查实应当返还。享受优惠的企业经营期不得低于

5 年。

第十四条　根据本政策另行制定《花桥国际商务城促进商贸服务业加快发展的若干政策实施办法》。

本政策自 2012 年 5 月 1 日起试行，试行三年，花桥经济开发区管委会拥有解释权，如法律、政策另有规定的按规定执行。

花桥国际商务城关于促进金融业加快发展的若干政策

昆花政规〔2012〕1号

为鼓励金融机构、金融要素市场、各种金融投资机构和金融中介服务机构在商务城落户，促进金融业跨越发展，以金融服务促进产业集聚，制定本政策。

第一条　本政策扶持对象为工商注册地和主要工作场所在商务城的金融机构、准金融机构和金融中介服务机构，其中准金融机构和金融中介服务机构还须税务关系在商务城。

金融机构包括：各类内外资银行、保险公司、证券公司等。

准金融机构包括：小额贷款公司、融资担保公司、典当行、融资租赁公司、一般性投资公司等。

金融中介服务机构包括：会计师事务所、律师事务所、资产评估公司、投资顾问咨询公司、信用评级机构等。

第二条　入驻奖励。对在商务城新注册的金融机构和准金融机构给予入驻奖励。

1. 金融机构

新注册的外资型、新设型、地方型和分支型金融机构，给予最高200万元入驻奖励。在商务城经营期间实现升级的成长型金融机构，升级后给予最高100万元奖励。

拨付方式为：分二年拨付，每年拨付一半。

2. 准金融机构

注册资本在1亿元（含1亿元）以上的，给予最高300万元入驻奖励；注册资本在3 000万元以上、1亿元以下的，给予最高200万元入驻奖励。

拨付方式为：每年一次、分批拨付。即，自入驻之年起，每年按企业所缴纳营业税、企业所得税的商务城留成部分数额为当年兑现额度，至奖励完全兑现止。

享受入驻奖励的金融机构和准金融机构，必须承诺5年内不迁离商务城，也不得抽逃注册资金。

第三条　纳税奖励。

1. 地方型金融机构和准金融机构营业后，其在经营过程中实现的营业税、企业所得税二者形成的商务城留成部分，按年度前三年给予100%奖励，后三年给予50%奖励。

2. 金融中介服务机构营业后，其在经营过程中实现的营业税、所得税二者形成的商务城留成部分，三年内每年度给予50%奖励。

第四条 经营用房补贴。

1. 各类金融机构、准金融机构和金融中介服务机构在商务城所建造办公用房的自用部分产生的基础设施配套费，依先征后补的原则，按进度给予补贴。

2. 各类金融机构、准金融机构和金融中介服务机构在商务城购买自用办公用房的，按人均10平方米、每平方米1 000元标准给予补贴，补贴面积不超过500平方米。购房补贴资金分两年拨付，每年拨付50%。

3. 金融机构、准金融机构在商务城租赁自用办公用房产生的租金，第一年给予100%补贴，后两年给予50%补贴，补贴面积最高不超过1 000平方米。若实际租赁价格高于办公用房租金市场指导价，则按市场指导价计算租房补贴。

金融中介服务机构在商务城租赁自用办公用房产生的租金，按照每人10平方米、总面积不超过500平方米的标准，三年内给予50%补贴。若实际租赁价格高于办公用房租金市场指导价，则按市场指导价计算租房补贴。

第五条 人才奖励。各类金融机构高级管理人员，经区组织人事局认定后，可享受区人才政策。

第六条 招商中介奖励。各类金融机构引进国内外企业来商务城投资的，按照商务城招商中介人奖励办法的规定给予奖励。

第七条 根据本政策另行制定《花桥国际商务城促进金融业加快发展的若干政策实施办法》。

第八条 各企业应依法诚信经营，不当获取优惠的，经查实应当返还。

本政策自2012年5月1日起试行，试行三年，花桥经济开发区管委会拥有解释权，如法律、政策另有规定的按规定执行。

花桥国际商务城现代服务业人才政策

昆花政办〔2012〕15 号

第一条　为进一步加快花桥国际商务城（以下简称"商务城"）国际化人才集聚，实现人才倍增，结合商务城实际，制定本政策。

第二条　本政策适用人才范围：《花桥经济开发区现代服务业人才引进目录（A 类目录）》所列的在商务城工作的人才（以下简称"产业人才"）；《花桥经济开发区现代服务业高层次紧缺人才目录（B 类目录）》所列的在商务城工作的人才（以下简称"高层次紧缺人才"）。

本政策适用企业、机构范围：入驻商务城的现代服务业企业（以下简称"企业"）；为企业提供现代服务业人才培训的培训机构；为企业输送人才的各类院校；为企业提供人力资源的人才中介机构。

第三条　本政策所涉及的奖励补贴经费，在商务城财政预算中列支。

第四条　个人所得税奖励。对创新创业领军人才，给予其缴纳部分 100% 的奖励，上限不超过 100 万元；对其他高层次紧缺人才，年薪在 50 万元以上的，给予其缴纳部分 80% 的奖励，上限不超过 25 万元，年薪在 25 万元以上的，给予其缴纳部分 50% 的奖励，上限不超过 5 万元；对产业人才，年薪在 6 万元以上的，给予其缴纳部分所形成昆山（包括花桥）财力部分 100% 的奖励，上限不超过 3 万元。享受个人所得税奖励的期限为三年，自申报年度起计算，期满后不再享受，以区税务部门出具的完税凭证及个人身份证明、工作合同等作为依据。

第五条　住房补贴。

购房补贴。创新创业领军人才及其他高层次紧缺人才在区内购置自有住房，可享受 30 万元购房补贴，分五年支付；产业人才在区内购置自有住房，可享受购房补贴 5 万元，分三年支付。

安家补贴。创新创业领军人才，可享受安家补贴 30 万元/户，分五年支付；其他高层次紧缺人才，可享受安家补贴 10 万元/户，分五年支付；产业人才，可享受安家补贴 2 万元/户，分二年支付。

安家补贴与购房补贴需同时申请。

人才专项房优惠措施。购置区指定人才专项房方可按相应人才级别享受购房补贴和安家补贴。人才专项房五年内不得上市转让（在本政策实施过程中，如上级部门〔含昆山市〕出台相关政策，则以上级政策为准）。

优租房补贴。入住商务城人才公寓的产业人才，可享受50%的租金补贴（上限不超过500元/月/人），并可全额使用住房公积金支付。

第六条　交通补贴。高层次紧缺人才，居住在昆山市范围外的，每月补贴1 000元。

第七条　特殊贡献奖励。对商务城产业发展有突出贡献的人才，经区管委会认定后，给予10万~50万元的一次性奖励。

第八条　培训经费补贴。对应届大专以上学历高校毕业生，参加现代服务业技能培训后，并在商务城现代服务业企业就业的，给予本人支付的培训费用不超过85%的补贴；对商务城企业新上岗的员工，参加现代服务业岗前技能培训，给予委托培训的企业培训费用不超过50%的补贴。最高补贴金额不超过4 000元/人，二者不可兼得。

第九条　人才输送院校奖励。对开展现代服务业人才"定向前置培训"的各类院校，并与商务城建立长期合作关系，每年输送紧缺人才达到一定规模的，给予10万~30万元的合作项目建设基金。

第十条　人才中介机构奖励。对与商务城建立长期合作关系的人才中介机构给予一定奖励。

第十一条　建立公共培训师资库。鼓励企业和培训机构为师资库选拔输送人才，对其中的优秀教师发放特殊津贴，并对其所在企业或培训机构给予奖励。对企业有经验的在职技术人员转岗担任专职教师，并进入师资库的人员给予为期一年的转岗补贴。

第十二条　完善人才工作服务平台。商务城人力资源有限公司（昆山人力资源市场花桥国际商务城分市场）为商务城人力资源公共服务平台，建立人才数据库和人才信用档案库，为企业提供人才引进、培训、管理、服务等服务。

第十三条　每年组织商务城企业举办或参加国内外现代服务业人才招聘活动，对企业参加招聘的相关费用给予补贴。

第十四条　人才落户的（含应届毕业生接转）医疗保险、子女入学、户籍准入和配偶就业等参照昆山市相关政策执行。

第十五条　对符合昆山市级及以上相关政策的各类人才、企业、培训机构、院校和人才中介机构等，在享受上级的相关政策后，可累加享受本政策。

第十六条　本政策所适用企业为区管委会认定的重点规模型服务外包企业，其他类型现代服务业根据企业经营和纳税状况按"一企一策"另行参照执行。

第十七条　本政策所涉及的人才由区组织人事局负责认定。

第十八条　本政策自2011年10月13日起实施，期限三年。花桥经济开发区管委会拥有解释权。

关于加快全市服务外包发展的若干意见

昆政办发〔2012〕72号

为抢抓新一轮以服务外包为特征的国际服务业转移的机遇，加快服务外包产业发展，进一步转变经济发展方式，优化产业结构，提升城市综合竞争力，根据上级有关文件精神，结合昆山实际，制定如下意见。

一、总则

1. 服务外包企业是指根据其与服务外包发包商签订的中长期服务合同，向客户提供服务外包业务的服务外包提供商。服务外包的业务具体范围和类别，由市商务局根据国家有关规定和昆山服务外包业务发展的实际适时公开。

2. 服务外包培训机构是指在昆山市范围内注册成立，有固定的办学场地、稳定的师资队伍和专业的服务外包课程体系，具备办学许可资质或取得国内外知名服务外包企业授权的专业机构。

3. 享受本政策扶持的服务外包企业，需同时符合下列条件：

（1）注册登记、税务关系和主要工作场所均在昆山的独立法人企业；

（2）企业服务外包业务年收入达到500万元以上，或者国际服务外包业务年收入达到50万美元以上；

（3）服务外包收入占企业当年总收入的50%以上；

（4）大专以上学历员工占企业员工总数50%以上，其中金融BPO企业为30%以上。

4. 昆山市级财政每年安排1亿元服务外包产业发展专项资金，与国家商务部、江苏省、苏州市服务外包产业发展专项资金相配套，用于引导、扶持服务外包产业发展。

5. 昆山市服务外包产业发展专项资金由市加快服务外包发展领导小组办公室、市财政局共同管理。市加快服务外包发展领导小组办公室具体负责专项资金项目的日常管理工作，接受企业的申请并进行初审，以项目管理为主；市财政局是专项资金的监管部门，以资金管理为主。

二、税费优惠

6. 经认定的技术先进型服务企业按15%的税率征收企业所得税。企业实际发生的合理的工资支出可以在企业所得税税前列支，发生的职工教育经费按不超过企业工资总额8%的比例据实在企业所得税税前扣除，超过部分准予在以后年度结转扣除。

7. 对服务外包企业按其新增的营业税、所得税形成的地方留成部分，给予100%奖励。其中，对已享受市级服务外包发展专项资金资助2年以上（含2年）的企业，按其新增的营业税、所得税形成的地方留成部分，给予50%奖励。

8. 对服务外包领军型创新创业人才缴纳的个人所得税，按其地方留成部分给予50%的奖励；对服务外包紧缺高层次人才缴纳的个人所得税，按其地方留成部分给予40%的奖励；对服务外包其他紧缺优秀人才缴纳的个人所得税，按其地方留成部分给予30%的奖励。

对服务外包企业总部或地区总部聘任的国外、境外高级管理人员缴纳的个人所得税，按其地方留成部分给予30%的奖励。

9. 对经认定的服务外包企业的固定资产（房屋、建筑物除外），符合规定的，可缩短折旧年限或采取加速折旧的方法。

三、资金扶持

10. 服务外包集聚区，自筹资金投资建设服务外包技术支撑公共服务平台、公共信息网络等，市服务外包产业发展专项资金根据其实际投资额一次性给予最高300万元的资金扶持。

11. 对服务外包企业，按其境内外包和离岸外包的业务收入分别给予分档奖励。其中：

对企业境内服务外包业务年收入达到500万元（含本数）以上、1亿元以下的，按境内服务外包业务收入的2%给予奖励；对企业境内服务外包业务年收入达到1亿元（含本数）以上的，1亿元以上的部分，按境内服务外包业务收入的1.5%给予奖励，累计最高奖励300万元。

对于承接离岸服务外包业务取得的收入视同服务产品出口予以扶持，以企业提供的软件出口合同登记证书、银行结汇单、单位收入凭证和完税证明作为依据。

对当年向境外客户提供国际服务外包业务收入超过1 000万美元且增幅超过全市平均增幅的企业，择优选择5家分别给予100万元的奖励。当年向境外客户国际服务外包业务收入超过100万美元以上，增幅超过100%的企业，择优选择5家分别给予50万元的奖励。

12. 鼓励服务外包企业对软件产品及相关信息服务技术申请多种类的知识产权，并支持其到境外（尤其是发包方所在的国家）申请各种类型的知识产权保护，对境外申请和维护费用给予50%的补贴，最高补贴50万元。

服务外包企业在国外因处理知识产权被侵权发生的律师费以及赴境外诉讼、仲裁或交涉所发生的国际机票等相关费用，经市相关部门认定后，按其实际发生的费用给予50%补贴，单个案件最高补贴100万元。

13. 对取得以下国际认证的：软件开发能力成熟度模型集成（CMMI）认证、人力资源成熟度模型（PCMM）、信息安全管理（ISO27001/BS7799）、IT服务管理（ISO20000）、服务提供商环境安全性（SAS70）、国际实验动物评估和认可委员会认证（AAALACA）、优良实验室规范（GLP）、信息技术基础架构库认证（ITIL）、客户服务中心认证（COPC）、环球同业银行金融电讯协会认证（SWIFT）、质量管理体系要求（ISO9001）、业务持续性管理标准（BS25999）等。上述国际资质认证的认证费及维护费，每个企业每年最多可申报3个项目，每个项目由市财政按认证部门实际收取的认证费及维护费一次性给予不超过10万元的补助。对参与"服务外包认证国家示范区"服务外包标准制定并成功施行的，该企业由市财政一次性给予不超过5万元的补助。

四、要素支持

14. 服务外包企业租赁办公用房，给予实际支付租金50%的补贴，全球服务外包百强企业、技术先进型服务企业给予实际支付租金100%的补贴。若实际租赁价格明显高于房屋租金市场指导价的，则按市场指导价计算租房补贴，最大补助面积为1 000平方米。

服务外包企业在规定区域内购建自用办公用房的，按每平方米1 000元的标准给予补贴，最大补助面积为2 000平方米。

服务外包企业在规定区域内建造自用办公用房的，对经认定的装修费用给予每平方米300元的补贴，最大补助面积为2 000平方米，全球服务外包百强企业、技术先进型服务企业补助面积可扩大至4 000平方米。购买、租赁办公用房的，对经认定的毛坯房的装修费用补贴参照上述政策。

15. 电力部门对服务外包企业提供个性化全程服务，对服务外包企业多电源接电免收一路最高容量的高可靠性费用。

16. 电信部门为服务外包企业网络接入、国际线路租赁提供优惠和便利服务。对服务外包企业发生的年国际专线费用给予30%的补贴，最高补贴30万元。

17. 服务外包企业持有省相关主管部门出具的鼓励类项目确认书，海关可以相应办理相关设备的免税手续。由国家发改委等部门认定的企业技术中心，在合理数量范围内进口国内不能生产或者性能不能满足需要的科技开发用品，免征进口关税和进口环节增值税、消费税。对服务外包企业进口通信、研发等设备，海关要积极向上争取减免关税、进口环节增值税等。

18. 对服务外包企业进口通信、研发设备等，检验检疫部门要积极向上争取减免检验检疫收费。

19. 加强对服务外包企业的知识产权司法保护，切实提高企业知识产权管理水平。建立知识产权保护服务中心，为服务外包企业开展知识产权保护培训，提供知识产权投诉举报的有效途径。搭建知识产权信息公共服务平台，为服务外包企业提供全方位、多层次的知识产权信息服务。

五、人才服务

20. 服务外包领军型创新创业人才、服务外包紧缺高层次人才、服务外包其他紧缺优秀人才，由市人才工作领导小组审核认定，按昆山市领军型创新创业人才和优秀人才引进与培养政策规定享受相关扶持政策。

21. 经市政府确认的培训机构直接为我市服务外包人才举办培训班，通过服务外包专业知识和技能培训考核，并与服务外包企业签订1年期以上劳动合同的，按每位参训人员1 000元的标准给予资助。

22. 服务外包企业新录用员工，签订一年以上（含1年）劳动合同的，经审核后，给予企业每人3 000元的新员工培训补贴。

23. 对服务外包企业中能够独立承担软件设计、技术研发和实行年薪制的中级管理岗位人员，经市人社部门批准后实行不定时工作制。对适合实行综合计算工时工作制的服务外包企业，经市人社部门批准后，实行综合计算工时工作制。

六、市场开拓

24. 对服务外包企业取得省级以上品牌发生的相关费用给予50%的补贴，最高补贴50万元。

25. 服务外包企业举办服务外包大型推广活动，事先备案的，其租赁场地费用可补贴50%，最高补贴20万元。

26. 对服务外包企业参加由市加快服务外包发展领导小组指定的国际招商推介会和专业展会，给予每个标准展位费用补贴50%，最高补贴15万元。

27. 对服务外包企业在广告（媒体）宣传上发生的费用和参加境内外各类相关展览活动发生的费用，给予50%的补贴，最高补贴10万元。

七、附则

28. 本意见未提及，并符合昆山市其他扶持政策条件的，按相应扶持政策执行。本意见与其他扶持政策重复的，按就高不重复原则享受。

29. 本意见自印发之日起施行，期限为三年。本意见由市加快服务外包发展领导小组负责解释，由市加快服务外包发展领导小组办公室负责组织落实。本意见的实施细则由市加快服务外包发展领导小组另行制定。

30. 本意见的适用对象由市加快服务外包发展领导小组具体认定。

31. 本意见实施之后，凡与本意见规定不一致的，以本意见为准，国家及省、苏州市另有规定的，按照上级相关规定执行。

昆山市促进股权投资产业发展的若干政策

昆办发〔2011〕51 号

为进一步完善科技金融支撑体系，推动企业创新和产业升级，促进本市股权投资产业的发展，特制定如下政策：

一、企业入驻给予一次性奖励。

1. 以公司形式设立的企业，注册资本达到 5 亿元的，奖励 500 万元；注册资本达到 15 亿元的，奖励 1 000 万元；注册资本达到 30 亿元的，奖励 1 500 万元。

2. 以合伙企业形式设立的企业，根据企业当年实际募集资金的规模，给予合伙企业委托的股权投资管理企业一次性奖励，募集资金达到 3 亿元的，奖励 100 万元；募集资金达到 5 亿元的，奖励 200 万元；募集资金达到 10 亿元的，奖励 500 万元；募集资金达到 30 亿元的，奖励 1 000 万元；募集资金达到 50 亿元的，奖励 1 500 万元。

3. 鼓励企业入驻股权投资集聚区。对购买自用办公用房的，市财政补贴 1 000 元/平方米；对租赁办公用房的，三年内每年市财政补贴 50% 的租金。各区镇对于企业办公用房的购置、租赁、装潢及办公用品可另给予一定的经费补贴。

二、企业自缴纳第一笔营业税之日起，营业税地方留成部分前三年给予 100% 的奖励，后三年给予 50% 的奖励；企业自获利年度起，所得税地方留成部分前三年给予 100% 的奖励；后三年给予 50% 的奖励。

三、企业自营业之日起，高级管理人员缴纳的个人所得税地方留成部分，前三年给予 100% 的奖励；后三年给予 50% 的奖励。高级管理人员的资格由市人才办和发展改革委共同认定。

四、合伙制企业的生产经营所得和其他所得，采取"先分后税"的方式，企业合伙人是自然人的，缴纳个人所得税；合伙人是法人和其他组织的，缴纳企业所得税。

五、自然人为有限合伙人，股权投资所取得的股息、利息、分红等投资收益，按"股息、利息、红利所得"项目缴纳个人所得税，税率适用 20%；自然人为普通合伙人，投资收益等个人所得税税率适用 20% 。

六、股权投资企业投资于本市的企业或项目，给予股权投资企业项目实际投资总额 0.5% 的奖励。

七、投资项目退出后形成的地方财力给予60%的奖励。

八、设立股权投资产业人才奖励专项。股权投资管理企业负责人经评审享受不低于200万元的领军型创新创业人才专项奖励，其核心团队人员经评审享受不低于50万元的高层次创新创业人才专项奖励。企业优秀人才经评审最高可享受20万元的专项津贴。企业优秀人才按相关政策规定优先按成本价或市场价八折购买政府人才专墅。

九、市政府出资设立股权投资母基金，支持引导股权投资产业发展，参股股权投资企业。

十、企业可分享上市后备资源信息，投资的企业可优先推荐列入拟上市公司名单，并享受上市有关优惠政策。企业注册时可进入绿色审批通道办理。

附则：

本政策适用于在本市注册的股权投资企业和股权投资管理企业。由企业提出申请，市发展改革委审核认定。

本政策涉及的各项奖励、补贴资金，根据现行财政管理体制，由财政部门按属地原则负责落实。

对促进昆山市股权投资产业发展有重大作用的项目，可实行一事一议政策。

在实施过程中的同类优惠政策，按从高不重复的原则享受。

本政策自公布之日起试行，由市发展改革委会同相关部门负责解释。

昆山市促进股权投资产业发展的若干政策实施细则

昆发改〔2011〕79 号

为大力发展股权投资产业，加快推进昆山金融核心功能区建设，根据《昆山市促进股权投资产业发展的若干政策》（以下简称"若干政策"）精神，制定本实施细则：

第一条　股权投资企业，是指以非公开方式向特定对象募集设立的对非上市企业进行股权投资并提供增值服务的非证券类投资企业。股权投资企业可以依法采取公司制、合伙制等企业组织形式。股权投资管理企业是指管理运作股权投资基金的企业。本政策只适用于在昆山注册登记的股权投资企业和股权投资管理企业。

第二条　在市现代服务业发展专项资金中安排股权投资产业专项资金，用于市级财政对股权投资企业和股权投资管理企业的奖励和补贴。

第三条　申请本政策支持的股权投资企业应符合以下条件：

（一）股权投资企业主要投资未上市企业，不得从事证券投资；

（二）资信良好并由具备股权投资或相关业务经验的法人或自然人作为主要发起人。

第四条　申请本政策支持的股权投资管理企业需资信良好并由具备股权投资或相关业务经验的法人或自然人作为主要发起人，有必需的股权投资业务管理人员。

第五条　市发展改革委负责对股权投资企业和股权投资管理企业的资格认定，出具资格认定书。

第六条　申请资格认定的股权投资企业需向市发展改革委递交如下材料：

（一）资格认定申请报告。包括：机构投资者的营业执照复印件、最近一年的财务报告审计报告等；

（二）股权投资企业营业执照复印件、资本招募说明书、公司章程或合伙协议、主要高管人员简历；

（三）所有投资者签署的资本认缴承诺书；

（四）所有投资者实际出资的验资报告；

（五）股权投资企业采取委托管理的，还应当提交股权投资企业与受托管理机构签订的受托管理协议；

（六）签署 5 年内企业不迁离昆山的承诺书；

（七）申请人出具的上述全部材料真实性的承诺函；

（八）发展改革委要求提供的其他材料。

第七条　申请资格认定的股权投资管理企业需向市发展改革委递交如下材料：

（一）股权投资管理企业的营业执照复印件；

（二）公司章程或合伙协议；

（三）股东（合伙人）名单及情况介绍；

（四）所有高级管理人员的简历证明材料；

（五）开展股权投资管理业务情况及业绩；

（六）签署5年内企业不迁离昆山的承诺书；

（七）申请人出具的上述全部材料真实性的承诺函；

（八）发展改革委要求提供的其他材料。

第八条　股权投资企业和股权投资管理企业，应及时向发展改革委报告投资运作过程中的重大事件，具体包括：

（一）股权投资企业投资的企业或项目；

（二）股权投资管理企业受托管理的股权投资企业所投资的企业或项目；

（三）企业年度、半年度财务报表；

（四）合同、章程或合伙协议等重要法律文件的修改；

（五）高级管理人员的变更；

（六）注册资本和实收资本的增加或减少；

（七）分立与合并；

（八）解散、清算或破产。

第九条　《若干政策》第一条第一、第二款中，对于企业入驻时给予的一次性奖励由企业向所在区镇提出申请，填写申请表（发展改革委提供），经区镇初审，发改、财政部门审核后，由市财政根据财政体制将市级财政负担部分下达至企业所在地区镇，由相关区镇负责兑付奖金。

（一）以公司形式设立的企业，其实际到位出资额按验资报告予以确认；以合伙企业形式设立的企业，其实际到位出资额以全体合伙人对各合伙人实际缴付出资的确认书经地方财政部门审核后予以确认。

（二）企业入驻给予的一次性奖励，按从高不重复的原则。对于企业设立的奖励标准一次认定全额奖励到位，其中以公司形式设立的企业奖励给股权投资企业，以合伙企业形式设立的企业奖励给股权投资管理企业管理人员。

第十条　《若干政策》第一条第三款中，股权投资集聚区入驻企业购买或租赁办公用房的，按人均办公面积不超过20平方米给予补贴，企业向区镇申请，经区镇初审后，发展改革委、财政审核。集聚区办公用房年度租金标准由市住建局认定，高于标准租金的部分不纳入财政补贴范围。企业员工人数按与企业签订劳动合同并缴纳各项社会保险的年度平均职工人数计算。补贴资金由市财政根据财政体制将市级财政负担部分下达至企业所在地区镇，由相关区镇负责兑付。

第十一条 《若干政策》第二条企业涉及的奖励，由企业凭资格认定书向区镇提出申请，经区镇初审，报发展改革委、财政部门审核后，由市财政根据财政体制将市级财政负担部分下达至企业所在地区镇，由相关区镇负责兑付奖金。

第十二条 《若干政策》第三条企业高级管理人员涉及的奖励，由企业向区镇提出申请，经区镇初审，报市人才办和发展改革委审核认定后，由市财政根据财政体制将市级财政负担部分下达至企业所在地区镇，由相关区镇负责兑付奖金。

第十三条 《若干政策》第五条合伙人股权投资所取得的股息、利息、分红等投资收益的个人所得税优惠，由企业向税务部门提出申请，并按相关要求办理。

第十四条 《若干政策》第六条股权投资企业投资于本市的项目，由项目所在区镇审核，报市发展改革委、财政确认后按其实际投资总额的0.5%给予奖励。奖励资金由市财政根据财政体制将市级财政负担部分下达至企业所在地区镇，由相关区镇负责兑付。

第十五条 《若干政策》第七条投资项目退出后形成的地方财力奖励，由企业向所在区镇提出申请，区镇初审，并报发展改革委、财政部门审核确认后，由市财政根据财政体制将市级财政负担部分下达至企业所在地区镇，由相关区镇负责兑付奖金。

第十六条 《若干政策》第八条有关股权投资企业的人才奖励由企业向市人才办申请，并按相关要求办理。

第十七条 经市发展改革委认定为股权投资企业或股权投资管理企业后，企业可根据《若干政策》享受相关规定，市发展改革委每半年公布一次股权投资企业和股权投资管理企业名单，市发展改革委、财政部门每半年集中受理审核并按规定兑付奖励。

第十八条 若股权投资企业或股权投资管理企业五年内迁离昆山，则该企业入驻时所享受的一次性奖励须全额退还，由所在区镇负责实施。

第十九条 若股权投资企业或股权投资管理企业存在抽逃资本等骗取奖励资金行为，将收回奖励并由有关部门追究责任。

第二十条 本实施细则自公布之日起试行，由市发展改革委会同财政、税务等相关部门负责解释。

关于加快昆山市文化产业发展的若干政策意见（试行）

昆委〔2010〕14 号

为进一步优化文化产业发展环境，促进文化产业跨越发展，根据苏州市政府《关于加快苏州市文化产业发展的若干政策意见》（苏府〔2009〕182 号）精神，结合我市实际，特制定本政策意见。

一、财政政策

（一）市财政每年安排文化产业发展引导资金并逐年增加，通过补助、奖励等方式，对符合条件的文化产业项目和企业予以扶持。

（二）市文化产业发展引导资金重点扶持创意设计、文化旅游、网络传媒、体育服务、印刷复制、演艺娱乐、广播影视、数字动漫、会展广告、休闲体验、文化制造、艺术培训等十二类文化优势产业项目、产品和文化产业集聚区（园区、基地）。

二、税收政策

（三）文化产品出口按照国家现行税收政策规定享受出口退（免）税政策；为生产重点文化产品而进口国内不能生产的自用设备及配套件、备件等，按国家现行税收政策规定免征进口关税，进口环节增值税可按规定予以抵扣。

（四）文化广电新闻出版行政主管部门按照职能权限批准从事电影发行、放映的电影公司（含成员企业）、电影企业取得的销售电影拷贝收入、电影发行收入以及在农村取得的电影放映收入免征增值税和营业税。

（五）在国家科技部、财政部、国家税务总局和中宣部明确的文化产业支撑技术等领域的具体范围内，被认定的高新技术企业，减按15%的税率征收企业所得税；文化企业开发新技术、新产品、新工艺发生的研究开发费用，按国家税法规定在计算应纳税所得额时加计扣除。

（六）依据国家规定认定的技术先进型服务企业，按《关于技术先进型服务企业有关税收政策问题的通知》（财税〔2009〕63 号）规定执行。

（七）经国家文化等部门认定的动漫企业自主开发、生产动漫产品，可申请享受国家现行鼓励软件产业发展的有关增值税、所得税优惠政策；动漫企业自主开发、生产动漫产品涉及营业税应税劳务的（除广告业、娱乐业外），暂减按3%的税率征收营业税。

（八）企业出口动漫产品享受国家统一规定的出口退（免）税政策。对动漫企业在境外提供文化体育业（除播映）劳务暂免征收营业税，境外已缴纳的所得税款可按规定予以抵扣。

三、投融资政策

（九）凡国家法律法规未明令禁入的文化产业领域，全部向外资、社会资本开放，并实行内外资、内外地企业同等待遇，各类投资者均可以独资、合资、合作等方式进入。在实施优惠政策的投资领域，其优惠政策对所有投资主体同样适用。

（十）引导和鼓励各类金融机构开发和推广适应文化产业发展需要的个性化金融产品，对我市确定的重大文化事业建设项目，银行和担保机构加大支持力度。

（十一）按照政府引导、社会参与、市场运作要求，鼓励我市各类投资机构面向中小文化企业开展业务，帮助创新性、示范性、带动性强的中小文化企业解决融资难问题。

（十二）我市确定的重大文化产业建设项目，按市重点建设项目管理办法进行管理。政府及各有关部门要在立项、报建、用地手续、配套建设、施工许可等方面给予大力支持，并依法保护项目业主的权益。

（十三）继续鼓励非公有资本进入文化产业领域，具体按《国务院关于非公有资本进入文化产业的若干决定》（国发〔2005〕10号）和《国务院办公厅关于印发文化体制改革中经营性文化事业单位转制为企业和支持文化企业发展两个规定的通知》（国办发〔2008〕114号）执行。

四、土地政策

（十四）在编制城市总体规划和土地利用总体规划时，应科学合理布局文化产业发展用地。在制定和安排年度用地计划时，要根据本市文化产业发展需要，合理安排新增建设用地指标。凡是被列入市级以上文化产业项目，尤其是重大基础设施和标志性文化工程用地，纳入重点项目用地范围的，应优先予以保障。

（十五）积极支持利用国有工业厂房、仓储用房出租兴办文化创意产业。经有权部门审核同意发展文化创意产业的工业厂房、仓储用地的，在不变更房屋主体结构和用地性质的前提下，可将不超过总建筑面积的10%用于配套服务设施建设。

五、人才政策

（十六）加快文化产业优秀人才的引进。引进的优秀文化人才的生活、住房、继续教育津贴、项目启动资金、贷款担保、研发用房和风险创业投资等，享受《关于加快优秀人才引进与培养的若干政策》（昆委〔2008〕57 号）、《关于实施加快领军型创新创业人才引进计划的意见》（昆委〔2008〕58 号）、《关于加强昆山文化人才队伍建设的若干政策》（昆委〔2010〕1 号）中的相关优惠政策。

六、奖励政策

（十七）鼓励文化企业依法保护自身权益。对于符合条件的作品版权登记费用，给予全额资助。

（十八）鼓励文化企业开拓市场。经申报同意参加国际、国内文化产业博览会、展览会的，根据其参展费用，分别给予 10 万~20 万元的补助。

（十九）被列为昆山市以上传统特色的、非遗文化资源产业化开发利用的项目，年销售额首次达到 500 万元以上的给予一次性奖励 30 万元。

（二十）鼓励和支持原创影视作品（除商业广告之外）。在中央电视台首播的，给予一次性奖励 50 万元；在省级电视台首播的，给予一次性奖励 30 万元。

（二十一）具有自主知识产权的文化产品、文化服务，被国家有关部委评为文化品牌的，给予一次性奖励 50 万元；文化企业具有自主知识产权的文化产品、文化服务出口额首次达到 500 万元以上的，按出口额的 2‰给予奖励（最高限额为 50 万元）。

七、附则

（二十二）享受本政策的必须是在我市登记注册、在当地实现业务收入并依法纳税的企业法人单位。

（二十三）企业已享受其他奖励政策的，按从高不重复的原则执行。

（二十四）本政策自印发之日起施行，试行期限为三年。

企业篇

香港建滔集团

一、集团介绍

1988 年在深圳莲塘成立第一间覆铜面板工厂；1993 年建滔集团在香港交易所上市；1999 年建滔铜箔集团有限公司在新加坡证券交易所上市；2004 年成功收购香港交易所上市的依利安达国际集团；2006 年建滔积层板于香港联合交易所上市；2007 年建滔集团开始在广州收购及建设商业地产项目；2008 年建滔开始在上海、江苏等地投资建设商业及住宅地产项目；2009 年上海裕花园开盘销售；2010 年集团投资百亿港元在英国、中国香港收购商业写字楼项目；2011 年千灯裕花园开盘销售；2012 年江阴裕花园开盘销售；2013 年花桥裕花园开盘销售。发展至今，集团分厂超过七十余间，为全球最大覆铜面板生产商，国内最大高端线路板制造商，国内化工产品龙头供货商，工业年产值超过 400 亿港元。集团更于近年成功发展房地产业务，主要分布在英国、香港、广东、上海、江苏、山东等经济发达的国家和地区，形成更多元化的业务发展组合。

二、事业部简介

华南地产部：于 2007 年成立，目前拥有总面积约 35 万平方米的三栋商业及写字楼项目，市值约 50 亿元人民币。华东地产部：于 2008 年成立，目前在昆山、上海、江阴、淮安、山东高密等地共拥有商办及住宅土地 2 496 亩，总建筑面积约 540 万平方米，支付土地款 86 亿元人民币，预估市值 356 亿元人民币；其中在昆山共拍得土地 1 912 亩，土地款合计 59 亿元人民币，总建面积 383 万平方米，2013 年前全部动工，2016 年前全部竣工。海外地产部：在中国香港及英国拥有六处物业，每年回收租金 1.2 亿港元，预估市值约 150 亿港元。

三、成功案例

集团已在上海虹桥投资建设了以四栋商业群连为一体的"香港一条街"，设有文化艺术中心、公寓式办公楼、大型购物广场、高档星级酒店、香港美食城、酒吧一条街等商业形态，目前一大批香港成熟的特色商家已签约。

　　集团于 2007 年在广州成功收购了 28 层的展望数码广场，主营电子数码产品的批发经营，日均人流量过万人。

　　集团于 2011 年成功收购广东清远索菲特五星级酒店，经过两年多的努力，目前经营状况良好。

哈森商贸

一、公司介绍

哈森商贸（中国）股份有限公司隶属珍兴国际股份有限公司，该公司于 1979 年 11 月 18 日成立于台湾，主要以男女真皮皮鞋的生产、销售为主导产业。集团于 1988 年到深圳建厂，在初期的十几年，企业专注外销市场，先后为 CLARKS、POLO、SPERRY、NAUTICA、ROCKPORT、DANSKO、MICHAELKORS、J. C. PENNEY 等多个世界知名品牌代工，并不断发展壮大。经历数年品质沉淀后，哈森着手研发自主品牌，1992 年开始涉足内销市场，成功打造出哈森、卡迪娜、卡文等知名品牌，以自主品牌打通内销市场，哈森品牌更是于 2006 年获得"中国驰名商标"的称号。在推广自有品牌的同时，哈森还发挥自己的渠道优势代理了 AS、PIKOLINOS、DANSK、ROBERTA、MEINDL 等国外知名品牌。

为扩大规模和适应公司的发展需要，1998 年，哈森将总部迁到花桥。对哈森来说，总部的转移，是战略部署中关键的一步棋，花桥成为哈森"外转内"的"分水岭"。入驻花桥后，集团把外销生产留在广东，花桥着力拓展内销市场的研发和销售，并以上海为突破口，大力拓展全国销售市场，加速从代工企业到自主品牌的转型。经过十几年的发展，逐步形成了以内销为主，内外销齐头并进的格局。

二、经营状况

（一）内销部分

公司于 1994 年创立哈森（HARSON）品牌；1996 年创立卡迪娜（KADINA）女鞋品牌；1999 年创立另一女鞋品牌卡文（COVER）；2009 年创立休闲女鞋品牌爱旅儿（aller－à），目前自有品牌已分销于全国三十个省、自治区、直辖市，拥有超过 700 个分销点。公司自创男女鞋品牌，在国内占有显著地位。

（二）外销部分

公司主要代加工美国及欧洲品牌等世界名牌真皮皮鞋，如 BASS、CLARKS、DOCK-ERS、POLO、ROCKPORT、SPERRY、DEXTER 等。公司所产的手缝休闲鞋 HAND

SEWN MOCCASIN 在国际市场占有领先地位。

目前代理国际品牌有：ROBERTA DI CAMERINO，ITALY（YEAR 2006 TO CUR-RENT）；DANSKO（YEAR 2007 TO CURRENT）；AS（YEAR 2008 TO CURRENT）；MEINDL（YEAR 2009 TO CURRENT）；PIKOLINOS（YEAR 2009 TO CURRENT）。

三、企业宗旨

哈森之所以在短短的数十载能成为国内外知名企业，是因为哈森有着自己独特的企业文化、与众不同的管理策略；是因为哈森能一直秉持"专业、诚信、服务"的理念。哈森人应不断追求"创造并提供最大的价值"，以敏锐的感知性，洞察先机，发现顾客未来的需求；以我们豁达大度的企业文化气息及以最有效的方法创造最大的价值。将获取的利润不断地投资于企业体，更加健全组织，通过持续不断的进步，努力塑造出理想中的哈森形象，即：

哈森为顾客而存在（of the customers）

哈森依顾客的心愿经营（by the customers）

哈森以经营成果为顾客所肯定（for the customers）

四、服务理念

哈森的经营理念只有很简单的两句话："日新又新"与"创造并提供最大的价值"。即秉持"求新、求变、求突破"的精神，以"务实"的经营方法，实实在在做人、做事；并应遵循"发现问题、解决问题、预防问题"的处世三原则，以精益求精的精神，持续不断地提升公司的产品品质、市场营销与客户服务，做到"品质第一，信誉第一"，最大限度地满足顾客的需求。

博 智 永 达

一、公司介绍

昆山博智永达互动营销有限公司成立于 2011 年 12 月，注册资本为 1 000 万元，现有员工 100 余人，前身为上海天地直复营销策划服务有限公司，成立于 2005 年，隶属于世界 500 强 TNT 集团旗下，多年来一直是国内直复营销领域的领导者，为客户提供全面的直复营销解决方案。

2011 年底基于集团的战略调整，TNT 直复营销（TNT Direct Marketing Services）及 TNT 电商包裹直递服务（TNT Online）正式合并成立博智永达互动营销，以承继 TNT 一贯高质量的直复营销业务，并负责将 TNT 欧洲电子商务业务引进中国。

公司专注于直递服务、客户关系管理、电子商务服务、电话营销服务、移动互联网营销服务等业务领域。超过 30 年的全球运作，以及超过 8 年的本土洞察，结合多行业运营经验使公司成功为众多国际及本土客户提供高效优质的互动营销咨询、项目实施及管理服务。

博智永达在上海、北京、广州、成都、大连等地设有分公司，覆盖全国五大区域，服务超过 76 个城市。

二、公司荣誉

1. 2005 年上海天地直复营销策划服务有限公司（TNT DMS）成立，总部位于上海，覆盖华东地区，同年建立国内首个消费者偏好数据库——亿向 TM，覆盖超过 200 万户高消费能力的家庭。加入全球直复营销协会，并被国内业界推选为中国直复营销协会副会长。

2. 2006 年北京、广州、成都分公司相继成立，服务范围覆盖全国大部分地区，同年超过 200 个坐席的客服呼叫中心在广州落成，成为集团客服、调度、营销的综合平台。

3. 2007 年建立国内首个地理信息营销系统锐达 TM，并成为国内首个和唯一通过 ISO27001 数据系统安全认证的营销咨询类公司，相继也通过 ISO 9001 和 SA8000 认证。

4. 2008 年成立荷皇橙派货运代理有限公司（TNT Online），相继设立上海、北京、广州、深圳、苏州的仓储和分拣中心，发展电子商务解决方案，并成为首个和唯一实现电子分拣的电子商务物流商；同年被业界评为"直复营销最具价值品牌"。

5. 2009 年大连分公司成立，服务范围延伸至东北；超过 400 个坐席的外包呼叫中心在昆山落成，昆山分公司相继成立，同年 TNT 呼叫中心被业界评为"年度最佳呼叫中心"。

6. 2010 年运营的项目总数超过 300 个，服务覆盖城市达 76 个；同年凭借"特力屋家居会员项目"被业界评为"最佳 CRM 实践方案"；凭借"全国退换货项目"被宝洁评为"最佳供应商"；同年被业界评为"直复营销最具影响力品牌"，TNT 呼叫中心蝉联"年度最佳呼叫中心"。

7. 2011 年底鉴于集团战略调整，PWA 博智永达成立，整合 TNT DMS 和 TNT Online 业务，启用 PWA 博智永达全新品牌，全方位提供互动营销服务，总部迁往昆山，未来将在昆山建立管理总部、电子商务基地、IT 及技术支持中心以及电话营销中心。

8. 2012 年 6 月成为广东省电子商务协会会员单位。

9. 2013 年 3 月被推选为昆山市外包服务协会副会长。

三、解决方案

（一）找到您的目标消费者

基于专业的数据服务，深入研究您的消费者，明确目标客户群！

谁是您的消费者？他们在哪里？他们处于哪个年龄组？家庭收入怎样？有怎样的消费特征？如何预测他们未来的消费行为？

您可以在亿向 TM 消费者偏好数据库（Eye TM Data）中，通过人口特征、购买意向、兴趣和爱好、产品及品牌拥有情况来甄选出您的目标消费者。亦可以在锐达 TM 地理信息营销系统（China Connect TM）中，通过消费者数据在地图上的分布来分析目标消费者地理特征，根据"物以类聚，人以群分"的原理来甄选出您的目标消费者。

（二）有效地与消费者沟通

在合适的时间通过合适的渠道向合适的顾客传达合适的信息！

沟通渠道高度发达的今天，消费者已经主宰着沟通的主动权。用什么渠道沟通会有响应？传达什么内容能完美契合消费者当下的需求？如何建立您与消费者良性的互动机制？

我们提供的活动策划和管理，是基于您的消费者数据、交易数据、沟通数据的分析。消费者无论通过网络、信箱、邮箱还是手机短信、彩信、微博、微信等移动终端应用渠道，主动或是被动，都能及时获得自己需要了解的信息。实现您与消费者在平等了解的基础上做最高效的沟通，进而使您从多渠道获得消费者的响应，即是流量！

（三）转化消费者的消费行为

有了流量，当然要最大程度地转化成销售！

如何抓住消费者的瞬间消费冲动？如何让消费者从在线购买的便捷中获益？

掌握消费者的个性、需求、行为模式、心理等要素，通过网络、移动终端与传统零售方式的结合，使得消费者产生消费意向时即时转化成销售。

我们提供的电子商务服务，使您可以在最短的时间内构建最完善的电子商务体系，消费者通过手机或电脑即可享受线上购物、线下送到家的服务。

基于智能手机平台的移动互联网营销服务，使您可以设计基于智能手机或者平板电脑等移动终端的应用程序，配合您的 CRM（Customer Relationship Management，客户关系管理）计划，向消费者推送信息，或者消费者主动搜索信息，一旦消费者感兴趣，即可通过该移动终端参与活动或购买，更重要的是自此之后，结合 LBS（Location Based Services，定位服务）技术，消费者所有生活轨迹尽在掌握！

（四）提高和保持消费者的忠诚度

销售的好与坏，关键是消费者的生命周期和其终生价值是否最大化！

您了解会员的价值和贡献吗？如何建立起会员对您的信任？如何善加运用会员的信息碎片？

CRM 是一个复杂的系统工程，几乎涉及公司所有部门。而我们更关注的是您与消费者的接触面。

我们提供的智能关系管理服务，使您可以将所有类型的数据，例如注册信息、交易数据、送餐或送货数据、客服数据、产品数据、门店分布数据、门店销售人员数据、媒体投放计划等，统一导入智能关系管理平台，从多角度来分析和管理您与消费者的关系，继而发展有效的 CRM 活动来促进流量、销售和忠诚度。

特别之处就是结合移动终端，满足市场经理实时了解消费者动态；零售经理现场识别会员身份、360 度了解会员、远程与会员互动；消费者实时了解预约服务、积分查询和兑换等。

华 道 数 据

一、公司介绍

华道，中国金融 BPO 行业的创新者和领导者，创立于 1998 年。历经十余年的发展与变革，华道以最具创新精神、从业历史最久、运营规模最大、技术最先进、信息安全最严苛、人才储备最雄厚、服务功能最全、市场占有率最高而享誉业界。

（一）实力雄厚的股东、完善的公司治理架构

对于金融机构，选择拥有完善公司治理架构、能够提供长久可靠服务的合作伙伴至关重要。经过几轮增资扩股，华道形成了由机构投资人、创始股东及员工期权池共同组成的稳定股东结构。机构投资人包括鼎晖、纪源等实力雄厚的国际基金，保障了外包业务前期必需的基础设施和研发投入，并建立了完善的董事会议事决策机制；公司的创始股东至今担负着最重要的管理职责；一大批肩负日常经营重任的中高层管理骨干快速成长，确保了企业的长久稳定和持续经营。

（二）坚定正直的企业价值观

自公司成立之初，就立下了"诚信创新，以人为本"的价值观，经历了时间和业务的考验，该价值观已成为华道赢得客户信任、打造创新服务、汇聚优秀人才、引领行业发展的精神支柱，也使华道在客户心中独树一帜，越来越多的金融机构把华道视为可以信赖的长期合作伙伴。华道诚信经营的历程，已被哈佛商学院编为教学案例，在国外引起很大反响。

二、公司服务

1. 金融 BPO 服务。凭借强大的运营交付能力，华道为银行和保险公司长期提供大规模标准化的操作性外包服务，同时，通过流程再造与创新，华道为客户提供专业化的全流程外包服务。

2. 综合金融移动销售终端服务。集多年申请处理服务的实践经验，华道在业内率先推出了"移动销售终端服务"，研发成功了融终端设备、应用软件和后台服务于一体的服务，帮助银行有效甄别优质客户，防范潜在风险，提高审批时效，提升发卡效益，建

立崭新的信用卡营销服务模式。经过不断的改进、完善，目前已经发展成为集信用卡、小微贷款、公司业务等多项业务于一体的综合金融移动销售终端服务。

3. 健康险解决方案。凭借在健康险领域的多年耕耘和深厚的行业积累，华道为客户提供理赔服务、数据支持服务、信息技术服务和咨询服务。

4. 卡惠。在移动金融个人应用领域，华道于 2012 年 4 月底推出了信用卡优惠移动 APP——卡惠，卡惠是一款为信用卡持卡人提供基于地理位置信息的信用卡打折、促销以及优惠商户信息的移动互联应用。同时，基于卡惠平台，华道还提供特惠商户维护管理、推广类服务、行业分析报告，以及激活、办卡等多项服务。

三、支撑要素

（一）完善的服务网络、强大的运营能力

以客户为中心，华道在北京、昆山和广州三地建成了运营交付中心，形成了规模庞大和网状互备的现代化的运营交付体系。目前整体服务及配套设施面积达八万平方米，可满足 1 万人规模的运营需要。华道的设施规模、软硬件水平与运营交付能力，在全国金融后援外包服务领域名列前茅。

（二）强大的技术投入和支撑

华道 IT 团队由国内顶尖核心银行业、信用卡行业技术专家领衔，由研发、测试、维护、硬件等百余名各专业职能技术工程师组成。2008 年华道就通过了 CMMIML3 级认证。拥有包括公共影像平台、数据通信传输、信用卡申请进件、征信、催收、移动销售终端服务、理赔直通车、业务监控等在内的多项自主知识产权的软件产品。在多项领域，创造并保持行业第一：

- 第一家通过 CMMIML3 认证，BS7799/ISO27001 信息安全管理体系认证；
- 第一家采用虚拟计算技术；
- 第一家完成异地运营系统灾备体系；
- 第一家建立移动互联技术方向的专业开发队伍；
- 第一家建立可以跟金融机构对接并面向最终用户的信息系统架构。

（三）业界最严苛的信息安全管理

华道始终把保护客户数据安全列为公司最高优先等级的工作，通过了 BS7799/ISO27001 信息安全管理体系认证。其中，华道综合数据录入系统是国内唯一通过信息产业部计算机安全与技术测评中心严格检测的系统。信息安全体系覆盖到机房与设施、数据库管理、开发与测试环境管理、员工日常办公管理、门禁出入管理等方方面面。从业以来，累计有三十多家客户和第三方独立审计机构对华道进行了上百次的信息安全检查或审计，提出并落实改进措施几百条，使华道的信息安全水平不断提高，得到金融机构的普遍认可与好评。

（四）完善的立体型人力资源建设体系

华道坚信，卓越的服务源自优秀的人才。公司优良的企业文化和快速发展不仅为企业自身培养了大批优秀人才，还为整个行业输出了大量人才。华道的人力资源建设，同样创造和保持了多项行业第一：

- 第一家引入翰威特专业岗位职级体系；
- 第一家建立和执行全员业绩考核体系；
- 第一家将最完善的商保福利体系覆盖到全体基层作业员序列；
- 第一家为基层作业员提供在岗学历教育；
- 第一家建立骨干员工期权制度，分享公司成长的长期收益。

四、影响力

华道不仅是金融 BPO 行业的创新者和领先者，也是先进思想的传播者。

2010 年，华道数据与麦肯锡公司共同出版的《中国金融业服务外包报告》是迄今为止中国最权威的关于金融后援建设的专著，被很多金融机构列为重要学习材料；编辑出版和翻译了《硅谷龙》、《中国软件业投融资报告》、《华道每日新闻》、《华道信用卡快报》、《华道保险快报》，捕捉行业最新动态，已在行业内广泛传播。

华拓数码

一、公司介绍

华拓数码科技有限公司（M&Y Global Services）成立于 2002 年，是国内成立较早、规模较大的专业金融服务外包提供商，专注于为中国银行业提供外包服务、产品服务、咨询服务等行业整体解决方案。

华拓数码管理总部位于首都北京，目前已建立了黑龙江大庆、江苏花桥、湖南湘潭三个主交付基地及哈尔滨研发中心，在上海、深圳等地均设驻场项目。公司连续多年获得"全球服务外包百强"、"中国服务外包十强"等荣誉称号。

华拓数码目前为农业银行、中国银行、建设银行、交通银行、邮政储蓄银行、浦发银行、中信银行、光大银行、广发银行等 11 家总行级金融客户提供服务。其中 4 家位列 2011 年《财富》全球 500 强，华拓所有银行客户的整体份额在中国银行业占到 56.6%。

二、公司产品

华拓数码目前的产品体系分为两大部分：私人业务方面，包含信用卡业务外包、理财电销业务外包及财富管理增值业务外包，包括针对商业银行信用卡业务提供全流程业务处理外包服务，服务内容涵盖信用卡申请件的初审、扫描、数据录入、信息补全、外呼征信、退件处理、睡眠卡激活、清欠催收、销户挽留、档案管理等业务领域；对公业务方面，包含会计凭证扫录、交易结算事后监督、银行内控、作业前后台分离、贷款、风险识别等业务外包类型。

三、成功案例

昆山交付基地是公司目前最大的交付基地之一，该基地于 2011 年建成，拥有 5.6 万平方米办公用房及 200 亩待建金融园，可容纳坐席 60 000 至 70 000 个。业务涉及银行内控、会计凭证扫录、信用卡全流程等多项业务。昆山交付基地依托上海金融中心城市区位优势及长三角专业人才优势，诸多金融机构已有高意向合作洽谈，预计未来三年内将达到 5 000 人规模，引领国内金融呼叫经济发展，成为国内最大的金融服务外包基地。

四、公司特色

华拓数码依据从业十余年的经验和积累，提出了"金融工业化"理论，即金融服务外包是指通过工业工程的理论方法，对金融机构复杂、烦琐的专业后台处理环节或流程进行分析与设计，将之重新优化组合，依托先进的 IT 技术作支撑，进行全流程标准化、简单化、自动化、智能化的革新，让非专业人员通过更简单的劳动，完成比之前专业人员更高质量、更优实效和更低成本的工作。

做好金融服务外包要具备四个方面的能力，这同时也是华拓数码的核心竞争力。第一，要对金融行业相关的专业领域具备深刻的理解能力，并有一支技术实力雄厚的 IT 团队作支撑，以满足软件及硬件网络平台的需求。第二，要有强大的理论与实践相结合的能力，用工业工程的理论、结合金融产业的特点，以满足现代金融工业化的产业发展需求。第三，要有领先的管理能力，服务外包是人力资源高度密集的产业，涉及大量人员的组织、培训、管理、激励等工作，涵盖了企业文化建设、组织行为、人力资源等现代管理学领域。第四，要具备调度系统的方法和理论，以应对多任务、多人员的立体交叉式分配和人员复用带来的挑战。

凯 捷 集 团

一、公司介绍

凯捷集团创建于 1967 年，是欧洲最大（世界前三）的管理咨询、技术和外包服务的供应商之一。在 44 个国家和地区拥有超过 125 000 名员工，帮助客户实现转型，以改善绩效、增强竞争优势。1997 年凯捷登陆中国。在上海、北京、广州、昆山、香港和台北等地均设有分公司和办事处。拥有超过 1 600 名管理顾问和技术专家团队，业务覆盖了管理咨询、信息技术、服务外包以及全球研发等。

凯捷咨询（昆山）有限公司注册成立于 2012 年 10 月 9 日，注册资本为 300 万元，公司位于江苏省昆山市花桥镇金捷路 1 号 1 号房，目前有员工近 500 名。公司一般经营项目为从事投资咨询；企业管理咨询；科技技术咨询；计算机软件的开发，设计，制作，测试；销售自产产品；网络及系统集成相关的信息技术服务及咨询服务并提供安装，调试，维修等服务；计算机软硬件的进出口，批发及相关配套的安装，调试，维修等技术服务；以服务外包的形式从事共享数据处理中心的网络和软硬件等的建立和运营；商业流程的后台办公和客户交易；员工薪资，福利，档案，考勤，人事信息处理及相关的服务；财务管理；提供产品采购的质量监控和管理；提供产品研究设计；提供信息服务。

二、企业文化

自创立之日起，凯捷就将七大价值观作为企业文化的核心。这七大价值观让凯捷在遵守当地监管要求的同时，也影响了凯捷满足客户需求的方式。这七大价值观分别是诚实、勇气、信任、自由、团队精神、谦逊、快乐。

三、公司产品

凯捷的外包分为三个部分：ITO、BPO 和 AMS。

ITO，技术服务外包，包括企业网络管理、IT 安全管理、IT 架构管理。凯捷是欧洲最大的 ITO 服务提供商，许多全球 500 强企业及欧洲本地企业将 IT 部门外包给凯捷。凯捷昆山的 ITO 中心将同时服务于凯捷全球客户和中国本地客户。

BPO，业务流程外包，包括转型外包、业务流程运作。凯捷在广州的 BPO 中心有超过 600 名顾问为全球客户提供财务、人力资源和采购支持服务。凯捷也将在昆山建立 BPO 中心，在人员安排方面采用将具有国际经验的管理层与当地招募员工相结合的方针。目前，近 85% 的凯捷员工是大学毕业生，他们能够熟练运用英语、法语、德语、韩国语、日语、葡萄牙等语言。

AMS，应用管理系统，我们为客户提供的解决方案有 ERP 系统管理，业务转型系统管理，定制化的管理，应用系统健康检查（评估服务）。主要的特点是按照服务定义协议，为客户提供标准服务；同时提高效率和降低成本；通过我们的 Rightshore 网络能够充分使用凯捷的全球资源；系统性的系统管理和维护流程确保服务流程的稳定和高质量；依据商业需求，提供灵活的 IT 服务（规模和形式）。

四、智力支撑

同时，拥有省级博士后科研工作站，云计算应用研究中心、智能化方案解决中心等科研机构。拥有博士和博士后 2 名，硕士及高级项目经理 20 名，其他相关领域研发人员 50 名，在云计算、智慧城市、智能电网等领域形成了合理的研发队伍。同时作为凯捷中国的全球交付与共享中心，拥有全球最新同步的知识库和技术资源。

柯莱特信息技术有限公司

一、公司介绍

成立于 2009 年 6 月 29 日的柯莱特信息技术有限公司，其注册资本为 10 000 万元人民币。法人代表：马一鸣。柯莱特信息技术有限公司由马一鸣先生作为引资人，从柯莱特集团总部引进入昆山商务城区，并把柯莱特信息技术有限公司作为柯莱特（中国）集团在华东地区的总部基地。

柯莱特信息技术有限公司有行业领先的核心技术和产品，拥有一支专业化的 IT 顾问团队，始终将令客户满意作为自己的经营理念，这一切造就了柯莱特公司众多的成功案例，从而极大地推动了中国信息事业的发展，而这正是柯莱特公司的目标和责任。

二、公司地位

2010 年柯莱特已经是全国 SAP 咨询服务实施行业中排名第一的企业，在整个中国人力资源市场上只有 2 500 名资深顾问的前提下，柯莱特拥有了其中的 32% 的人力资源，达 800 名顾问。而作为华东区总部的柯莱特信息技术有限公司的顾问人数已经达到 600 名。

柯莱特信息系统有限公司（纽交所上市代码：CIS）于 2010 年 7 月 21 日在美国纽约证券交易所正式挂牌上市。柯莱特 IPO 是截至 2010 年中国 IT 服务外包公司中最大的公开发行上市公司及当时中国在美国市场上最大的公开发行上市公司。

柯莱特信息技术有限公司自 2009 年入住商务城区，短短两年时间内成立了与 IBM 的第三方交付中心，合作模式得到了 IBM 领导层的完全认可，该交付中心与 IBM 的合作规模跟 IBM 与国内 IT 服务实施厂商的业务合作规模相比是最大的，其规模是 IBM 与国内其余 IT 服务实施厂商合作规模之和的 4~5 倍。4 年中，柯莱特交付中心与 IBM 已经合作实施的项目达到 500 多个，客户遍及国内各大中城市，以及日本和欧美地区。柯莱特交付中心人员主要来源于长三角与京津唐地区，为解决这些地区的人员就业问题作出了很大的贡献。

三、发展情况

柯莱特集团进驻中国以来和很多客户保持了良好的合作关系，集团向客户提供优质的服务和先进的技术，而这些技术无论在质量、性能等方面都具有一定的优势。

柯莱特拥有一支国内最好的银行业咨询顾问团队，高级主管由代表世界先进金融科技水平和管理水平的专家担任，全部成员均具有高超的技术、严密的流程、完整的文件标准、高效的工作水平。

柯莱特涉及的国内客户项目包括中国电信、中国移动、中国联通、中国农业银行、国家开发银行、中国航空、中国惠普、中国人寿、山西煤矿、苏宁电器、中国石油、中国建设银行、韵达快递、联想、国家电网等多家知名企业。

柯莱特涉及的日本客户项目包括日本银行、三井住友银行、索爱、日本信号、井上特殊钢、出荷物流、本田汽车、理光等诸多知名企业。

柯莱特涉及的业务系统包括企业生产制造系统、人事系统、财务系统、运营管理系统、银行核心系统、企业门户等全面的业务系统。

柯莱特涉及的平台包括 SAP、Oracle、.Net、Linux、Java、大机、Datastage、Websphere 等主流 IT 平台。

柯莱特拥有一流的跨国团队和熟悉国内市场的本土人才，拥有国内最多的 ERP 及金融解决方案的咨询顾问和 IT 资深工程师资源，业务范围涵盖各个行业。

四、市场前景

柯莱特培养了大量优秀的高级 IT 技术人才，帮助国内的 IT 人员提升了自己的技术水平与业务水平，为企业提升业务管理水平与 IT 系统水平。通过业务咨询，将先进的业务流程引进到逐步发展壮大的国内企业，帮助企业建设业务管理系统来有效地管理企业的人、财、物，为其进一步发展提供坚实的基础。

柯莱特信息技术有限公司将在花桥服务外包区建设占地 260 亩，建筑面积 33 万平方米的总部园区。柯莱特欲在近年内成为国内最大及最优的软件服务商，秉承"客户第一"的服务传统，为大中华客户带来及时、本地的优质服务。柯莱特同时进军日本及欧美，开拓全球外包服务商机。

五、公司业绩

柯莱特花桥总部 2009 年、2010 年分别完成的销售额为 1 200 万元、3 亿元，累计上缴各类税收 3 000 余万元。2011 年柯莱特实现销售额 4.14 亿元，同比增长 38%，上缴税收 3 003.735 万元，比同增长 20%。2012 年柯莱特实现销售额 5.6 亿元，同比增长 35%，上缴税收 4 505.44 万元。2013 年上半年柯莱特实现销售额达 2.03 亿元。

柯莱特目前处于高速发展的状态，5 年内预计发展到 5 000 名员工，实现营业收入 20 亿元人民币。

江苏实达迪美数据处理有限公司

一、公司介绍

江苏实达迪美数据处理有限公司（以下简称实达迪美公司）是一家民营高科技企业，于2009年1月注册成立于商务城区，注册资本1300万元人民币。

公司现在资产规模3487万元，职工262人。公司是一家专业从事海量可变数据处理相关的云计算系统及解决方案研发，为金融业客户提供海量可变数据处理服务和解决方案的企业。

公司重点拓展国内金融保险业客户，致力于发展成为一个"专、深、精"的海量可变数据处理解决方案供应商。通过深入研发基于云计算的金融业单证管理系统，为金融业客户提供高性能的金融业单证管理系统，有效提高金融业单证管理水平并降低运营风险，同时可以通过系统的销售和推广实施，不断拓展公司数据处理服务，在带动公司现有遍布全国140多家数据处理作业中心的基础上进一步建设优化网络化作业中心，推动公司海量可变数据ITO和BPO业务的发展，使其快速成长为国内数据处理行业的龙头企业，在国内保险业细分市场占有率超过60%。2009年至今销售收入平均增速近30%，净利润增长近10倍，规模效应带动公司盈利能力倍增，预计到2016年底，人员规模将达到500人，成为年产值超1.5亿元的大型数据处理领军企业。

实达迪美公司于2010年被江苏省政府相关部门认定为双软企业、高新技术企业以及江苏省民营科技企业，同时也是昆山市电子信息服务和集成电路行业协会常务理事单位和江苏省软件行业协会团体会员单位。建成苏州企业技术中心和工程技术研究中心、花桥博士后创新实践基地分站，江苏大学企业研究生工作站、研究生实践基地、产学研实践基地。

实达迪美公司是国内唯一一家拥有独立自主知识产权——海量可变数据处理系统软件的民营科技企业，现已拥有了以DigiForm电子表单海量可变数据处理系统软件为核心技术的13件软件著作权、7件软件产品，申请1项软件发明专利，获得1项江苏大学关于数据挖掘的发明专利独占许可。

为了实现跨越式发展，公司在2009年10月成功收购北京展鹏公司数据处理外包业务，巩固了公司在国内市场的龙头地位，同时公司正在积极寻找新的强强联合或者并购对象，实现公司快速发展。

2009 年 3 月通过 ISO9001 质量体系认证；2011 年 10 月通过 ISO27001 信息安全管理体系认证。

产学研合作：公司高度重视产学研合作，2012 年 6 月与江苏大学计算机科学与通讯工程学院签署为期四年的产学研合作协议，双方在网络安全、防伪技术等方面展开密切的技术合作。

数据处理交付中心数量：现有 140 多个，分布在全国 30 个省市。

产能和市场情况：在金融保险业海量可变数据处理服务领域拥有超过 60% 的市场占有率，目前月印量超过 6 000 万印，年印量约 7 亿印，年处理可变数据约 1500TB，是金融业海量可变数据处理行业的龙头企业。

二、公司产品

公司主要从事与海量可变数据处理相关的云计算软件产品、系统及解决方案设计与开发，并以软件系统为基础集成各种软硬件设备构成自动化海量数据综合处理系统，为客户提供包括金融业海量可变数据云计算并发打印计算处理、云存储、个性化处理以及个性化文档制作、影像扫描与档案管理、新契约制单全流程等在内的海量数据处理服务。

1. 保险行业海量可变数据处理解决方案设计、开发及服务。保险合同（保单）数据处理、保险信函数据处理（包含递送）、保险投保书影像档案管理、电子单证存储和查阅、单证录入处理、收单与初核、短信互动、数据交互与查询等。

2. 证券基金行业海量可变数据处理解决方案设计、开发及服务。对账单（信函）数据处理、对账单递送、电子单证存储和查阅、短信互动、数据交互与查询等。

3. 银行业海量可变数据处理解决方案设计、开发及服务。银行业海量可变数据处理、银行对账单数据处理、信用卡对账单数据处理、账单递送、电子单证存储和查阅、短信互动、数据交互与查询等。

4. 窗口服务业海量可变数据处理解决方案设计、开发及服务。窗口服务业单证/发票/账单数据处理、电子单证存储和查阅等。

江苏远洋数据股份有限公司

一、公司介绍

江苏远洋数据股份有限公司是一家具有现代化、规范化、专业化的金融服务外包企业。成立于1990年，专业为银行提供账单数据处理外包服务；从1998年开始，公司业务按照纵深化、多元化发展战略，陆续涉足银行其他外包业务；2007年更进一步战略性地进入信用卡数据录入及呼叫中心的服务型业务，目前已初步完成一站式金融外包服务平台的框架构建，全力实现从制造业向综合服务业的跨越式转型。公司希望通过向商业银行客户提供多板块、组合式的外包服务，各板块业务独立具备竞争优势，业务组合形成更加强大的协同效应，达到对银行账单和呼叫中心等直复营销载体的把握，配合商业银行外包市场逐步放开的进度，最终进入利润丰厚的数据库直复营销市场，将成本中心转变为盈利中心，成为中国最大的一站式的金融外包服务提供商。

公司注册资本12 409万元人民币，位于花桥国际商务城区服务外包基地，商业发达、交通便利，北靠沪宁高速和苏沪机场路，距上海虹桥机场仅25公里；占地150亩，建有14 000平方米办公用房、31 000平方米呼叫中心、25 000平方米的标准厂房以及40 000平方米的住宿、食堂等附属配套房屋建筑。公司始终遵循"诚信、尊重、创造、严谨、专业"的宗旨，把"安全高效、质量至上"作为企业生存理念，在激烈的市场竞争中以特色创优势，创新促发展，瞄准行业领先前沿技术，以客户需求为目标计划，以技术领先为指导思想，经过多年持续发展壮大，现已成为国内技术先进、管理高效、设备齐全的专业化金融外包服务公司。

远洋始终紧密配合中国银行业务的发展，深入理解和把握银行的需求，适时地、有前瞻性地推出有竞争力的外包服务产品，力图通过账单处理、数据录入、呼叫中心业务外包的发展，把握银行进行数据库直复营销的载体，为进一步实现分享数据库营销的更大盈利夯实基础。

二、公司业务

1. 账单打印。账单打印业务是我公司当前最主要的业务，占据信用卡外包市场

62%的市场份额。服务内容包括印前设计制作、印刷、信封制作、打印、封装、邮寄、退信处理等账单处理一站式服务。代表客户有中国银行、中国建设银行、交通银行等。公司设备先进，配套齐全，并拥有专业化的团队，可为客户提供专用工作站，单间作业，保证数据安全、准确。单张纸打印与连续纸打印双向选择，满足您对账单的不同需求。

2. 呼叫中心。远洋数据凭借当地政策成本及地域优势，结合本身在中国金融行业开展外包管理业务的丰富经验以及与各大银行长期合作建立起来的信任基础，全力发展银行信用卡呼叫中心业务。目前，中银商务呼叫中心入驻远洋，成功在远洋园区内建立了中银商务华东分中心；交通银行也以远洋园区内 14 000 平方米的综合大楼作为其长期的电话营销场地。

3. 资料录入中心。远洋数据录入中心拥有独立产权的录入场地，设置坐席 125 席。拥有先进及有独立产权的录入系统，一套完整的资料录入体系，以及专业的技术管理人员，从资料获取到数据输出都有严格的控制程序，从而可以优质地完成录入工作，达到客户对信息的安全性、准确性、时效性的要求。目前资料录入日处理能力达到 2 万份。录入中心的作业人员都是经过严格的培训与挑选，有着较高的文化修养，且绝大多数录入人员为本地户口，外加公司配套宿舍、食堂、超市等设施，使得人员流动几率大大减小，保证安全稳定的作业环境，工作弹性较好。

4. 卡片个人化。我公司拥有先进的打卡设备 Datacard ® MX6000™，包括凸字、编码和印刷（单色），以及单个或多个接触和非接触式智能卡模块，并可添加更多模块，具有高达每小时 1500 张个人化卡片的高生产力，还具备广泛的一站式个人化技术，采用最先进的防伪设计，先进、可靠的彩色印刷和激光雕刻技术。

远洋的卡片个人化服务完全符合国家质量管理标准及银联信用卡组织对卡片个人化加工制作的标准要求。

三、公司优势

远洋数据拥有稳定的数据处理系统，严密的作业流程控制，先进的安全管理制度及专业的软硬件环境，始终把"安全高效、质量至上"作为企业生存理念，严格按照ISO9001 质量管理体系认证标准操作，加上与各金融机构外包业务多年来的合作经历，使得公司积累了大量安全控管方面的经验，以严格、科学、规范的管理来指导生产作业工作，确保各项业务的高保密性和高安全性的要求。

1. 行业经验丰富。远洋数据从 1998 年开始从事信用卡账单打印业务，先后为多家银行提供信用卡账单打印等信用卡后台服务，有着丰富的行业经验，在客户中有着良好口碑。特别是与中国金融机构中最具实力的大型国有商业银行建立了稳固的战略联盟关系，占领全国银行信用卡账单处理近三分之一的市场份额，包括中国银行信用卡中心、中国建设银行信用卡中心、交通银行太平洋信用卡中心的信用卡账单印刷、打印、邮寄业务，是目前唯一一家在账单处理业务上和国有五大商业银行有业务合作的公司。

2. 设备规模庞大。公司先后从美国、德国、瑞士等国家引进世界一流设备，拥有富士施乐高速打印机、荷兰 OCE 高速打印机、美国必能宝封装机、科恩 3500 封装机、德国 W + D 信封机、瑞士 GMC 专业数据处理软件等成套进口的世界上最先进的印刷、打印、封装、信封制作等设备，工艺领先，可提供各类中西式信封，漂亮的彩色账单，准确灵活的广告夹寄等各种个性化服务。

中银金融商务有限公司

一、公司介绍

中银金融商务有限公司（以下简称中银商务）系中国银行附属公司，于 2007 年 11 月由中银集团投资有限公司与中银信用卡（国际）有限公司合资成立。中银商务总部设于北京，同时在昆山、上海和深圳设有分公司，公司现拥有客户服务中心、商户收单、运营操作中心和资讯系统管理业务模块。

中银商务通过了 ISO20000 及 ISO27001 认证，全方位、多角度地为银行、保险等金融行业提供稳定、安全的专业化服务。

二、公司理念

中银商务坚持以客户需求和客户满意度为导向，按照"经营规模化、管理专业化、服务品质化、执行高效化"的标准树立企业良好的声誉和品牌，从客户的实际需求出发，及时响应客户全方位的服务需求，在巩固和发展业务的同时，得到了稳定和长足的发展，也培养了一批具有专业知识及丰富经验的客户服务人员，思客户所思，解其后顾之忧，7×24 小时全程为客户提供高品质、高效率的服务支持，赢得了客户的信赖，使商户和客户体验到无处不在的关怀和可信赖的服务支持。

中银商务秉承"一流服务、一流形象"的服务理念，在全面支持及保障中国银行战略发展的同时，也为其他金融、保险客户提供后台保障服务及高附加值服务解决方案，并加强与市场客户的业务合作，不断将专业化外包服务朝着市场化方向发展，力求成为提供第三方专业化服务的优秀企业。

三、公司产品

中银金融商务有限公司客户服务中心主要职能是以自助语音（IVR）、人工呼入呼出服务、短信、网上银行等多种方式和途径为客户提供多功能综合性服务，是服务与营销的重要窗口。目前主要负责全国中银及长城两大系列信用卡中后台业务的支持和客户服务工作。

中银商务成立以来，始终本着以"客户为中心"的服务理念，尽全力为客户提供优质服务。同时，中银商务通过实现客户服务集中管理，为客户提供高效、有价值的服务体系。公司通过不断地完善和优化普通客户、中高端客户分层的服务体系，提升专业化的服务质量，来满足客户多样化的需求，确保为客户提供便捷、优质、全面、贴心的服务。

中银商务江苏昆山分公司作为北京总部的业务分流及备份中心，与北京客户服务中心形成南北呼应、辐射全国的中银信用卡客户服务格局。分公司客户服务中心本着"不断创新发展，提升客户价值"的服务精神，全面开展了外呼营销业务，通过专业的电话营销渠道为客户提供显著差异化的增值服务，进一步提高客户的满意度和忠诚度。

中银金融商务有限公司上海分公司作为中银商务收单业务总部，目前主要负责开展中银集团内银行卡收单业务的商户市场拓展工作。分公司受理的卡片包括银联卡、VISA、MasterCard、JCB、Diners Club 和 American Express 等。

中银商务运营操作中心主要从事信用卡申请资料进件管理、影像扫描、信息录入、电话查询、档案管理及调阅、VIP 申请件处理、信用卡个人化制卡、账单打印等业务的专业化支持与处理。

四、公司服务

运营操作中心自成立以来，始终坚持"以客户为中心"的理念和"诚信、细致、高效、务实"的八字方针，致力于建设具有同行业领先地位的信用卡前端处理平台，目前已构建了完备的应用系统及管理平台。运营操作中心通过系统化、专业化的服务，力求帮助客户降低信用卡申请的数据处理成本，优化内部资源，让客户获得更加优质的服务，全力推动客户核心竞争力的提升。运营操作中心在保证客户信息及数据安全的前提下，操作处理能力逐年大幅提升，在同行业中处于领先地位。

花桥梦世界电影文化博览园

一、项目介绍

为丰富人民精神文化生活，增强国家文化整体实力和竞争力，苏州昆山商务城区将建设世界最大的电影城"花桥梦世界电影文化博览园"。花桥梦世界电影文化博览园是全国创新的文化服务业项目，以电影文化拉动旅游休闲与零售商业服务，是中国第一个以电影消费为主题的大型文化服务综合项目。园区占地240亩，共有520块电影屏幕，建成后将超过美国摩尔影城的30块屏幕。

该项目是结合电影文化、电影科技、电影消费服务的创新型文化项目，在昆山打造中国第一个以电影云计算、云发行为技术核心，电影消费为主轴的电影文化博览园。

花桥梦世界电影文化综合体是政府"十二五"规划重点扶持"文化、科技、旅游服务业"项目，已连续两年被列入江苏省苏州市文化产业重点项目和昆山市2012年、2013年重大文化与服务业项目，预计2015年5月可投入运营。

花桥梦世界电影文化博览园项目位于商务城区内，北临绿地大道，西接苏州绕城高速公路，由国内知名基金投资公司IDG资本投资，投资规模超过20亿元人民币。

花桥梦世界电影文化博览园占地240亩，建筑面积共34万平方米，其中地上24.6万平方米，地下9.4万平方米，项目开发投资20亿元，另外电影设备与版权投资约6亿元。

二、项目内容

1. 电影文化。

(1) 体验影院：5D飞天影院，5D探险影院，5D儿童滑雪影院，水幕影院。

(2) 云发行视听馆：507个以电影主题的包房式视听影院，由北京网尚自主研发。

(3) 同步影院：1个巨幕影院与9个同步影厅，共1 400个座位。

2. 明星会所。邀请海内外电影产业相关知名人士在花桥选择第二住所，可以举办电影首映、明星宴会等。

3. 电影SOHO。吸引海内外电影文化相关产业进驻园区，设立华东总部或办事处。

三、项目亮点

（一）iGreen 5D 飞天影院

花桥梦世界引进突破美国迪斯尼乐园飞行剧院专利技术的"iGreen5D 飞天影院"，影院高 42 米，共设 90 个坐席，可让观众在 30 米高空体验身临其境的飞行乐趣。另外还有 5D 探险影院与 5D 儿童滑雪影院，让消费者可以享受宛若世博会的高科技电影体验。

这三项设备是由台湾上市公司智崴资讯专利研发，花桥梦世界投资运营方北京网尚世界与智崴资讯并结成独家战略合作伙伴共同投资运营，也是两岸电影文化公司首度联手发展电影文化项目。

（二）首创电影云发行基地

园区最大亮点是由国内企业自主研发的电影云发行与传输系统。这套由北京网尚数字电影院线公司自主研发的 iMovie 视听馆高清电影点播与传输系统，可同时在园区内 507 个主题电影视听馆内点播 3D 高清电影；同时通过云储存与云发行技术，可在云端储存上万部高清电影，实现观众在园区可以随时点播想看的电影，达到以 100% 电影内容满足 100% 消费者。

iMovie 高清电影视听馆可以改善国内每年大量电影没屏幕可放或影院只放映热门商业电影的窘境，为国内外艺术电影提供了更多的放映机会。未来上海与苏州地区的民众可在花桥梦世界电影博览园点播世界各国的经典电影、儿童电影或是国内的红色经典电影等，10 000 部以上的电影片库提供适合 2 ~100 岁观众的大众电影文化娱乐。

（三）同步影院

上海是中国电影之都，每年有 300 部海内外电影要在上海举办首映，但场地难寻，花桥梦世界电影文化博览园通过与上海电影公司与上海电影节的互动，每两周举办一次电影首映，每年配合上海电影节设立分会场，利用电影与明星的强大号召力，提升花桥在全国城市的文化知名度，大量进入花桥的游客或影迷也会拉抬当地服务业的消费。

（四）两岸文化零售业资源整合

花桥梦世界电影文化博览园除电影文化之外，借由 IDG 资本投资优势，引进海峡两岸知名的零售服务业知名企业，包括与台湾太平洋百货和新光国际百货结为商业战略合作伙伴，负责园区招商与运营服务，强强联手，创新文化结合商业与休闲旅游的新消费概念。

花桥梦世界电影文化博览园有别于以往国内电影文化项目普遍以电影拍摄基地吸引旅游的传统经营形态，打造吃、喝、玩、乐、文、娱、住、购的一站式的文化旅游与商业服务。

（五）第一座生态环保影院

为贯彻十八大精神，进行生态文明建设，花桥梦世界电影文化博览园将建成全世界第一个生态环保电影院，打造苏州文化国际级地标。

北京网尚世界邀请知名华裔建筑师黄谦智，以废弃回收物建造成 42 米高的 iGreeng5D 飞天影院，建成后将成为全世界第一个以废弃回收物打造成的电影院。目前 iGreen 飞天影院建筑设计已经初步完成。

黄谦智建筑师同时也是美国纽约市长的环保建筑顾问，他的团队 2010 年曾在台湾花博会打造了全球第一个用回收废塑料瓶建成的大型展览馆。

四、社会效益

项目建成后首年将吸引 200 万人次休闲旅游人口到花桥消费，带动当地服务业的发展，增加政府税收。提供花桥当地 1 000 名左右员工就业文化服务业。预计将吸引 500 家文化与服务业相关企业进驻花桥。

苏州三砥文化传媒有限公司

一、公司介绍

苏州三砥文化传媒有限公司成立于 2011 年 12 月 5 日，注册资本 500 万元，主要经营范围：广播电视节目制作、发行；设计、制作、发布国内各类广告；企业形象策划，文化艺术交流活动策划，体育赛事活动策划，公关活动策划；图文设计制作；会务服务；家电、数码通信产品的销售。公司位于昆山花桥和丰路 108 号 1733 室，面积为 781.85 平方米，是江苏省内第一家从事 3D 内容开发与营运的成长型企业。

公司秉承"创新，企业发展第一动力"的理念，抓住文化体制改革和全球 3D 产业提升两大机遇，打造"新技术"、"新内容"、"新模式"三项核心优势，携手多方资源，迎接 3D 产业发展的美好明天。

1. 新技术——公司在全国乃至世界率先开展 3D 一体机的样机拍摄，率先同宽泰等世界领先的 3D 后期系统集成商合作，开展 3D 节目后期非线编辑、3D 合成、调色、实拍、动画集合等核心技术应用的试验；在中国，是最先掌握 3D 拍摄、后期制作、成片"一条龙"技术的企业，也是唯一能够提供"8 机位、全 3D"现场拍摄、切换导播、直播的企业。

2. 新内容——目前拥有 1 500 多小时的 3D 高清素材、160 小时的 3D 节目成片，约占国内自主版权 3D 节目量的 60%，且每月新增节目产能超过 20 小时。抓住中国 3D 试验频道开播的大好机遇，公司已获得频道主办方之一——中央电视台的购片协议，为试验频道节目提供 3D 节目片源。

3. 新模式——在国内率先探索 3D 内容产业的多种盈利模式，包括 3D 版权交易、3D 广告制作与发布、3D 收费点播服务等。

二、成功案例

2012 年 1 月中央电视台 3D 试验频道开通，公司与央视 3D 频道联合制作《3D 看天下》栏目。《3D 看天下》是中国第一档 3D 电视专栏节目，于 2011 年春节开始在上海 ICS 外语频道推出，每周一期，每期 15 分钟，覆盖上海逾 200 万电视用户。从 2012 年 1

月起，入驻中国 3D 电视试验频道黄金档，成为频道官网及众多媒体重点推荐的国产原创 3D 节目。节目借势旅游行业的蓬勃发展，首开先河以立体视角带领观众游历五大洲，记录世界各国的自然风光与风土人情；知名节目主持在节目中与观众一起分享旅途的经验、体验互动的乐趣。

《3D 看天下》采用目前国际最尖端的 3D 技术手段制作，并尝试国际电视业流行的播出季形式，现已陆续推出《中国景观村落寻根之旅》、《神秘阿拉伯》、《海岛风情》、《英伦之旅》等系列，并计划继续制作《魅力亚太》、《欧洲名城》、《奥运城市》、《走进长三角》等多个播出季，让观众足不出户便能尽享扑面而来的世界风情。

《3D 看天下》目前已被央视 3D 频道整体认购，而节目的制作技术和内容质量都获得央视赞赏，被认为是国内同行中的最佳，因此也获得与 3D 频道长期合作的机会，《3D 看天下》已作为该频道的固定主打栏目排入播出计划，令节目获得了一个长期稳定的播出平台和收益渠道。

同时，由于旅游节目并不具备时效性，所以也为该节目以后在其他 3D 频道的播出发行以及更多的 vod 点播、新媒体推广乃至海外发行提供了充分的便利，令节目拥有了长久的生命力和持续盈利的能力。

目前，公司已成为国内最大的 3D 电视节目制作机构与 3D 整合媒体营运商，其中《3D 看天下》节目已被央视 3D 频道整体认购，同时，在国内开设了多个 3D 电视点播频道。3D 影视节目作为影视文化产业的未来发展方向，正在受到业界与观众的普遍认可，所以，3D 节目的创作无论从技术而言还是从内容而言，都是文化产业创新实践的新标杆。

三、发展历程

截至 2013 年 7 月，公司在版权局已经完成了 43 部自主版权的登记。

对于中国 3D 影视产业的开拓与发展而言，在国家"十二五"规划引领下，苏州三砥文化传媒有限公司开启了文化产业的"3D 大门"，引领了中国 3D 电视内容产业的方向，给广大观众带来的美好的视觉盛宴。

2012 年 11 月，公司与上海外国语大学联合创办的"多媒体融合实验室"获得国家教育部认定的"'十二五'国家级实验教学中心"。

2013 年度，公司制作 100 集的《美丽江苏 3D 系列风光旅游纪录片》（以下简称《美丽江苏》），并在央视 3D 频道和江苏省电视台播出。《美丽江苏》是公司贯彻党的十八大精神，为江苏省量身打造的一部 100 集的 3D 专题纪录片，围绕"美丽中国"的概念，全面阐释属于江苏人的"中国梦"，突出历史性、民俗性和原创性，集知识性、文化性、趣味性于一体，用 3D 立体影像探讨江苏的历史人文，真实而全面地展现江苏的生态环境和文化风貌。

2013年度，公司在昆山花桥获得30亩工业用地，将建成国内第一个专业的3D摄影棚。注册公司汤米（昆山）投资管理有限公司，计划建设面积3万平方米，其中主要包括：国际标准3D摄影棚两座［层高15米，单层面积6 000平方米（按照国家相关规定核算面积为18 000平方米）］；松下3D研发中心，面积2 000平方米；上外产教研一体化基地，面积4 000平方米；专家生活配套楼4 000平方米；办公及后期制作中心，面积5 000平方米等；计划总投入约1亿元。

2013年，公司投入大量的研发人员，研究裸眼3D技术在广告灯箱、婚纱摄影领域的应用，并积极拓展裸眼3D灯箱和裸眼3D婚纱摄影市场。预计在该领域将产生1 500万元的销售额。

福产流通科技有限公司

一、公司介绍

福产流通科技有限公司，2003 年成立，由英属维尔京群岛的 TriShine International Group Limited 投资，位居一个最具战略性的物流配送地块——江苏省花桥国际商务城区。地理环境东依上海国际汽车城，西邻苏州工业园区；距上海浦东国际机场 80 公里；距上海虹桥机场、上海虹桥交通枢纽 25 公里，距上海吴淞集装箱码头 35 公里；距上海市中心 34 公里；距苏州市区 50 公里；京沪高速（G2）、沪宁高速（G42）、上海外环线（S20）、312 国道均于此交会；昆山与上海之间对开的城际快速列车，仅需 18 分钟就可以互达；沪宁城际线、京沪高速铁路在花桥设立站点；上海轨道交通 11 号线从墨玉路安亭站延伸到花桥（2013 年 10 月通车）。园区耗资 1.2 亿元人民币，具有良好的区位优势、完善的交通网络以及齐备的办公环境，福产物流园区将成为有效服务上海经济圈，辐射整个华东地区的物流园区，为从事区域配送、国际物流以及生产制造物流业务的企业提供优质、高效、安全的现代物流仓储平台。致力于为全球最具活力的制造商、批发零售商与电子商务公司提供完整的物流解决方案，并通过 TriShine International 的前期物流地产投资与专业的物流团队，更有效地帮助客户管理运用资金，降低成本，提高企业的竞争力与现代化。

二、发展历程

福产流通科技于 2003 年注册成立于江苏省花桥国际商务城区，2005 年正式取得 100 亩工业用土地，2006 年配合花桥经济开发区产业规划，为商贸、电子商务等主导产业提供物流服务，2008 年首期的福产开发园区开始动工，2009 年软件设计中心开始试运行，物流仓储厂房启运建设，2010 年开始整合商流、物流、批发及网络购物，WMS 软件开始导入，盘谷商流 GENESIS 生活用品物流启动，2011 年 42 000 平方米物流仓库运营启用。福产主要从事 B2B、B2C 分拣包装、包裹快递以及商品储存等业务，自 2011 年 6 月开业以来发展迅速，在物流业界已树立了良好的口碑，获得了"最具发展潜力的物流公司"评价。

三、公司产品

福产流通科技经营项目有等三方物流管理与解决方案、客服呼叫中心、数据库管理、货品保管储存服务、仓库、办公室出租服务、商业及物流软件开发与设计，厂区设备先进、全区无线网络覆盖、全区安全监控录像、所有商品条形码管理、RF 数据采集与传输、电子卷标拨种流水线、高速包装分拣作业、包材辅材定制化、重装备门禁管制等，自行开发专业 WMS 物流软件提供客户流通数据分析（KPI EIQ）、全球品牌商品电子型录数据交换（EDI）、库存数据查询、订单数据查询、配送状况查询、异常报表查询、销售数值分析、消费习性分析。福产流通科技欲号召全国各类商品厂家与进口代理商，联合区域性的专业企业与运输快递业，运用信息科技技术商品优化流通管理，打通全国各省实体及虚拟营销的通路，建立多模多仓综合物流平台，以最有效率的互动方式彰显品牌价值，其目的是让厂商、客户、企业成就共享以及资源共享。

四、公司服务

目前，国内物流运营模式大多属于通路导向。企业在布局内销市场时需要透过各种通路的自建物流体系送达销售点，在不断中转的过程中损耗势必居高不下。而大型的企业体系大多倚仗自身强大的供应链体系自建物流，造成较弱势的中小型企业必须仰赖维生。因此，福产流通科技希望 NDC 与 RDC 的结构为中小型企业提供一站式的服务，缩短商品中转与在途过程，让库存可以更合理且更灵活地分配，进而降低企业库存成本，提高企业竞争力，使企业向更专业化发展。

福产流通科技是一个新型的五流整合（商流、物流、信息流、金流、潮流）服务产业流通平台，也是一个能满足客户需求的物流仓储的现代物流公司，正迅猛切入中国内销市场，空间无限。

2013 年 8 月，正式成立泰耀现代流通联盟，其宗旨是创建一个整合流通行业的网络信息平台；集合并细化分类各种流通服务企业信息，促使生产厂家与渠道经销商之间的物流距离缩短、交易节点减少以及最大化地降低各项流通环节的成本；妥善运用现代科技力量，将环境保护、慎用有限资源以及节能减碳做到尽善尽美，共同为净化地球而努力。由联盟总部架设必要的硬件措施与联外网络，整理与提供政府所发布的各项流通行业的法令，间接强化政商间的沟通。方便生产厂家或渠道经销商在平台找寻合适的全国或区域流通服务代理企业。联盟会员目前已达 24 家知名企业。

江苏恒联国际物流有限公司

一、企业介绍

江苏恒联国际物流有限公司有十年以上国际物流背景，良好的国际物流代理网络。一百三十多家国外代理，有全球物流良好的网络平台；健全的国外代理网络，网络涉及美国、英国、德国、法国、瑞士、瑞典、丹麦、挪威、荷兰、芬兰、比利时、日本、泰国、新加坡、马来西亚、澳大利亚、中国台湾、中国香港等国家和地区；在美国、越南、新加坡等国以及香港、台湾、苏州、无锡、上海、重庆、青岛等地区设立分公司，主营国内、国际物流综合服务，专营海、陆、空货运代理业务。江苏恒联国际物流有限公司在发展自身业务的同时，分别投资成立了江苏恒联供应链管理有限公司、昆山安凯物流有限公司、苏州保速达物流有限公司、重庆宝正达物流有限公司等下属子公司。

二、发展历程

公司成立于2003年7月，位于昆山市花桥商务区，具有国际海运进出口、报关报检、无船承运人、国际国内航空代理、国际会展物流、快件运输、公路运输、内贸海运、危险品运输、国际贸易代理以及国际货运保险经纪的各类国际货代资质。江苏省货运代理协会会员，国际货运代理协会MTG协会会员。

2005年与外资合作设立江苏恒联供应链管理有限公司，注册资本500万美元，其中江苏恒联国际物流有限公司投入资金250万美元，占50%比例；公司占地面积2.7万平方米，建筑面积1.1万平方米；有现代化仓储面积1万多平方米。

公司2006年被昆山市评为AAA级诚信服务企业；2007年通过ISO9001-2000质量体系认证；2009年12月被评为AAAAA级物流企业；2011年被评为江苏省重点物流企业；2011年被评为全国物流百强企业；2011年被评为全国物流先进企业；2011年被评为全国物流企业公益事业奖。

三、公司优势

物流人员具备优秀职业素养和专业技术知识，投资方拥有500多名专业物流人员，管理人员 30 多名。十余年的物流企业运作经验，为客户创造优质物流架构、合理运作模式；专心致力于为企业提供第三方、第四方物流增值服务，提升企业产品获利率。

四、公司目标

通过对我国物流市场的分析，公司定位于第三方与第四方相结合，在第三方物流的基础上结合现代电子商务，充分发挥电子商务的信息化、自动化、网络化、智能化、柔性化的特点与功能，建立集采购、包装、装卸、运输、储存保管、流通加工、配送、物流情报等功能要素于一体，集物流、商流、资金流、信息流于一体的现代物流企业。

同时，通过信息交换平台，公司将为传统企业提供丰富多样的贸易整合机会，并使企业的采购和销售成本大大降低。任何有物流需求的企业，都可通过此平台提交服务诉求，通过平台进行低成本营销，拓展业务和市场，借助网络媒体的互动性，实现网上宣传和网上营销的一体化，从而最大限度地满足市场需要。

在传统物流的基础上，进一步推动现代物流的发展，以提高供应链管理水平为核心，以实现物流资源整合为出发点，引进信息技术，建立互联互通的信息网络平台，打造以仓储、配送、物流、加工、服务管理为一体的现代物流体系，并作为第四方物流为第一、二、三方物流服务。以建设"人性化、品牌化"作为长远的奋斗目标，秉承"诚信服务，客户至上，以人为本，团结一致"的经营理念，充分发挥公司每位员工的积极性，网罗各方行业精英，联合各种优势资源，努力提高集团公司的国际化、网络化程度，加强信息化、专业化运作优势，朝着国际声誉高、驾驭市场能力强、国际一流物流企业迈进。

恩斯克（中国）研究开发有限公司

一、公司介绍

拥有近百年历史的日本精工株式会社（NSK Ltd.）对产品研发的强大投入，是其能长期傲然屹立在全球轴承行业前列的关键之一。

母公司日本精工株式会社创立于 1916 年，是日本国内第一家设计生产轴承的厂商、日本最大的轴承生产厂商、世界最大的汽车轴承生产厂商，一直致力于轴承的研究开发工作。1973 年就开发出了轴承专用油脂 NS7，是世界上第一家开发出轴承专业油脂的厂家；1981 年开设了全球第一家摩擦学研究所，"摩擦学技术"成为 NSK 的技术优势之一；1997 年开发出新干线（300km/h）轴承，成为高速轴承开发的先锋企业；1999 年成功开发出具有划时代意义的 CVT 半环形无极变速器，实现了真正意义上的无极差变速，填补了国际技术空白；2004 年开发出世界上最小的轴承（内径 0.6mm，外径 2mm）；2007 年开发出了世界上最高输出功率的滚珠丝杠式传动装置系统。在家电用轴承的静音技术及机床专用轴承的高速高精度技术等方面，NSK 始终保持着世界领先的技术水平，支持着全球所有产业技术的发展。

目前 NSK 在全球拥有以综合研究开发中心（位于日本）为核心的五大研发中心，各研发中心之间互通合作，资源信息共享，成功构筑了强大的全球研发网络体系。

早在 1997 年 12 月，NSK 就在昆山恩斯克有限公司内设立了企业技术中心——恩斯克中国技术中心，在此基础上，2008 年 1 月成立了恩斯克（中国）研究开发有限公司，并于 2009 年 8 月迁至昆山市商务城区。

二、公司服务

恩斯克（中国）研究开发有限公司作为 NSK 集团在海外设立的最大的研发中心。主要为 NSK 在华的生产工厂及在华销售的产品提供售后技术支持，并承担部分研发工作。研发对象包括 NSK 集团生产的产业机械轴承、电机轴承、滚珠丝杠、汽车轮毂轴承、电装及摩托车轴承、汽车传动系统轴承、汽车转向器及基础材料等。2012 年度 NSK 在中国市场的销售总额高达 80 亿元人民币，其售后技术支持及研发工作均由研发公司承担。

三、公司技术

恩斯克（中国）研究开发有限公司作为一流的技术中心，拥有建筑面积近千平方米的实验室，拥有国际一流水平的百余套评价及测试设备，大幅提高了产品研发的硬件能力。在人员方面，每年在西安交通大学等国内知名大学进行招聘，拥有高素质的人员构成，为公司的技术水平提供了强有力的支撑。公司拥有百人的研发团队，本科学历以上人员占总人数90%以上。并且，为了随时跟进国外技术的发展，保持技术领先，每年派遣研修生赴海外学习最新的技术，加速人才的培养。

研发公司设立以来，把恩斯克精湛的轴承开发技术与中国客户的需求完美结合，成功开发出一系列适合中国市场需要的静音轴承系列及轮毂轴承系列，并在投入市场后取得很好的市场反响，受到市场的认可，获得可观的经济效益，为当地的经济发展作出贡献。

恩斯克不仅仅着眼于汽车家电等广泛领域的研究，在高速铁路动车组等高端技术领域也加大了研发投入。例如在高铁轴承行业，中国的高铁轴承均为进口，同时轴承行业缺乏相应的关键试验技术及试验设备，NSK针对中国铁道车辆的实际使用条件及要求研发的高铁轴承，具有高可靠性、高速、轻量、低发热、高密封性的特点，广泛应用于京沪、西郑等高铁列车。公司在承担了该轴承的技术支持、售后服务等工作的同时，还参与了世界最高速486km/h高铁轴承的研发试验分析工作。

作为跨国型集团企业，在获得自身发展的同时，不忘回馈社会，致力于社会公益事业发展。与国内高校开展广泛的共同研究，先后在全国高校机床研讨会作邀请报告、举行技术讲座、举办技术展览，介绍世界最先进的技术成果。在各大高校设立奖学金，派遣优秀学生赴日本总部参观学习；向学生提供暑期实习的项目，提高学生对工程实践的了解。

四、公司荣誉

公司2012年被江苏省商务厅认定为功能性机构；2011年被评为昆山市十佳创新发展外商投资企业；2011年获得江苏省外资研发机构称号，并被评选为江苏省优秀外资研发机构；2010年被评为苏州市外资研发机构；2009年被认定为花桥商务城区博士后科研工作站载体单位。